JN493656

동기강화상담의 핵심

일반 임상적 난제의 해결방안과 전략

동기강화상담의 핵심

일반 임상적 난제의 해결방안과 전략

Julie A. Schumacher, Michael B. Madson 지음

신성만, 조성민, 남지혜, 이하림, 박준영 옮김

Σ 시그마프레스

동기강화상담의 핵심

일반 임상적 난제의 해결방안과 전략

발행일 | 2017년 6월 26일 1쇄 발행

지은이 | Julie A. Schumacher, Michael B. Madson
옮긴이 | 신성만, 조성민, 남지혜, 이하림, 박준영
발행인 | 강학경
발행처 | (주)시그마프레스
디자인 | 송현주
편 집 | 문수진

등록번호 | 제10-2642호
주소 | 서울특별시 영등포구 양평로 22길 21 선유도코오롱디지털타워 A401~403호
전자우편 | sigma@spress.co.kr
홈페이지 | http://www.sigmapress.co.kr
전화 | (02)323-4845, (02)2062-5184~8
팩스 | (02)323-4197

ISBN | 978-89-6866-920-0

Fundamentals of Motivational Interviewing :

Tips and Strategies for Addressing Common Clinical Challenges

* 책값은 뒤표지에 있습니다.
* 이 도서의 국립중앙도서관 출판예정도서목록(CIP)은 서지정보유통지원시스템 홈페이지(http://seoji.nl.go.kr)와 국가자료공동목록시스템(http://www.nl.go.kr/kolisnet)에서 이용하실 수 있습니다.(CIP제어번호 : CIP2017014266)

이 책 자체가 원리와 핵심을 잘 간추려 펴 낸 것이므로 서문도 간명하게 핵심을 담아 써야 할 것 같은 부담감이 있다. 원래 핵심이란 다른 친절한 부연 설명을 대부분 생략하는 것이므로, 조금은 차갑고 원론적이며 딱딱하거나 상상력이 부족하기 마련이다. 그래서 기억해보면 이런 종류의 제목을 지닌 책들은 시험 볼 목적이 아니면 잘 사서 읽지 않았던 것 같다. 그런데 이쯤 되면 독자들은 왜 역자들이 이런 종류의 책이 필요하다고 느껴 번역의 수고를 마다하지 않았는가 물어보실 것이다. 그 이유는 여타 핵심 서적의 존재 이유와 상당히 유사하다. 양도 많고 다양해진 관련 정보의 홍수 속에서, 가장 중요한 원리가 될 내용들을 단시간 내에 간명하게 파악할 수 있게끔 전문가들이 잘 분류해 제공해야 할 필요가 있었기 때문이다. 마치 미슐랭 가이드에 소개된 5성급 호텔의 셰프가 바닷가재의 살을 쉽게 먹을 수 있도록 손님을 위해 껍데기를 잘 제거하고 준비해주는 것처럼 말이다.

이 책의 주제인 동기강화상담(Motivational Interviewing)은 행동의 변화를 목표로 하는 다양한 전문 영역에서 널리 사용되고 있고, 이미 그와 관련한 수십 가지의 서적들 또한 출판되어 있다. 관련한 정보의 양도 대단히 많고 연구 또한 구체적이고 세부적인 부분까지 깊이 있게 진행되어 있다. 이와 관련한 메타분석 연구들도 여러 개 발표되어 있다. 이러한 정보의 증가는 MI를 처음 접하는 전문가들이 어디서부터 MI를 시작해야 할지, 그리고 어떤 내용이 가장 핵심이 되는지를 빠르고 효과적으로 파악하기 어렵게 만들었다. 그러나 이 책은 이 접근의 가장 핵심이 되는 원리와 내용을 정확하게 소개하고 있고 각각의 유기적인 관계와 가장 최근 연구들의 내용에 이르기까지 쉽게 이해할 수 있도록 소개함으로써 MI가 필요한 다양한 분야의 전문가들이 이 접근을 배우고 또 가르치는 데 가장 효과적이게끔 책의 내용을 구성하고 있다.

오늘날 건강, 보건, 학업, 의료, 심리치료 및 상담 등 여러 현장에서 전문가들이 경험하는 가장 어려운 이슈는 동기와 관련한 문제들이다. 내담자에게서 이상행동이나 역기능적 감정이 지속적으로 나타날 때, 변화를 필요로 하면서도 변화하지 않으려고 할 때 우리는 흔히 내담자에게 동기가 없다고 말한다. 그런데 사실 그 사람은 상당한 동기를 보여주고 있다. 즉 변화하지 않으려는, 이상행동을 유지하려고 하는, 그리고 역기능적 관계를 계속하려는 동기 말이다. 서비스 전문가가 이 동기의 메커니즘을 제대로 이해하지 못하고 적절한 역할을 수행하지 못할 때 내담자에게 도움이 되는 방향으로의 변화는 원활하게 이루어지지 못할 것이다. 변화동기에 관심을 두고 있는 모든 분야의 종사자들에게 이 책은 꼭 필요한 도움을 적절히 제공할 것이라고 역자들은 믿는다.

아울러 번역의 노고를 아끼지 않은 역자분들께 감사의 말씀을 전해 드리며, 좋은 내용의 책이 세상에 빛을 볼 수 있도록 끊임없이 노력하고 계시는 (주)시그마프레스 강학경 사장님과 편집부에도 감사와 응원의 마음을 전하고 싶다.

2017년 여름
포항 남송리 한동대학교 연구실에서
역자대표 신성만

| 차례 |

제1부 동기강화상담의 개요

제1장 서론

동기강화상담은 효과가 있는가? 3 | MI를 어떻게 학습할 수 있는가? 5
이 책은 무엇을 다루는가? 8 | 이 책은 누구를 위해 쓰여졌는가? 10
이 책의 사용 방법 12

제2장 동기강화상담의 기본 개념과 기술

동기강화상담의 정의 13 | 동기강화상담이 아닌 것 14 | 동기강화상담의 두 가지 요소 19 | 동기강화상담의 기본 정신 19 | 협동 20 | 유발성 21 | 수용 23 | 연민 26 | 네 가지 안내 원리 27 | 동기강화상담의 기본 기술 31 | 요약하기 40 | 변화대화와 유지대화 44 | 유지대화와 불협화음 48 | 요약 52

제3장 MI의 네 가지 과정

관계 형성하기 54 | 초점 맞추기 57 | 유발하기 62 | 계획하기 67 | 네 가지 과정을 위한 로드맵 73 | 동기강화상담의 네 가지 과정 : 건강증진의 예시 73 | 동기강화상담의 네 가지 과정 : 알코올 중독 예방의 예시 77 | 요약 80

제2부 임상적 난제를 위한 동기강화상담

제4장 변화 준비가 덜 된 내담자

임상적 난제 1 : 불참하는 경우 84 | 임상적 난제 2 : 비협조적인 내담자 94
임상적 난제 3 : 법 제도에 연루된 내담자 105 | 요약 113

제5장 추진력의 상실

임상적 난제 1 : 느린 진전 116 | 임상적 난제 2 : 실수와 재발 125
임상적 난제 3 : 과도한 기대감 137 | 요약 145

제6장 정신과적 증상들과 장애

임상적 난제 1 : 우울증 148
임상적 난제 2 : 불안장애, 외상 관련 장애, 강박충동장애 167
임상적 난제 3 : 정신증적 증상들 183 | 요약 195

제7장 여러 사람과 작업하기

임상적 도전 1 : 부모 200 | 임상적 난제 2 : 집단 207 | 요약 223

제8장 동기강화상담 이행의 어려움

팁 1 : 현실적인 기대 설정하기 226 | 팁 2 : 열린 마음 갖기 227
팁 3 : 객관적인 피드백 받기 228 | 훈련 난제 1 : 상담자에게 좌절감을 주는 내담자 229 | 훈련 난제 2 : 상담자와 닮은 내담자 234 | 요약 240 | 결론 240

참고문헌 243
찾아보기 255

제1부

동기강화상담의 개요

01

서론

이 책의 2장에서 더 상세히 설명하겠지만, 동기강화상담(motivational interviewing, MI)은 상담자가 내담자의 변화를 촉진하는 데 사용할 수 있는 소통 방식이다. 동기강화상담의 입문자로서 이 책을 읽기 시작했다면, 아마 두 가지 핵심 질문을 가지고 있을 것이다 — (1) "과연 MI는 효과가 있을까?", (2) "어떻게 MI를 배울 수 있을까?" 당신이 초보자건 노련한 MI 상담자이건 "이 책이 나에게 어떤 도움이 될까?"라는 질문 또한 가지고 있을 것이다. 우리는 이런 질문에 대해 적절한 답변을 제공하고, 이 책의 주요 특성과 동기강화상담의 주요 대상, 그리고 이 책에서 배운 것을 적절히 활용할 수 있는 방법을 기술하고자 한다.

동기강화상담은 효과가 있는가?

MI는 먼저 윌리엄 R. 밀러(William R. Miller) 박사가 알코올 사용 장애를 치료하기 위해 1983년 개발한 것으로, 이에 관한 논문이 처음 발표된 이후 지난 30년 이상 동안 음주 문제 감소(Vasilaki, Hosier & Cox, 2006), 체중 감소(Armstrong et al., 2011), 범죄 감소(McMurran, 2009), 그리고 잠비아의 물 정제 기술의 활용 증가(Thevos, Quick, & Yanduli, 2000)에 이르기까지 많은 영역에서 긍정적인 변화를 촉진하는 데 성공적으로 사용되었다. MI는 '급증'이라는 단어로 표현하기 부족할 만큼 이전보다 훨씬 많은 연구가 이루어지고 있다. Lundahl과 Burke(2009)는 2009년 3

월, 연구 데이터베이스(PsycInfo)에 '동기강화상담'을 키워드로 입력했을 때 2000년부터 2009년까지 10년 동안 출판된 논문이 무려 707건이나 검색되었다고 보고하였다. MI의 잠재적인 용도는 이보다 더 무한하게 보이지만, MI를 사용하고자 하는 모든 상담자는 현재 MI가 다양한 분야에 응용될 수 있다는 (경우에 따라 입증하지 못하고 있는) 증거들을 인식하고 있는 것이 중요하다.

지난 10년간 메타분석이라는 통계적 접근 방법을 통해 4개 이상의 포괄적인 MI 학술문헌 리뷰가 발표되었다(예 : Burke, Arkowitz, & Menchola, 2003; Hettema, Steele, & Miller, 2005; Lundahl, Kunz, Brownell, Tollefson, & Burke, 2010; Rubak, Sandbaek, Lauritzen, & Christensen, 2005). 이 리뷰들은 단 한 편의 연구에서 얻을 수 있는 MI의 효능에 대한 결론보다 더 견고한 결론을 도출하기 위해 여러 무작위 대조연구 결과를 통계적으로 수집하였다. 전반적으로, 이러한 메타분석은 MI가 알코올 및 약물 문제에 대한 유효한 개입 방법이라는 — 특히 대기자 리스트, 읽기 자료, 또는 비특정 일반 치료법 등에 비교해보았을 때 — 명확한 근거를 제시해주었다. 알코올 및 약물 문제를 다룰 때 MI의 효과는 일반적으로 다른 특정 개입 방법과 비교하여 동등하지만 우수하지는 않다. 하지만 경우에 따라서는 MI를 사용한다면 같은 효과를 얻기 위해 더 적은 치료량을 필요로 할 수도 있다고 제시했다(Lundahl & Burke, 2009). 이 연구팀은 또한 개선된 건강 행동(예 : 식이요법과 운동)과 건강 지수(예 : 콜레스테롤, 혈압, 체질량), 도박, 양육 사례 및 안전한 물 사용에 대한 MI의 효과에서 새로운 증거를 발견했다. MI가 정서적/심리적 안녕감, 섭식 문제, HBA(당뇨병 조절의 지표)를 개선한다는 증거는 발견되지 않았지만, 아직까지 섭식 문제와 HBA에 대한 연구가 부족했음에 유념해야 할 것이다. HIV 위험 행동과 흡연에 대한 개입 방법으로서 MI는 전반적인 메타분석에서 일관하게 지지되지는 않았다. 그러나 오로지 금연에만 초점을 맞춘 최근의 체계적인 리뷰와 메타분석은 MI가 금연에 효과적일 수 있다는 강력한 증거를 제공하였다(Heckman, Egleston, & Hoffman, 2010; Hettema & Hendricks, 2011).

MI의 연구가 급성장하는 이 시점에서 중요한 것은, 아직 초기 단계에 있는 몇 가지 유망한 연구 분야가 있다는 것이다. 우리가 MI 전문가로서 지속적으로 마주하게 되는 일화들을 통해 MI가 아직 가장 지지를 받지 못하고 있는 영역에서 가장 광범위하게 쓰일 수도 있다는 사실을 발견할 수 있다. 범죄자 교정, 집단치료, 정신건강, 고등학교 상담이 여기에 속하는 네 가지 영역이라고 할 수 있다. MI는 이미 범죄 교정에 널리 사용되고 있지만, 최근 실행된 문헌들을 검토해보면 MI가 범죄 교정 영역에서 사용되는 것을 입증하는 연구는 아직 제한적이다(McMurran, 2009). 이와 마찬가지로, 많은 시설과 상담자들이 집단치료 방법을 선호하며 MI를 집단상담의 수단으로 채택하고 있지만, 집단 개입으로서 MI를 조사한 연구는 훨씬 수가 적다. 수행된 연구 결과들을 살펴보았을 때, 집단상담에서 MI 방식을 채택할 경우에 효과가 그리 강하지 않다는 결과가 있다(Lundahl & Burke, 2009; Wagner & Ingersoll, 2013). 동시에 정신건강 분야에서 MI가 어떻게 적용될 수 있을지, 즉 치료 참여도를 높이고 인지행동치료를 통해 우울증과 불안을 포함한 문제들의 치료 결과를 향상시키는 방법에 대한 논의도 증가하고 있다(Arkowitz, Westra, Miller, & Rollnick, 2008; Westra, 2012). 이러한 논의를 입증하듯, Lundahl 등(2010)은 MI가 치료 참여도 증가, 내담자의 변화대화 증가, 그리고 내담자의 고충 감소를 포함한 비특정 치료 요인들에 영향을 준다는 것을 발견했다. 그러나 Burke(2011)가 충고하듯, 인지행동치료와 MI의 통합이 실제로 정신건강을 개선한다는 최종적 결론을 내리기에 현재의 연구는 불충분하다. 청소년 약물 사용과 건강 행동에 대한 MI의 효능은 강력한 증거가 있는 반면(Jensen et al., 2011; Naar-King & Suarez, 2011), 고등학생의 학업 성취도 증가나 중퇴율 감소에 대한 연구는 미흡하다. 그럼에도 불구하고, 학업 성취도 및 학업 참여율의 강화에 있어서 MI가 효과적이며 전도유망하다는 내용에 대한 논의는 계속되고 있는 실정이다(Atkinson & Woods, 2003; Frey et al., 2011). MI에 대한 연구는 계속해서 창출되고 있으며 때로는 놀라운 결과를 도출한다는 사실에 유의하여, 상담자들은 MI 연구 근황을 늘 파악하여 MI가 유용한 곳에 적용되고 그렇지 않은 곳에서는 사용되지 않도록 하길 바란다.

MI를 어떻게 학습할 수 있는가?

MI의 광범위한 적용 가능성을 감안할 때 간호사, 영양사, 의사, 상담자, 사회복지사, 심리학자, 중독 전문가, 보호 관찰관, 성직자, 여성 폭행 피해 옹호자들을 포함한 많은 전문가와 일반인들은 다른 사람의 긍정적인 삶의 변화를 돕기 위해 MI를 배우고자 한다(Madson, Loignon, & Lane, 2009; Soderlund, Madson, Rubak & Nilsen,

2011). 서로 다른 전문적인 배경을 가진 사람들이 MI를 배울 때 개인마다 겪는 어려움은 다르지만(Schumacher, Madson, & Nilsen, 2014), 다행히도 다양한 배경과 직업을 가진 사람들에게 MI를 제공한다 하더라도 동일한 결과를 달성할 수 있다(Barwick, Bennett, Johnson, McGowan, & Moore, 2012; Lundahl et al., 2010).

모든 분야를 아울러 치솟는 MI의 인기에도 불구하고, MI가 '일반적인 치료'나 '쉽게 배우는' 접근법은 아님을 명시하는 연구도 늘어나고 있다(Miller & Rollnick, 2009). 이와 같은 연구의 결과는 21년간 축적된 저자들의 MI 학습 경험과, 다양한 사람들에게 MI를 교육하며 얻은 결과와 일치한다. 많은 전문가와 일반인들에게 MI는 친숙하고 직관적인 것으로 보일 수 있지만, 다수에게 있어 MI를 이용한 접근법은 인생에 있어 중요한 것들을 논의할 때 일반적으로 사용하는 대화 전략과는 반대되는 것처럼 느껴질 것이다. 사실, 우리를 포함한 많은 초보 상담자들에게 가장 자연스럽다고 느껴지는 대화 전략은 MI의 실제 및 원리와 일치하지 않는다. 누군가가 자신이 겪고 있는 문제를 털어놓을 때 즉각적으로 충고를 해주는 것(예 : "이렇게 해보는 것이 어때요?" 또는 "이렇게 해봤어요?"), 또는 우리가 생각했을 때 그에게 필요하거나 중요하다고 여겨지는 변화와는 대립되는 발언에 직면하는 것(이런 직면이 좋은 의도를 가진 경우에도 "전 그냥 정말 못하겠어요"라고 말하는 사람에게 "아니에요, 당신은 할 수 있어요!"라고 말하는 것)을 예로 들 수 있다.

능숙한 MI 상담자 정도의 실력에 도달하기 위해 필요한 교육의 양과 유형은 불확실하며 광범위하다. 일반적으로 가장 보편적으로 쓰이는 보수 교육의 형태는 워크숍이지만, 이런 형태의 훈련으로 기술이 향상되는 것을 기대하기는 어렵다(Walters, Matson, Baer & Ziedonis, 2005). 특히 개인이 독립적으로 교육훈련을 필요로 한 것이 아니라(Miller, Yahne, Moyers, Martinez, & Pirritano, 2004) 고용주로부터 교육이 권유 되거나 요구되었다면 그 효과가 제한적으로 나타난다(Miller & Mount, 2001). 반면, 높은 수준의 기술을 가지고 있으면서 개인의 능력을 향상시키려는 의욕이 강한 상담자들(즉 스스로 훈련받기를 택하였으며 훈련에 대한 지출을 개인이 감당한 상담자들) 상대로는 (1) 2일간의 워크숍 교육만으로도 비지속적이지만 상당한 기술력 증진을 나타낼 수 있고, (2) 적은 양의 피드백과 코칭만으로도 훈련 성과를 유지할 수 있으며, (3) MI 회기 중 내담자의 말에서 상담자가 기대하는 변화를 생산하는 데는 피드백과 코칭의 조합이 필요하다는 점이 발견되었다(Miller et al., 2004). 더 나아가 Miller 등(2004)의 연구 결과를 살펴보면, 대부분의 교육훈련생들이 MI 초급자 실력을 달성하고 유지하는 데는 교육, 피드백, 그리고 코칭의 조합만으로도 충분하였으며, 그중 소수의 교육훈련생들은 전문가에 준하는 숙련도를 달성할 수 있었다고 제시하였다. 전문가가 되는 과정에 대한 일반 문헌에 익숙한 사람이라면 이러한 결과가 놀랍지 않을 것이다. 어떤 분야에서든지, 그 분야의 전문가가 되려면 풍부한 양의 지도학습이 필요하기 때문이다(Ericsson & Charness, 1994). 상대적으로 미숙한 상담 기술과 낮은 학습 의욕을 가지고 있는 연수자들을 대상으로 연구한 교육모델을 보았을 때 4.3~10.3%의 참가자들만이 초보급 능력 기준에 달하였고, 4개월 후에는 이마저도 하락한 결과를 보였다(Moyers et al., 2008). 위와 유사하게, 이들은 내담자들에게 맞춤형 피드백을 제공하지 못했을 뿐만 아니라, 현장 슈퍼비전을 조사한 연구도 워크숍 후 주어진 5번의 슈퍼비전으로 많은 연수생의 능숙도를 달성하기에는 불충분하다고 밝혀졌다(Smith et al., 2007; Smith et al., 2012).

저자들의 연구에서도 유사한 결과가 나왔다. 실습 활동이 포함된(예 : 기술 연습과 실제 역할분담 연습시간) 집중훈련을 통해서, 많은 참가자들이 MI의 초보 단계까지는 다다를 수 있었지만(Madson, Schumacher, Noble, & Bonnell, 2013), 이 교육 이후 전문가의 수준에까지 달성하는 참가자들은 드물었다. 반면에, 참가자들의 업무 표본을 받아 코딩하며 피드백과 코칭을 제공하는 방식을 사용할 경우에는 더 많은 참가자들이 전문가 수준에 접근하거나 도달할 수 있었다(Schumacher, Madson, & Norquist, 2011; Schumacher, Williams, Burke, Epler, & Simon, 2013). 몇몇 일화들을 통해 우리는 참가자들이 직접 코칭을 받았을 때라야 비로소 MI와 MI의 기본 정신, 그리고 MI에 부합하는 상담 기술과 전략에 대해 더욱 깊이 이해할 수 있다는 사실을 확인할 수 있었다.

즉 연구에 따르면, MI 접근법의 폭넓은 호소력과 외관적 직관성에도 불구하고 정규 훈련과 코칭의 부재하에 MI 기술을 습득하기는 어렵다. 또한 이 접근법에서 진정한 전문가가 되려면 상담이나 심리치료에 이미 많은 경험을 가지고 있을지라도 상당한 양의 교육과 코칭을 필요로 한다(Schumacher et al., 2013). 따라서 우리는 이와 같은 이유들로 인해 아무리 독자들이 이 책을 혼자 공부한다고 해도 일정 수준 이상의 전문가는 될 수 없다는 점을 언급한다. MI는 단순히 특정 상황에 특정 기술을 적용하는 것 이상을 포함하는 매우 효과적인 소통 방식이자 치료 방법이다(Miller &

Rollnick, 2009). 그럼에도 불구하고, 응급실에서 음주 측정이나 간단한 개입을 한 경우와 같이 MI의 이론과 실제를 선택적으로 응용한 프로그램도 좋은 결과를 가져올 수는 있을 것이다(D'Onofrio & Degutis, 2002).

이 책은 무엇을 다루는가?

이 책은 우리들의 다음과 같은 수년간의 경험으로부터 개발된 결과물이다 — (1) 내담자와의 MI 회기 수행, (2) MI를 새롭게 적용할 수 있는 프로그램 개발, 구현 및 연구(예 : Madson, Bullock-Yowell, Speed, & Hodges, 2008; Schumacher, Coffey, et al., 2011; Zoellner et al., 2011), (3) MI 전문 교육자 조사와 기존 문헌들의 검토를 통한 MI 학습 과정 연구, MI 학습과 적용에 있어서 마주하게 되는 어려움, 그리고 MI 학습을 위한 효과적인 학습 방법 연구(Madson, Lane, & Noble, 2012; Madson, Loignon & Lane, 2009; Schumacher et al., 2012; Schumacher, Madson, & Nilsen, 2014; Soderlund et al., 2011), (4) 다수의 상담자, 학부 및 대학원 재학생, 중독 상담자, 간호사, 정신보건 전문가, 지원 보건 전문인, 의과 대학생과 의사, 보호관찰관, 그리고 일반 자원봉사자들에게 MI 교육과 코칭 제공(예 : Madson, Landry, Molaison, Schumacher, & Yadrick, 출판 중; Madson et al., 2013; Madson, Speed, Bullock-Yowell, & Nicholson, 2011; Schumacher, Madson, & Norquist, 2011; Schumacher et al., 2013), (5) MI 역량 측정과 코칭 촉진을 위한 방법 개발 및 평가(Madson, Campbell, Barrett, Brondino & Melchert, 2005; Madson & Campbell, 2006; Madson et al., 2013). 이 책은, 책을 전체적으로, 혹은 부분적으로 읽고 일상 업무에서 MI의 원리와 개념을 실제적으로 적용하고자 하는 독자들을 염두에 두고 집필되었다.

이 책은 두 부분, 즉 동기강화상담의 개요(1~3장), 그리고 임상적 난제에 대한 동기강화상담(4~8장)으로 나뉘어 있다.

1983년 Miller가 발표한 기사와 1991년 Miller와 Rollick이 출판한 MI 원서 이후, MI는 계속 발전하고 변화해 왔다(Miller & Rollick, 2002; Miller & Rollick, 2013). 이러한 과정을 통해 연구자들은 MI가 어떻게 그리고 왜 개인의 변화를 도울 수 있는지(Miller& Rose, 2009), 상담자들은 어떻게 MI를 학습해 나가는지 알 수 있었다

(Miller & Moyers, 2006). 이 과정에서 MI의 정의, 초점, 그리고 용어는 바뀌었으나, MI의 본질적인 요소는 그대로 남아 있다. 따라서 이 책의 2, 3장은 독자들에게 현재 MI의 기본적인 원리, 실천, 그리고 과정을 명확하고 간결하게 전달하기 위해 쓰여졌다. 또한 다양한 세팅(예 : 의료, 약물남용 치료, 형사 사법, 정신건강)에서 MI에 부합하는 혹은 다소 부합하거나 부합하지 않는 대화의 예시와 삽화들을 사용함으로써 MI의 MI의 핵심 개념을 다루었다.

다양한 임상 난제에 MI를 적용하는 법을 다룬 4~7장은 수년간 MI 훈련자로서 여러 사람들과 함께 한 경험을 바탕으로 개발되었다. 저자들로부터 MI를 배우고 코칭받은 사람들이 지속적으로 지도받고자 한 것은 그들이 배운 기술, 원리, 그리고 과정들을 어떻게 다양하고 구체적인 임상적 난제에 적용하는지였다. 각자의 업무환경에 따라 그들이 MI를 적용하는 데 어려움을 겪는 구체적 상황은 상이했지만, 그들이 가진 근본적인 질문들은 매우 유사했다. 예를 들어 "내담자가 치료 계획을 세우는 데 더 적극적으로 참여하게 하기 위해서 MI를 어떻게 적용합니까?", "상담자가 모든 것을 다 해주기를 바라는 내담자에게는 어떻게 할까요?" 또는 "치료에 협조하지 않는 사람은 어떻게 도와주어야 합니까?"와 같은 질문들이 주를 이루었다. 이 책의 4~7장, 그리고 교육현장에서 이런 질문에 대한 답은 대부분 다음과 같이 간단하다 — "상담회기의 초반에 있어 내담자를 참여시기기 위해 의제 설정이나 이끌어내기 제공하기-이끌어내기를 시도해볼 수 있다." 하지만 더 복잡한 답변이 필요한 경우에는 상담자가 내담자에게 하는 말과 행동을 바꿔야 할 뿐만 아니라 내담자를 어떻게 이해하고 생각하는지를 근본적으로 바꿔야 할 수 있다. 우리의 목표는 독자가 일하면서 맞닥뜨릴 가장 어려운 상황에도 MI의 개념, 원리, 그리고 기술이 적용될 수 있는지에 대한 명확한 조언과 제안을 제공하는 것이다.

4장은 **변화할 준비가 덜 된 내담자에게** MI의 실제와 원칙을 어떻게 적용할 수 있는지를 다룬다. 특히 불참이나 저항과 같은 아주 흔한 문제들뿐만 아니라 법에 연루된 내담자와 같이 특별한 문제를 안고 있는 내담자의 참여를 증진하기 위한 고려사항과 전략에 초점을 맞추고 있다. 이 부분은 법원과 관련된 일을 하고 있지 않은 독자들에게도 흥미로울 것이라 생각된다. 많은 내담자들이 법정에 연루된 사람들과 같이 소중한 사람, 고용주, 또는 다른 이들로부터 변화에 대한 강요를 느끼기 때문이다. 5장은 **변화 추진력의 상실과** 관련된 문제를 탐구한다. 이 장에서 우리는 MI를 느린 진도나 좌절(일시적 악화 또는 재발)을 겪고 있는 내담자뿐만 아니라 빠른 변화에 대해 과도한 기대를 가지고 있는 내담자에게 어떻게 적용할 수 있는지에 대해 논하고 있다.

6장은 **정신병리적 증상 및 질환**—특히 우울, 불안, 강박, 트라우마 및 스트레스 관련 장애—에 초점을 맞추고 있지만, 이 장은 정신건강 전문가가 아닌 독자들도 큰 관심을 가지리라 생각한다. 첫 번째로, 정신 질환은 이 사회에 만연해 있다. 그렇기에 위에 나열한 증상과 질환을 겪고 있는 내담자 또한 MI가 활용되는 모든 환경에 나타날 수 있다. 두 번째로, 집중력 저하, 분열된 사고, 동기 부족과 같은 증상과 어려움은 정신 질환을 앓고 있지 않은 사람들에게도 흔히 관찰된다. 마지막 7장에서는 **여러 사람**, 특히 부모, 집단과 상담할 때 흔히 발생하는 임상적 난제에 관한 문제들을 MI의 실제와 원리를 통해 해결하는 방법을 제시한다.

8장에서는 저자가 수년간 MI를 가르치며 발견한 MI 학습에 유용한 팁과 전략들을 나누고 있다. 또한 많은 상담자들의 MI 학습과 실천을 방해하는 두 가지 문제—어려운 내담자들로 인해 겪는 좌절과 개인에게 (금연, 금주, 체중감소, 회심 등에 있어서) 성공적이었던 개선 방안이 내담자에게도 최적의 솔루션이라고 추정하는 것—에 대해 기술한다. 미리 언급한 바와 같이, MI의 배움에 있어서 '급행선'은 없지만, 8장에 기술된 팁과 전술, 그리고 난제를 따르고 공략한다면 일부 상담자들에게는 MI의 학습과 구현이 쉬워질 것이다.

이 책은 누구를 위해 쓰여졌는가?

이 책은 (보수 또는 무보수로) 일을 하며 MI의 원리와 실제를 적용함으로써 타인의 삶에 긍정적인 변화를 일구는 데 도움이 되고자 하는 사람들을 위한 자원으로 쓰여졌다. MI에서 이미 전문가가 되었거나, 배우고 있는 사람, 또 학생을 포함하여 MI에 대한 사전 교육이 전혀 없는 사람들을 위한 자원으로도 쓰이길 바란다. 이미 독자가 MI 전문가라면, 2장과 3장이 소개하는 업데이트된 MI의 실제와 원리, 그리고 과정을 검토하며 새로운 개념과 용어를 효율적으로 습득할 수 있을 것이다. 또한 그들은 일반적인 임상 난제들을 다루는 4~7장을 통해 이전에 고려하지 못했던 MI의 개념과 기술의 적용법을 접할 수도 있을 것이라 생각된다. 이 책은 주요 개념을 간결하고 효율적으로 소개할 뿐만 아니라, 일반적인 임상 난제에 기술과 개념을 적용하는 방법에 관한 실제적인 지침을 주기 때문에 어느 정도 MI 훈련을 받은 사람들에게는 이 책이 다른 MI 교육자료를 보완하는 유용한 지침서로 쓰일 수 있다. 이 책은 MI의 초보자들에게 유용하고 읽기 쉬운 입문서로서, MI가 무엇이며 이것이 다양한 분야와 상황에서 임상 실무와 임상 결과를 개선하는 데 어떻게 쓰일 수 있는지 소개할 것이다. 이 책은 전문가만큼의 역량을 달성하고자 하는 사람들에게 정식 MI 교육과 코칭을 대체할 자료가 될 수는 없지만, 일반적인 임상 난제에 대한 실용적이고 적용하기 쉬운 전략을 4～7장에서 제공한다. 그 밖에도 이 책은 *Motivational Interviewing : Helping People Change, 3rd edition*(Miller & Rollnick, 2013)의 최신판 또는 MI의 정식 워크숍 교육에서 제공되는 정보를 보완하는 역할을 할 수 있다.

또 언급해야 할 중요한 부분은 다양한 전문 분야, 혹은 같은 분야 내의 여러 현장에서도 서비스를 제공하는 자와 서비스를 제공받는 자를 지칭할 때 각각 다른 용어가 사용된다는 점이다. 하지만 여러 분야와 환경에 걸쳐 우리와 협력한 상담자들의 유사성을 고려할 때, 저자들은 이 책에서 표준화된 용어를 사용하기로 결정했다. 이 책에서 '내담자(client)'라는 용어를 사용할 때는 동기강화상담을 받는 개인을 언급하기로 하고, '상담자(provider)'라는 용어를 사용할 때는 독자인 당신을 나타내는 것으로 한다. (보수 또는 무보수로) 일하는 조직이나 기관 내에서 어떤 임무와 역할을 맡았든 간에, 분명히 당신은 내담자들의 삶에 긍정적인 변화가 일어날 수 있도록 기여하는 부분이 있을 것이다. 비록 특정 환경이나 인구에게는 이 책에서 제시하는 많은 MI 개념 및 전략의 구체적인 예가 표면적으로만 적용될 수 있겠지만, 모든 사례를 선정하고 작성할 때 대부분의 MI 상담자에게 의미 있을 개념을 설명하고자 했다. 따라서 독자들은 자신의 업무환경에서 흔히 발생할 수 있는 상황을 묘사하는 사례뿐만 아니라 모든 사례를 읽기를 권장한다.

Miller와 Rollnick(2013)이 언급했듯이, MI는 타인의 필요를 자신의 필요보다 앞세워 상대방을 헤아리는 접근법이다. 따라서 이 책은 MI의 원리와 실제를 자기 이익을 도모하거나 다른 사람들을 조작하기 위해 사용하고자 하는 사람들을 위해 쓰여지지 않았다. 상담자와 내담자의 현실 상황과 관계에 따라, 내담자의 이익을 최우선으로 두는 것에 한계가 있을 수 있다. 그 예로 4장의 논의에서 우리는 MI가 법정에 연루되었던 내담자에게 어떻게 적용될 수 있었는지에 대해 다루고 있다. 마지막으로, 내담자들이 그들 스스로 원하지 않는 서비스를 제공받거나 참여해야 하는 경우에 있어서 어떻게 상담자들이 최대한 내담자를 배려하며 MI의 원리를 적용할 수 있는지에 대한 자세한 논의와 지침을 제공한다.

이 책의 사용 방법

이 책은 간단히 참고하기에도 유용하게 구성되어 있기 때문에, 독자들은 이 책을 처음부터 끝까지 읽거나, 필요에 따라 몇 장만 참고할 수도 있다. 예를 들어 MI에 입문하는 독자들은 이 책을 처음부터 끝까지 읽기를 택할 수 있는 반면, 능숙한 MI 상담자들은 필요에 따라 몇 장만 읽을 수 있을 것이다. 따라서 저자는 독자들이 임상 문제에 있어서 어려움이 느껴질 때 이 책의 목차로 가서 자신이 직면한 어려움과 가장 연관성이 있는 부분을 찾아서 읽기를 권유한다. 예를 들어 약속시간을 놓치기 시작한 내담자가 당신을 만나러 오는 것에 대해 불안감을 느낀다고 의심되는 경우, 4장의 불참에 관한 부분을 읽을 수 있으며, 불안에 관한 6장도 읽을 수 있을 것이다. 저자는 독자들이 이 책을 어떻게 사용하든 MI의 실제와 원리를 적용하여 어디서나 생길 수 있는 임상 난제를 헤쳐나가는 데 도움이 되는 안내서가 되기를 바란다.

02

동기강화상담의 기본 개념과 기술

동기강화상담의 정의

동기강화상담(MI)을 처음 정의할 때에는 동기강화상담을 내담자의 문제 음주 행동에 대한 변화동기를 강화하기 위하여, Carl Rogers의 인간중심상담과 인지부조화 및 자기효능감의 사회심리학적 원리를 기반으로 한 상담 접근으로 기술하였다(Miller, 1983). 그러나 지난 30년간 정의의 폭이 넓어지고 또 다양한 전문 영역과 대상자들에게 적용할 수 있게 되면서, 2009년에 Miller와 Rollnick은 '변화에 대한 동기를 유발하고 강화하기 위해서 협동적이고 인간중심적으로 안내하는 접근'(Miller & Rollnick, 2009, p. 137)으로 MI를 재정의하게 되었다. Miller와 Rollnick(2013)은 동기강화상담은 무엇을 위한 것인지, 왜 사용하는 것인지, 동기강화상담이 어떻게 적용되는지에 대해 더 포괄적으로 이해할 수 있도록 최근에 이 정의의 범위를 확장했다. 2013년에 Miller와 Rollnick이 확장한 정의의 내용은 다음과 같다.

동기강화상담은 무엇을 위한 것인가? 동기강화상담은 상담자와 내담자 사이에서 이루어지는 변화에 대한 대화이다. 동기강화상담을 사용하는 상담자는 내담자에게 무엇을 해야 하는지를 알려주기보다, 변화에 대해 내담자가 갖고 있는 내재된 동기를 강화하기 위해서 내담자와 서로 협동한다.

동기강화상담을 왜 사용해야 하는가? 동기강화적인 대화는 변화에 대한 내담자의 동기에 초점을 맞추고, 특별히 변화하는 것에 대한 내담자의 양가감정에 중점을 둔다. 변화에 대한 양가감정은 상담장면에서 흔히 경험될 수 있는 것이지만, 이를 다루지 못하면 변화가 나타나기가 어렵게 된다(Wagner & Ingersoll, 2013).

동기강화상담은 어떻게 적용되는가? 동기강화상담을 사용하는 상담자는 내담자와 협동적인 파트너십을 맺음으로써 변화에 대한 대화에 참여하게 된다. 이 대화에서 상담자는 내담자의 말 중에서 변화에 대한 언급(변화대화)에 의도적으로 주의를 기울이며, 현재 상태를 유지하려는 말(유지대화)을 축소하는 한편, 변화를 주장하도록 내담자를 유발하고, 변화 이유를 탐색할 수 있도록 의사소통을 전략적으로 사용한다(Miller & Rose, 2009; Wagner & Ingersoll, 2013).

앞서 제시한 세 가지 정의에는 공통점이 있다. 이러한 공통점은 동기강화상담과 관련한 모든 종류의 훈련이나 연구, 그리고 동기강화적 대화에서 필수적인 요소라 할 수 있다. 공통 요소에는 다음의 것들이 포함된다.

- MI는 변화와 관련하여 의도적으로 이루어지는 의사소통법이다. 이러한 대화 스타일은 상담을 하거나, 평가 및 검사 피드백을 제공하거나, 슈퍼비전하거나 자문할 때 모두 사용될 수 있다.
- MI는 협동적이다. MI에서는 상담자는 전문가가 아니라 파트너로서 내담자와 협동하는 것에 초점을 둔다.
- MI는 유발적이다. MI적인 상담에서는 상담자가 변화에 대한 내담자의 동기와 생각을 유발하는 것에 초점을 두고, 처방을 내리는 것에는 초점을 두지 않는다.

동기강화상담이 아닌 것

2009년에 Miller와 Rollnick은 MI에 대한 몇 가지 오해를 청산하기 위해 MI에 대해 공통적으로 갖고 있는 잘못된 이해들을 목록으로 정리하였다. 이러한 잘못된 개념들을 수정한 내용은 다음과 같다.

동기강화상담은 초이론적 모델을 근거로 하지 않는다

초이론적 모델(Transtheoretical Model, TTM)과 이 모델에서 제시하는 변화에 대한 준비 단계는 변화에 대한 준비도에 따라 개인이 지니는 변화에 대한 태도와 의도,

행동들을 나타낸다(Connors, DiClemente, Velasquez, & Donovan, 2013). 특히 변화 준비도 단계(전숙고, 숙고, 준비, 실행, 유지)는 변화 과정상에서 내담자가 어느 위치에 있는지 알 수 있는 틀을 제공한다(Prochaska & DiClemente, 1983). 변화 준비도 단계 중 첫 번째, 두 번째 단계에서 내담자는 변화에 전념한 상태가 아니다. 전숙고 단계에 있는 내담자는 변화해야 할 필요성을 느끼지 못하는 반면, 숙고 단계에 있는 내담자는 변화하는 것 또는 변화하지 않는 것의 장단점에 대해 고민한다. 준비 단계에 있는 내담자는 계획을 세워서 변화를 시작하려고 한다. 실행 단계에 있는 내담자는 행동을 수정하기 위해 적극적으로 노력하고, 유지 단계에 있는 내담자는 이미 성취한 행동 변화를 유지하려고 한다.

동기강화상담에 관한 초기 연구들에서는 동기강화상담과 초이론적 모델을 연결시키려고 했다(DiClemente & Velasquez, 2002; Miller, 1983; Substance Abuse and Mental Health Services Administration, 1999). 이 때문에 사람들은 종종 초이론적 모델 없이는 동기강화상담을 사용할 수 없을 것이라고 생각하게 되었다. 동기강화상담이 초이론적 모델과 잘 어울려서 사용되고 있고 특히 변화 단계에 있어 더 그렇지만, 이것이 동기강화상담이 초이론적 모델에 의존하는 것을 의미하는 것은 아니다. 특히 동기강화상담은 실행, 유지 단계에 있는 내담자보다 전숙고, 숙고, 준비 단계에 있는 내담자에게 사용될 때 더 가치 있는 것으로 보인다(Adams & Madson, 2006). 초이론적 모델은 사람들이 어떻게 변화에 접근하는지에 관해 생각하는 방식을 제공한다면, 동기강화상담은 근거 기반의 의사소통법을 제공하며 여러 변화이론들과 잘 부합된다(Naar-King & Suarez, 2011). 동기강화상담이 변화 준비도의 특정 단계에 해당하는 내담자를 위해 사용될 수는 있겠지만, 이러한 단계들에 의존해서 사용되는 것은 아니다.

동기강화상담은 사람들이 원치 않는 것을 하도록 하는 속임수가 아니다

많은 MI 훈련생들에 의하면 동기강화상담은 마치 심리적 반발이론 같다고 말한다. 심리적 반발이론의 개념은 타인이 하기를 바라는 것과는 반대되는 행동이나 믿음에 대한 개인의 옹호를 표현하는 것으로서, 타인이 하고 있는 행동과는 반대로 어떤 행동을 하도록 조종하려는 목적을 지닌다. 이는 동기강화상담이 아닐뿐더러, 동기강화상담의 기본 정신, 동기강화상담에 필요한 연민의 정신, 동기강화상담의 윤리적 적용과는 반대되는 것이다(Miller & Rollnick, 2013). 실제로 동기강화적이기 위해서는 상담자는 내담자의 관심사, 문제에 대한 내담자의 인식과 동기, 가장 최선이 될 해결책을 선택할 내담자의 자율성을 인정하는 것에 초점을 두어야 하며, 상담자 자신의 목표에 초점을 두어서는 안 된다.

동기강화상담은 단순한 기법이 아니다

동기강화상담이 겉으로 보기에는 쉬워 보이지만, 사실은 적극적이고 의도적인 경청, 상담자의 전략이 필요하기에 계획적이고 복잡한 의사소통 과정이다. 또한 동기강화상담을 사용할 때 필수적인 것은 기본 정신이다. 이러한 정신 없이 기법만 사용한다면 동기강화상담을 한다고 볼 수 없으며, 그저 동기강화상담을 하는 시늉을 한다고 할 수 있다. 많은 훈련생들이 동기강화상담을 사용하기 위해 '동기강화상담을 하는 시늉하는' 모습을 많이 관찰할 수 있는데, 이러한 경우에 내담자의 성과가 좋지 않은 것으로 나타난다.

동기강화상담은 단순한 결정저울이 아니다

결정저울은 변화대화를 유발하기 위해서 사용되는 한 가지 전략이다. 그러나 동기강화상담에는 결정저울 이외에도 사용할 수 있는 전략들이 다양하게 있다(Rollnick, Miller & Butler, 2008; Rosengren, 2009). 또한 MI 훈련생들 중 어떤 사람들은 동기강화상담의 원리와 동기강화상담 전략은 완전히 등한시하면서 결정저울을 사용한다는 이유로 자신이 동기강화상담을 사용할 줄 안다고 잘못 믿고 있는 경우가 있었다. 그렇기 때문에 상담자는 동기강화상담과는 무관하게 결정저울을 사용할 수 있다.

동기강화상담은 내담자중심상담이나 다른 일반적인 심리치료가 아니다

Madson, Schumacher와 Bonnell(2010)의 연구에서는 동기강화상담과 내담자중심상담의 공통점과 차이점을 강조하고 있다(Rogers, 1959). 이 책에서는 동기강화상담과 내담자중심상담의 차이점뿐만 아니라 동기강화상담과 다른 일반적인 심리치료들을 비교하고, 이들 접근이 서로 어떻게 다른지 제시하고 있다(표 2.1 참조). 동기강화상담이 적용되는 대상이 폭넓기 때문에 심리치료뿐만 아니라 일반적인 의사소통에도 사용 가능하다. 적용 대상의 다양성은 정신건강과 물질남용 치료 영역뿐만 아니라 이

표 2.1 ●● 동기강화상담과 다른 일반적인 심리치료의 비교

특징	인간중심	동기강화상담	인지	행동
지시 수준	따라가기	안내하기	지시적	지시적
상담의 초점	감정	변화대화	인지	행동
치료의 형태	심리치료	의사소통 양식	심리치료	심리치료
상담 기간	장기	단기	단기	단기
필수 요소	네 가지 핵심 조건	정신	부적응적 사고와 신념에 도전하기	문제 행동에 반대되는 건강한 행동 학습하기
상담의 초점	탐색	변화대화 증가 및 유지대화 감소	부적응적 사고와 신념	문제 행동
변화시키는 요소	불일치 해결하기	변화대화	적응적 사고 및 신념 학습하기	건강한 행동 학습하기
성격이론	개발됨	개발되어 있지 않음	개발됨	개발됨
심리치료에 대한 관점	불일치	없음	사고 패턴의 학습	행동의 학습

외의 다양한 전문 영역에서 동기강화상담이 널리 확산되는 데 기여했다.

동기강화상담은 쉽지 않다

여러 방대한 경험적 근거에 따르면, 동기강화상담의 역량은 기본기 숙달을 위한 지도 및 기술 연습과 관련이 있다(Madson, Loignon, & Lane, 2009; Madson, Schumacher, Noble, & Bonnell, 2013; Schumacher, Madson, & Norquist, 2011; Walters, Matson, Baer, & Ziedonis, 2005). 사실 동기강화상담의 역량을 개발시킬 때 동기강화상담의 훈련에서 가장 표준이 되는 것은 관찰과 피드백이다(Miller, Yahne, Moyers, Martinez, & Pirritano, 2004). 이처럼 동기강화상담은 상담자가 이미 해 오던 단순한 것들과는 다른 것이다. 우리는 동기강화상담을 배우고 연습하고 훈련하고 평가하는 데 총 21년이 걸렸다. 또한 내담자와 작업을 하기 위해 이전에 배워 온 것들과 다른 태도와 기술을 다시 학습하며 발전해 왔다. 우리는 심리학자로서 동기강화상담에 대한 우리의 학습경험이 동기강화상담을 사용하는 다른 전문 영역에서의 학습경험과 일관된다는 사실을 발견했다(Schmacher, Madson & Nilsen, 2014).

동기강화상담은 온갖 문제를 해결해주는 만능 해결책이 아니다

동기강화상담은 만병통치약이 아니다. 동기강화상담을 사용하기에 적절하지 않은 때도 있다. 예를 들어 내담자가 적극적으로 행동을 변화하고 있다면, 적극적 행동 변화 개입 전략을 사용하고자 할 것이다. 이러한 경우에서는 동기강화상담을 사용하지 않는 것이 좋다(Adams & Madson, 2006). 그러나 행동의 변화가 호전과 악화를 거듭한다는 사실을 인지하고 있어야 한다. 이럴 때 동기강화상담은 다른 개입 전략과 함께 통합되어 사용될 수 있다(Westra, 2012). 사실 동기강화상담이 내담자의 변화에 초점을 두는 의사소통 방식임을 고려한다면, 동기강화상담은 현재 행동 변화와 관련해서 사용되고 있는 전통적인 접근들, 예를 들어 약물치료관리(Interian, Lewis-Fernández, Gara, & Escobar, 2013), 사례관리(Leukefeld, Carlton, Staton-Tindall, & Delaney, 2012), 환자 교육(Gance-Cleveland, 2007), 인지행동적 개입(Naar-King, Earnshaw, & Breckon, 2013)과 아주 잘 통합될 수 있다. 사실 이 책의 주목적은 상담자가 상담 중에 직면하는 어려움들을 다룰 수 있도록, 현재 사용하고 있는 접근을 MI와 어떻게 통합하는지 알게 하는 것에 있다.

빠른 참조

동기강화상담은

초이론적 모델을 근거로 하지 않는다.
속임수가 아니다.
단순한 기법이 아니다.
단순한 결정저울이 아니다.
내담자중심상담이 아니다.
다른 일반적인 심리치료가 아니다.
동기강화상담을 배우거나 사용하는 것은 쉽지 않다.
만병통치약이 아니다.

동기강화상담의 두 가지 요소

2009년에 Miller와 Rose는 MI가 관계적 요소와 기술적 요소의 조합이 어떻게 변화를 촉진하는지에 대해 이론을 설명했다. 이 이론에 따르면, MI의 관계적인 요소와 기술적인 요소는 서로 모순되는 것이 아니고, MI 과정에 내재되어 있다(Madson et al., 2013; Martino et al., 2008; Moyers & Martin, 2006).

- **관계적 요소** : Carl Rogers의 내담자중심 접근에 근거를 두는 관계적 요소는 내담자가 자신의 소망이나 두려움, 염려사항을 탐색할 수 있도록 상담자가 안전한 환경을 제공하기 위해서 공감적이고, 인정해주며, 비판단적이고, 자율성을 지지하는 상담 스타일을 사용하는 것을 포함한다(Moos, 2007). 즉 상담자는 내담자에게 의제를 설정해주거나, 조건적으로 수용해주거나, 내담자와 논쟁을 벌이거나, 직면하는 행동은 삼가는 대신 내담자가 전달하고자 하는 언어적·비언어적 메시지를 경청해야 한다.
- **기술적 요소** : 상담자는 관계적인 요소를 토대로 하여 내담자의 변화전념대화를 이끌어낼 수 있도록 변화대화를 유발하고 유지대화를 감소하는 전략을 사용한다(Amrhein, Miller, Yahne, Palmer, & Fulcher, 2003; Miller & Rose; 2009; Moos, 2007). 즉 상담자는 내담자의 말을 경청하고, MI에 부합히게 행동을 하며, 내담자가 변화에 대한 열망, 능력, 이유, 필요에 관한 대화를 말할 수 있도록 유발하고, 이를 강화하는 전략을 사용한다(Moyers & Martin, 2006).

동기강화상담의 기본 정신

MI의 '기본 정신'은 협동, 유발성, 수용, 연민의 네 가지 특징으로 요약될 수 있는데, 이는 MI에 초점을 둔 상담자-내담자 관계에서 꼭 구현되어야 하는 것들이다(Miller & Rollnick, 2013). 네 가지 기본 정신은 상담자가 MI를 성공적으로 사용하는 데 필수 요소가 되고, 어떠한 다른 전략들보다도 더 중요한 것이 된다. 사실 MI 정신은 가장 기본이 되며 여기에서부터 MI적 상호작용이 시작될 수 있다. MI 정신에서의 네 가지 특징에 대해 더 자세히 알아보고, MI에 부합하는 예와 MI에 부합하지 않는 예를 살펴보자.

협동

MI는 내담자와 상담자 간의 관계성에 기반을 두고 있는데 이러한 관계성은 파트너십과 유사하다. 상담자는 내담자에게 지시하거나 상담자의 권위를 사용하기보다 내담자와 함께 행동 변화에 대해 논의한다. 이때 상담자는 자신에게 그와 관련한 경험과 전문성이 있다는 사실을 인지해야 하고, 그와 동시에 내담자도 역시 그와 관련한 경험과 자신에 대한 전문성이 있으며, 과거 행동 변화를 위해 시도한 노력들이 있었음을 인지해야 한다. 행동 변화는 결국 내담자의 손에 달려있기 때문에 협동은 MI를 규정하는 핵심 정신이 된다. 이러한 관계는 강압적이지 않으며, 변화를 촉진하거나 변화에 기여하기 때문에 변화에 도움이 된다.

예시 : MI에 부합하는/부합하지 않는 협동적 대화

내담자 : "이것 봐요, 저 (마리화나) 진짜 조금 폈어요. 그리 큰일도 아닌 것 같은데 약물테스트에서 양성반응이 나와서 절 여기까지 오게 만들었네요. 전 아무 잘못도 없는 것 같은데 마리화나를 끊어야 한다네요."

MI에 부합하지 않는 협동적 대화 : "마리화나 사용은 불법이고, 회사 정책에도 위반이 되는 일이죠. 마리화나를 끊고 싶다면 저희 프로그램을 이용하시면 될 것 같네요. 그러면 다시 직장으로 돌아가실 수 있을 거예요."

이같은 반응은 상담자가 전문가적/권위주의적인 역할에서 나온 반응이기 때문에 MI에 부합하지 않는다. 상담자는 이러한 역할일 때 내담자와 파트너로서 작업하기보다는 내담자에게 어떻게 행동해야 하고, 그것이 무엇인지 '말해주는' 모습을 나타낸다. 이 반응은 내담자와 상담자 간에 불협화음(이후에 다룰 것이다)을 증가시키고 파트너십은 구축할 수 없게 한다.

MI에 다소 부합하는 대화 : "직장에 다시 돌아가기 위해서 변화를 강요받은 상황이고, 이 상황이 굉장히 불쾌하게 느껴지시는군요. 저희 프로그램에 대해 말씀 드렸는데, 선생님께 저희 프로그램이 도움이 될 것 같나요?"

이 같은 반응은 MI에 완전히 부합하지는 않지만 어느 정도 부합한다고 말할 수 있다. 상담자는 내담자가 변화에 대해 강요받은 상황에 대해 느끼는 감정을 반영해주었고, 내담자로부터 해결 방안을 이끌어내고자 했다. 그러나 상담자는 여전히 어떻게 하면 프로그램이 효과적일 것인지에 대해 내담자가 알고 있어야 한다는 식의 의사소통을 했기 때문에, 이는 상담자가 전문가적 역할로서 의사소통하고 있는 것이라 할 수 있다.

MI에 부합하는 대화 : "말씀을 들으니 이 상황이 참 좌절되게 느껴지실 것 같고, 변화에 대해서도 강압적으로 느껴지실 것 같아요. 상황이 이렇기 때문에, 시간을 최대한 잘 활용하는 방법에 대해서 함께 브레인스토밍하고 또 아이디어를 생각해내는 것이 우리에게 가능한 일인지 궁금합니다."

이같은 반응은 MI에 부합하는 협동적인 대화이다. 상담자는 내담자의 마리화나 사용에 대해 교정하려고 하지 않으면서도 내담자가 상담에 대해 느끼고 있을 감정을 인정해주었고, 또 상담자와 내담자가 자신들의 시간을 어떻게 하면 가장 잘 활용할 수 있을지에 대해 질문함으로써 전문가나 권위적 입장이 아닌 평등주의적인 입장을 취하였다. 이러한 대화는 상담에서 무엇을 다룰 것인지에 대해서 상담자가 내담자에게 의제를 설정해주는 것이 아니라, 상담자가 내담자와 함께 자신들의 시간을 최대로 활용해서 함께 작업하고 싶다는 의미를 전달하는 것이다.

유발성

행동 변화를 위해 사용되는 많은 전통적인 접근들은 내담자에게 부족한 것이 무엇이고 필요한 것이 무엇인지를 결정하고, 또 그 간극을 채우는 것에 초점을 맞추어 왔다(예 : 약물치료, 지식, 기술). 따라서 상담자는 종종 처방적 접근 방법을 취함으로써 내담자에게 필요한 것이 무엇인지를 결정하고, 어떻게 변화할 수 있는지를 말해주었다. 그러나 내담자들은 종종 이러한 접근이 자신에게 왜 효과적이지 않은지를 설명하며 거부감을 나타내곤 했다. 동기강화적인 상담은 상담자와 내담자의 관계에서 이렇게 엎치락뒤치락하기보다는 내담자로부터 정보를 이끌어내는 데 중점을 둔다(Miller & Rollnick, 2002). 동기강화상담에서는 (1) 문제에 대한 내담자의 관점, (2) 변화하고 싶은 이유 혹은 변화가 필요한 이유, (3) 변화를 일으키기 위한 구체적인 방법, (4) 개인적인 목표와 가치, (5) 변화하고 싶지 않은 이유, (6) 여전히 이전 상태를 유지하고 싶은 이유를 내담자로부터 이끌어낸다. 내담자는 '이상적인 수준'의 동기가 부족할 뿐이지, 모든 사람은 변화하고 싶은 동기를 어느 정도는 갖고 있고 또 모든 내담자에게는 가치나 포부, 관심사가 있다. 동기강화상담에서의 목표는 내담자가 가치 있게 여기는 것과 변화 초점 간에 내담자 자신만의 연결점을 마련하도록 하는 것이다. 상담자는 내담자의 열망과 관점을 확인함으로써 내담자로부터 변화를 위한 자신만의 주장을 이끌어낸다. 동기강화상담에서는 이를 '변화대화'라고 명명한다.

예시 : MI에 부합하는/부합하지 않는 유발하기

내담자 : "음, 여기까지 왔네요. 제 주치의가 말하길 치료 절차를 밟기 전에 당신을 만나서 식습관과 운동에 대해 말해볼 필요가 있다고 하더군요."

MI에 부합하지 않는 유발하기 : "잘 오셨어요. 매일매일 건강하게 식사하고 운동할 수 있도록 도와드려야겠네요. 제게 굉장히 성공적이라고 알려진 계획이 있어요."

이는 MI에 부합하지 않는 반응이다. 상담자는 내담자로부터 어떤 것도 유발하지 않았기 때문이다. 또한 변화 목표에 너무 빨리 초점을 맞추었으며, 전문가적/권위적인 역할을 취했다. 문제에 대한 내담자 관점의 어떤 측면도 이해하거나 고려하려고 시도하지 않았다. 아마도 이 대화는 내담자가 그 계획이 자신에게 효과적이지 않을 이유를 설명하면서 끝날 가능성이 높다. 내담자를 이해하지 않게 됨에 따라 상담자는 내담자로부터 변화대화보다는 유지대화를 더 많이 이끌어낼 가능성이 높다.

MI에 다소 부합하는 유발하기 : "주치의 선생님께서 말씀하신 대로 이곳까지 와 주셔서 감사해요. 다이어트를 하기 위해서 당신은 무엇을 변화시켜야 할까요?"

이 반응은 어느 정도 동기강화적이지만 완벽하지는 않다. 상담자는 동기강화적인 방식에 따라 주치의의 요구를 잘 따른 것을 인정해주는 말을 하였다. 또한 열린 질문을 사용했다. 하지만 변화에 초점을 맞추기 위해 상담자가 사용한 열린 질문은 비협동적인 방식에서 이루어졌다. 상담자는 내담자의 의견을 구하지 않고서 무엇이 중요할지 선택했다. 게다가 '변화시켜야 한다'라는 단어를 선택함으로써 내담자가 무엇을 해야만 함을 전달하였다.

MI에 부합하는 유발하기 : "주치의 선생님께서 당신이 여기에 오는 것을 원하셔서 오신 것처럼 들려요. 여기에 오시는 것에 대해 어떻게 생각하시나요?"

이는 MI에 부합하는, 유발적인 반응이다. 의뢰에 대한 내담자의 생각을 반영할 뿐만 아니라, 상담에 대한 내담자의 생각을 이끌어냈다. 이러한 반응은 이 대화에서 내담자의 생각이 중요하다는 사실을 전달하는 것이다. 이는 성급하게 초점 맞추는 것을 예방할 수 있고 또 전문가 역할을 취하지 않도록 해준다. 또한 편들기(take sides) 함정을 피할 수 있다. 이전의 반응들과는 다르게 여기에서의 반응은 상담자와 주치의가 같은 편에 있지 않다는 것을 보여준다.

수용

수용은 동기강화상담에서나 다른 상담에서 새로운 개념이 아니지만, 최근에 동기강화 기본 정신의 세 번째 요소로 정의되었다(Miller & Rollnick, 2013; Wagner & Ingersoll, 2013). 수용은 내담자가 대화에서 말하는 내용의 진가를 인정하는 것이다. 동기강화상담에서의 수용적인 환경은 내담자가 변화에 대한 모든 측면을 탐색할 수 있도록 도와준다. 이는 상담자가 내담자의 모든 행동을 승인하거나 현상유지의 요구를 승낙해야 한다는 것을 의미하지 않는다(Miller & Rollnick, 2013). Miller와 Rollnick은 수용의 네 가지 측면을 제시하고 있다.

절대적 가치

인간중심상담에서의 기본 원리는 모든 인간은 신뢰할 만한 존재이고, 변화에 대한 잠재력을 갖고 있으며 자신을 위해 최선을 다하는 존재라는 것이다(Rogers, 1959). 내담자의 잠재력과 가치를 인정해주는 것은 내담자와의 관계를 견고하게 발전시키고 수용의 정신을 전달하는 데 있어서 필수적인 요소다.

정확한 공감

동기강화적인 상담을 하려면 상담자는 내담자의 상황에 대한 진심 어린 관심과 이해, 그리고 인정하는 것이 필요하다. 이는 내담자와 동일시하거나 내담자에게 동정을 느끼는 것을 의미하지 않는다. 이는 내담자의 세계를 이해하고, 이러한 세계관이 내담자의 변화나 현상유지와 어떻게 관련이 있는지 살펴보기 위해 적극적으로 노력하는 것을 의미한다. 예를 들면 내담자가 처방받은 약물의 복용을 거부할 경우, 동기강화적인 상담자는 단순히 내담자에게 약물 복용의 필요성에 대해 가르쳐주기보다는 변화가 내담자가 처한 상황이나 가치, 목표와 어떻게 연관되는지 더 잘 이해하려고 노력할 수 있다. 정확한 공감은 내담자의 경험에 대해 관심 있음을 전달하고, 그들에게 가장 좋은 것이 무엇인지를 알기 원함을 전달하는 것이다.

내담자의 자율성 지지하기

동기강화상담에서는 변화에 대한 최종적인 결정이 내담자에게 있지, 상담자에게 있지 않다. 이는 상담자가 내담자를 돌보는 것을 피하는 것을 의미하는 것이 아니라, 선택에 대한 책임이 개인에게 있음을 의미한다. 이는 많은 상담자들이 받아들이기 어려워하는 개념이다. 그러나 우리는 MI 훈련생들에게 내담자들을 하루 24시간, 일주일 7일 모두를 따라다닐 수 있는 것이 아님을 주지시킨다. 내담자들은 항상 자신에게 무엇이 가장 최선인지를 결정해야 한다. 그렇다면 이러한 사실을 받아들이는 것이 어떠한가? 상담자는 정보와 조언, 피드백을 제공할 수는 있지만 궁극적으로 결정하는 주체는 내담자이다. 결정에 대한 자율성이 내담자에게 있음을 인정해주게 되면 내담자는 자신에게 변화에 대한 자유가 있고 또 변화에 대한 책임이 자신에게 있음을 인식하게 되기 때문에 결국 변화에 도움이 된다.

인정하기

동기강화상담은 강점 관점의 접근 방식을 취하기 때문에, 상담자는 내담자의 강점과 자원을 인식하고, 이를 언급해주고, 유발하기 위해 노력해야 한다(Madson, Loignon, Shutze, & Necaise, 2009). 자발적이든 비자발적이든 도움을 구하는 사람들의 대부분은 과거에 성공하지 못한 것에 대해 변화하기를 시도한다. 내담자들은 종종 무산된 노력이나 변화에서의 실패에 초점을 맞춘다. 내담자를 인정할 때 상담자의 목표는 치어리더가 되는 것이 아니라, 긍정적인 인정의 말을 제공하는 것이다. 즉 내담자가 자신의 강점과 자원, 이전의 성공 경험을 알아차릴 수 있도록 함으로써 변화에 대한 노력이 가능하도록 하는 것이 상담자의 목표이다.

예시 : MI에 부합하는/부합하지 않는 수용

내담자 : "내 얼굴에 있는 흉터 좀 보세요. 경찰이 나를 왜 체포했는지 모르겠어요. 전 단지 절 방어하려고 했던 것뿐이에요. 경찰이 미친 거예요!"

MI에 부합하지 않는 수용 : "그렇군요. 이 문제를 해결하기 위한 가장 중요한 사실은 당신이 한 행동에 대한 책임이 당신에게 있음을 받아들이는 거예요. 그것이야말로 당신이 감옥에서 나올 수 있는 길이에요."

이 반응은 MI에 부합하지 않는다. 상담자는 내담자를 직접적으로 직면했다. 이 반응은 상담자가 형사사법제도의 편을 들고 있음을 전달하며, 내담자의 관점에는 관심이 없고, 내담자의 결정에 대해서 존중하고 있지 않음을 전달한다. 따라서 상담자와 관계를 형성하려는 내담자의 능력을 감소시키고, 내담자에게 어떤 변화가 필요한지, 또 바라고자 하는 변화가 무엇인지에 대해 상담자가 주도적으로 말하는 형태의 상호작용이 이루어질 가능성이 매우 높다.

MI에 다소 부합하는 수용 : "경찰이 당신의 얘기를 듣지 않을 거라고 믿고 계시군요. 그리고 이 치료에 왜 참여해야 하는지에 대해서도 잘 모르시고요. 어떻게 하면 우리가 당신이 곤란에서 벗어날 수 있다는 것을 확신드릴 수 있을까요?"

이는 MI에 다소 부합하는 진술이다. 상담자는 교정 반사를 사용하는 대신에 상황에 대해 내담자가 인식하고 있는 내용을 반영하였다. 상담자는 또한 내담자로부터 잠재적인 해결책을 유발하고자 노력했다. 그러나 수용의 요소를 전달하기에는 부족한 것으로 보인다.

MI에 부합하는 수용 : "경찰이 당신의 얘기를 듣지 않을 거라고 믿고 계시는군요. 그리고 이 치료에 왜 참여해야 하는지에 대해서도 잘 모르시고요. 그렇게 느끼심에도 불구하고 이렇게 약속 회기를 잊지 않고 참석해주셔서 감사해요. 이 프로그램에서 당신이 배울 수 있을 것인지 아닐지를 결정하는 것은 궁극적으로 당신이에요."

이는 MI에 부합하는 진술이다. 상담자는 내담자가 처한 상황에 대한 내담자의 시각을 이해하려고 애썼고 또 듣고 있음을 전달하였기 때문에 공감을 전달했다. 또한 약속 회기를 지킨 내담자의 의지를 강점으로 인정해주었으며, 내담자의 자율성도 인정해주었다. 이 모든 것을 고려하면, 상담자는 내담자를 경청했고, 자율성을 지지했으며, 내담자의 강점을 인정해줌으로써 내담자를 가치 있게 여겼고, 존재로서의 절대적인 가치를 인정해주었다.

연민

연민은 타인의 고통을 목격했을 때 나타나는 진실된 정서적 반응이며, 그 결과 이는 타인을 돕고자 하는 바람에까지 이르게 한다(Seppala, 2013). 즉 연민은 인간에 대한 책임 의식과 돌보고 보살피려는 정신으로, 내담자의 삶을 더 낫게 만들고자 하는 동기를 강화한다(Fromm, 1956). 따라서 동기강화상담을 실천할 때 상담자는 항상 내담자에 대한 최대한의 선의를 가져야 하며, 그의 복지에 진심으로 관심이 있음을 전달할 수 있어야 한다. 그러나 내담자의 복지에 대한 관심의 결과로 나타나는 교정반사를 사용한다거나, 다른 사람들에게 좋은 것을 내담자가 하도록 하는 행동은 피해야 한다.

예시 : MI에 부합하는/부합하지 않는 연민

내담자 : 제 발을 지키기 위해서 당신이 할 수 있는 건 없나요?"

MI에 부합하지 않는 연민 : "당신이 혈당을 더 잘 관리할 수 있도록 당신과 수년간 함께 해 왔지만, 안타깝지만 이 시점에서 우리가 할 수 있는 것은 없네요. 상황이 더 나아져 앞으로는 식단관리나 약물 복용을 더 잘 관리할 수 있게 되어 다른 쪽 발도 잃지 않기를 바라요."

이 반응은 MI에 부합하지 않는다. 소진을 경험하는 상담자가 나타낼 수 있는 반응으로 볼 수 있다. 상담자의 반응은 내담자의 질문을 다루는 사실적인 정보를 담고 있지만, 현재 내담자가 경험하고 있을 정서적인 고통과 위로에 대한 연민 없이 직면적인 방식에서 이루어졌다.

MI에 다소 부합하는 연민 : 발을 잃는 것 때문에 많이 속상하시지요. 앞으로 다른 쪽 발을 잃지 않기 위해 지금 이 상황에서 어떤 교훈을 얻을 수 있을까요?"

이는 MI에 다소 부합하는 진술이다. 상담자는 내담자의 감정을 반영했으며 내담자를 직면하기보다 이끌어내기 위해 노력했다. 하지만 상담자가 내담자의 고통을 위로하기보다는 경험을 통해 내담자가 배운 바가 무엇인지에 초점을 맞추었기 때문에, 내담자는 상담자를 판단적이고 연민 없는 사람으로 경험했을 것이다.

MI에 부합하는 연민 : "발을 잃게 되어 얼마나 속상하세요. 발을 지킬 수 있는 방법이 있다면 말씀드릴 수 있었을 텐데요."

이 반응은 MI에 부합한다. 상담자는 내담자가 현재 경험하고 있는 정서적인 고통뿐만 아니라 이러한 고통을 해결하고 싶어 하는 바람까지 공감해주었다. 이 반응은 힘든 시기에 내담자가 상담자를 정서적 지지 자원으로 사용할 수 있게 해주었고, 또 미래에 내담자가 당뇨병을 관리할 때 상담자와 함께 작업하고 싶도록 내담자의 마음을 열어주었다.

빠른 참조

동기강화상담의 기본 정신

협력적인 작업 관계를 형성하라.
내담자에게 처방하기보다 내담자로부터 이끌어내라.
내담자의 가치와 자율성, 강점을 인정해주고 내담자가 처한 상황을 공감하라.
내담자의 복지에 관심을 갖고 책임감을 가져라.

네 가지 안내 원리

MI에 대한 가장 최근의 저서에는 포함되어 있지 않지만(예 : Miller & Rollnick, 2013), Rollnick과 Miller, Butler(2008)는 MI의 네 가지 안내 원리를 설명하였다. 이 네 가지 원리는 동기강화상담의 기본 정신을 보다 쉽게 이해할 수 있게 도왔다. 네 가지 원리에는 (1) 교정 반사에 저항하기(resisting the righting reflex), (2) 내담자의 동기를 이해하고 탐색하기(understanding and exploring the client's motivation), (3) 공감적으로 경청하기(listening with empathy), (4) 내담자의 역량을 강화하고(임파워먼트) 희망과 낙관 북돋기가 있다(empowering the client and encouraging hope and optimism). 동기강화에 부합하는 상담을 할 때 Resist와 Understand, Listen, Empower의 머리글자를 딴 두문자어 RULE을 기억하면 도움이 될 것이다.

R : 교정 반사에 저항하기

상담자는 내담자의 고통을 치료하고 싶어 하고, 잘못된 일을 바로잡고 싶어 하며, 내담자의 복지를 보장하고 싶어 한다. 그러므로 내담자가 잘못된 결정을 내린다고 생각할 때 상담자에게는 이를 중단시키고 싶어 하거나 '올바른 방향'에 내담자를 두고자 하는 강한 욕구가 생긴다. 이러한 동기는 누군가의 행동을 교정하고 싶은 자동적인 반사이다(예 : 교정 반사). 그러나 이러한 욕구를 따르는 상담자들은 종종 그들이 얻고자 하는 바와는 반대되는 결과를 얻곤 한다. 내담자들은 행동 변화를 선택하는 대신에 종종 변화에 저항하고, 자신들을 설득하고 있다고 느낄 때 특히 더 저항한다. 이는 내담자가 변화에 대해 반대하거나 부인하는 것이 아니며, 내담자가 게을러서이기 때문인 것도 아니다. 그렇다기보다 이는 인간에게 자신의 행동에 영향을 주려는 타인의 시도나 노력에 대항하고자 하는 자연적인 경향이 있기 때문에 나타나는 현상이다(Leffingwell, Neumann, Babitzke, Leedy, & Walters, 2007). 이러한 현상은 특히 내담자가 행동과 관련해서 양가감정(예 : 같은 일에 대해 두 가지 감정을 느낌)을 경험할 때 더 강하게 나타난다. 예를 들면 과식을 하는 사람들은 종종 자신의 식습관에 문제가 있다는 사실을 잘 인식하고 있고 또 이러한 식습관 때문에 나타나는 부정적인 결과에 대해서도 잘 알고 있다. 그러는 동시에 이들은 음식을 좋아하고, 음식이 주는 사회적인 역할에 대해 인정하면서, 자신을 '식습관에 문제가 있는' 사람으로 보길 원하지 않고, 자신의 식습관이 정상적인 것으로 보고자 한다. 따라서 이러한 사람들은 종종 자신의 식이 행동에 대해 두 가지 다른 방식의 감정을 동시에 경험한다. 식습관과 관련된 행동을 바꾸고 싶기도 하고, 바꾸고 싶지 않기도 한 것이다.

만약 내담자가 생각하기에 상담자가 자신이 경험하는 양가감정의 측면 중 건전한 부분에 '편들기' 하면서 왜 내담자가 변화해야 할 필요가 있는지를 주장한다면, 내담자는 자연스럽게 그 변화에 반대되는 주장을 하려고 할 것이다(Leffingwell et al., 2007). 결과적으로 상담자의 반사는 더 강한 논쟁을 만들 수 있고 이에 따라 내담자의 논쟁 또한 더 강하게 만든다. 사람들은 스스로에게 했던 말을 믿으려 하는 경향이 있기 때문에, 내담자와 논쟁하려는 상담자의 말은 사실 변화에 대항하는 내담자의 주장을 더 굳건히 만들 수 있다. 동기강화상담에서는 변화를 위한 주장을 하는 대상이 상담자가 아니라 내담자여야 한다. 많은 내담자들이 변화에 대해 양가감정을 가지고 있기 때문에 상담자의 역할은 이들의 양가감정을 해결하고 변화를 위한 주장을 할 수 있도록 돕는 것이다. 동기강화상담에 부합하기 위해서 상담자는 변화에 대한 양가감정이 병리적인 것이 아니라 자연스러운 부분임을 이해할 필요가 있다. 이러한 입장은 내담자에게 변화하기를 설득하거나 가르치려고 하는 것으로부터 피할 수 있게 하고, 교정 반사에 저항할 수 있게 만든다. 따라서 동기강화상담을 사용하는 상담자는 내담자의 양가감정을 강조하고 탐색할 수 있도록 질문하기, 단순 반영 및 복합 반영 사용하기, 인정하기, 요약하기와 같은 다양한 전략을 사용한다(Miller & Rollnick, 2002).

예시 : MI에 부합하는/부합하지 않는 교정 반사에 저항하기

내담자 : "절 좀 가만히 내버려뒀으면 좋겠어요. 제 성행동과 치료가 주의를 요한다는 사실은 알겠지만 전 괜찮아요. 그리고 제 친구들도 콘돔 없이 성관계를 한다고요."

MI에 부합하지 않는 교정 반사에 저항하기 : 다른 사람들이 생각하는 것만큼 에이즈에 대해 걱정하시는 것 같지는 않아 보이는군요. 이것을 다루는 것이 중요하다고 생각하지 않으세요?"

"성관계를 할 때마다 콘돔을 착용하는 것에 대해 어떻게 생각하세요?"

이 두 가지 반응은 모두 양가감정이 있는 내담자를 상담할 때 나타나는 교정 반사들이다. 첫 번째 반응은 상담자가 내담자에게 자신의 관점을 재고해보게 하기 위해서 내담자의 양가감정에 대해 부정(denial)하고 있는 것이라고 직면하였다. 상담자의 이러한 반응은 내담자와 상담자 간에 불협화음을 낳게 될 것이다. 두 번째 반응에서는 상담자가 내담자에게 정보를 제공하기 이전에 허락을 구하지 않고서 해결책을 처방하였다. 내담자는 그 해결책이 왜 효과적이지 않은지에 대해 말할 가능성이 높다.

MI에 다소 부합하는 교정 반사에 저항하기 : "변화가 어렵다는 사실을 알고 계시고, 다른 사람들이 당신의 에이즈를 걱정하고 있다는 사실도 알고 계시네요. 또 당신의 행동을 변화할 필요가 있을지도 모른다고 생각하고 계시고요. 훗날 당신 자신과 다른 사람들을 안전하게 보호하는 것이 중요해 보이네요."

이는 MI에 다소 부합하는 진술이다. 상담자는 양면 반영을 함으로써 내담자의 양가감정을 부각시켰다. 그러나 이 양가감정을 단순히 부각시키기보다는 내담자의 변화를 지지하는 쪽으로 문제를 해결하려고 하였다. 내담자는 변화하지 않는 쪽의 편을 들어 주장할 가능성이 높다.

U : 내담자의 동기 이해하기

모든 내담자에게는 변화의 이유가 있다. 이는 상담자가 생각하고 제시하는 변화 이유보다 내담자를 변화시키는 방향으로 더 잘 설득할 수 있다(Neighbors, Walker, Roffman, Mbilinyi, & Edleson, 2008; Rollnick et al., 2008). 내담자의 동기와 가치에 관심을 갖는 것은 변화에 대한 내담자의 동기를 유발하고 강화하는 데 중요한 부분이다. 모든 내담자와 상담하는 시간이 제한적이기 때문에 이 말이 시간 낭비인 것처럼 터무니없다고 느껴질지도 모른다. 그러나 앞에서 언급했던 것처럼 상담자가 변화 이유를 말하는 것이 사실은 역효과적이며, 변화에 반하는 주장을 내담자가 더 하도록 만들 수 있다. 그러므로 동기강화적 관점에 따르면, 제한된 시간 동안 내담자에게 변화해야 하는 이유를 말해주는 것보다 내담자에게 왜 그 변화에 관심이 있는지를 물어보는 것이 더 나을 것이다. 따라서 변화의 이유가 상담자의 것이 아니라 내담자의 것이어야 한다는 사실에 초점을 두어라.

L : 공감적으로 경청하기

내담자가 말하는 변화 이유를 이해하기 위해서는 내담자의 말에 공감적으로 경청해야 한다. 서비스 제공자가 특정 주제(예 : 영양 섭취, 약물치료, 행동 변화)에 관한 '전문가'라고 할지라도, 변화가 왜 나타나고 어떻게 발생하는지에 대한 대답은 내담자로부터 나온다. 경청 기술은 이러한 대답을 수집하는 데 필수적이다.

E : 내담자의 역량 강화하기

내담자가 의사결정 과정에서 적극적인 역할을 수행하고, 또 변화를 만들어내는 데 자신의 역량이 강화됨을 느낄 때 상담의 성과가 더욱 긍정적으로 나타나고 변화 또한 자주 일어난다. 서비스 제공자는 다이어트 방법이나 약물 복용법, 불안 관리법, 변화가 내담자의 삶을 어떻게 개선하는가 등 변화에 대한 지식이 풍부하지만, 이러한 변화가 일상생활에 어떻게 잘 맞아떨어지게 할 것인가에 대해서는 내담자가 더 전문가이다. 따라서 내담자는 어떻게 하면 변화 목표를 가장 잘 성취할 수 있을지 알고 있을 가능성이 높다. 이러한 과정에서 서비스 제공자의 역할은 변화를 만들어낼 수 있다는 내담자의 믿음을 지지해주고, 내담자가 자신의 전문지식을 공유할 때 편안함을 느낄 수 있도록 돕는 것이다.

동기강화상담의 기본 기술

기본적인 상담 기술들은 치료 장면부터 교정 장면에 이르기까지 어느 영역에서든 내담자와 상호작용할 때 필수적이다. 동기강화상담에서 상담자는 내담자의 변화에 대한 대화(변화대화)를 촉진하고 또 변화하지 않는 것에 대한 대화(유지대화)를 최소화하기 위해서 상담 기술을 목적에 맞게, 의도적으로 사용해야 한다. 즉 상담자는 변화를 지지하는 내담자의 대화를 선택적으로 강화하고 유발하는 상담 기술을 사용하는 한편 변화를 지지하지 않는 대화는 감소시키는 상담 기술을 사용할 수 있다. 동기강화상담에서 강조되는 기술들은 열린 질문하기(Open questions), 인정하기(Affirmations), 반영하기(Reflections), 요약하기(Summaries)이며, 이들은 두문자어인 OARS로 요약될 수 있다(Miller & Rollnick, 2013).

열린 질문하기

동기강화상담에서는 질문을 적절하게 사용하는 것이 중요하다. 상담자는 상담회기 동안 질문-대답 함정에 빠지지 않아야 함을 유념해야 한다. 이 함성은 상담자가 질문을 남용할 경우(종종 닫힌 질문), 그리고 그 질문에 대해 내담자가 짧게 답하는 경우에 나타난다. 이 함정은 질문-이후-질문 그리고 답변-이후-답변으로 이루어진 의사소통을 야기함으로써 주제에 대해 깊이 있게 대화하는 것을 어렵게 만든다(Miller & Rollnick, 2002). 이러한 함정을 피하기 위해서는 상담자는 연이어서 하나 이상의 질문을 하는 것을 피해야 한다.

- **열린 질문 vs. 닫힌 질문** : 상담자가 닫힌 질문을 사용하게 되면 내담자는 한 단어 또는 두 단어로 대답하게 되므로(예 : 네 또는 아니요), 내담자로부터 구체적인 정보를 수집할 때 사용한다(Hill & O'Brien, 1999; Seligman, 2008). 열린 질문은 포괄적이고 광범위하기 때문에 대답하는 방식에 있어서 유연하며, 내담자가

자신의 경험이나 생각, 감정, 행동을 자유롭게 말할 수 있게 한다(Hill & O'Brien, 1999; Seligman, 2008). 동기강화상담에서는 닫힌 질문보다는 열린 질문이 더 선호되며, 열린 질문이 보다 유발적이기 때문에 내담자로부터 더 많은 정보를 제공받을 수 있다.

예시 : MI에 부합하는/부합하지 않는 질문

내담자 : "매일 저녁 약을 먹어야 한다는 사실을 기억하지 못할 것 같아요."

MI에 부합하지 않는 닫힌 질문

"식단을 조절해보셨나요?"
"약 먹는 것이 중요하다고 생각하지 않으세요?"

이 질문들은 닫힌 질문들이기 때문에 MI에 부합하지 않는다. 첫 번째 질문은 내담자의 말에 어울리지 않는 반응이었기 때문에 상담자가 내담자의 말을 경청하지 않음을 전달하거나 내담자의 문제에 관심이 없음을 전달할 수 있다. 두 번째 질문은 수사적인 질문으로 내담자에게 판단적인 인상을 심어줄 수 있으며, 이로 인해 불협화음을 낳을 수 있다.

MI에 다소 부합하는 질문

"잊어버리지 않도록 알람을 설정해보는 것은 어떤지 생각해본 적 있으세요?"
"약 먹는 것을 잊어버리지 않게 하기 위해서 약통을 사용하고 계신가요?"

이는 MI에 부합하지 않는 닫힌 질문이다. 그러나 완전히 MI에 부합하지 않는다고도 말할 수 없다. 상담자는 내담자의 허락 없이 약물 복용을 준수하는 방법에 대해 간접적인 방식으로 조언을 제공했다. 직접적인 방식으로 조언을 제공한 것은 아니었지만, 간접적인 조언을 제공하기 위해 닫힌 질문을 사용하였기 때문에 동기강화적이지 않다(Miller & Rollnick, 2013).

MI에 부합하는 닫힌 질문

"그런 어려움이 얼마나 지속되어 왔나요?"
"약을 복용하는 데 어려움이 있으신가요?"

이 질문들은 닫힌 질문이지만 MI에 부합한다. 상담자는 내담자에게 문제에 대한 해결책을 처방하거나 상황에 대해 판결을 내리지 않고, 문제에 대한 내담자의 생각을 이끌어내려고 했다.

MI에 부합하지 않는 열린 질문

"약 복용이 중요한 일인지를 당신이 어떻게 하면 이해할 수 있을까요?
"다이어트는 어떻게 되어 가고 있나요?"

이 질문들은 열린 질문이었지만 동기강화적이지 않다. 첫 번째 질문에서 상담자는 내담자가 약물 복용을 준수하지 않는 것에 대해 직접적으로 직면하려고 했다. 두 번째 질문은 내담자가 말하는 바와 어울리지 않는 반응이었기 때문에 공감과 협동의 정신이 부족함을 나타내고 있다.

MI에 다소 부합하는 열린 질문

"무엇이 기억하는 데 도움이 될까요?"
"기억하는 데 도움이 될 수 있는 장치를 사용하는 것에 대해 어떻게 생각하세요?"

이 질문은 열린 질문에 해당하지만 완전히 동기강화적이지는 않다. 첫 번째 질문은 내담자가 바로 해결책을 찾고 변화에 대한 계획을 세우게 하는 질문이었다. 그러나 상담자는 변화(또는 변화하지 않는 것)에 대한 내담자의 동기를 고려하지 않았기 때문에 동기강화적이지 않다. 이러한 대화는 상담자가 해결책을 빨리 제시하게 만들고, 내담자가 이러한 해결책에 대해 거부할 가능성이 높게 만들 수 있다(예 : 교정 반사). 두 번째 질문은 내담자의 대답을 유발하기 위해 사용되었지만, 질문의 초점이 내담자로부터 이끌어낸 해결책이 아닌 상담자의 해결책에 있었다. 따라서 상담자는 내담자가 요청하지 않은 조언을 간접적으로 제공하기 위해서 열린 질문을 사용하였다.

MI에 부합하는 열린 질문

"약을 복용하는 것과 관련해서 무엇이 당신을 염려하게 하나요?"
"저녁에 무슨 일이 있나요?"
"약을 드시고 싶어 하는 어떤 이유가 있나요?"

이 질문들은 모두 MI에 부합한다. 상담자는 내담자가 많은 말을 할 수 있도록 했고, 상황에 대한 내담자의 전문성을 이끌어냈다. 따라서 상담자는 내담자의 동기와 염려에 대해서 더 많이 이해할 수 있었다. 사실 세 번째 질문이 변화대화(나중에 다룰 것임)를 유발할 가능성이 가장 높다. 이 변화대화는 동기를 강화하는 것과 관련 있기 때문에 동기강화상담에서 중요한 측면이 된다. 첫 번째, 두 번째 질문은 약물 복용에 대한 염려와 장애물 등 변화 동기를 강화하기 위해서 다룰 필요가 있을 주제들을 논의하는 데 도움이 될 것이다.

인정하기

내담자가 변화를 시도하려고 할 때 보통 문제나 과거에 실패했던 시도들에 초점을 맞추는 경향이 있다. 인정하기를 올바르게 사용하는 방식은 내담자의 강점이 강조될 수 있도록 하는 것이다. 동기강화상담에서의 인정하기는 내담자의 강점과 긍정적인 행동을 알아내고 인정하며, 이에 대해 상의하는 노력을 적극적으로 하는 것을 포함한다(Hohman, 2012; Pirlott, Kisbu-Sakarya, DeFrancesco, Elliot, & MacKinnon, 2012). 이를 가능하게 하기 위해서 상담자는 내담자의 강점, 자질, 기술, 행동 등에 대한 언급을 할 수 있고, 내담자의 행동이나 상황을 긍정적인 시각에서 재구성할 수 있으며, 내담자로부터 긍정적인 말을 이끌어낼 수도 있다. 인정하기는 열성적인 스포츠 트레이너나 치어리더처럼 하라는 것이 아니라, 내담자가 실제로 지닌 강점에 대해 이끌어내고, 인정해주고, 언급해주는 것을 의미한다. 따라서 인정하기를 사용할 때는 내담자에게 초점을 맞추어야 하며, '찬사'가 되어서는 안 되고, "제가 생각하기에"와 같은 단어가 사용되어서는 안 된다. 상담 장면에서 "그거 괜찮네요/좋네요"나 "전 당신이 자랑스럽네요"와 같은 말이 종종 사용된다. 이러한 말들이 지지적일 수는 있겠지만 동기강화상담에서의 규칙과는 맞지 않기 때문에 동기강화적이지는 않다고 볼 수 있다.

예시 : MI에 부합하는/부합하지 않는 인정하기

내담자 : "가족은 제가 우울한 것 같다고 하는데 전 잘 모르겠어요. 전 회사도 잘 나가고 있고 사람들과도 잘 어울려요. 우울한 사람들을 그냥 집에만 있게 두지 마세요."

MI에 부합하지 않는 인정하기 : "우울한 상태인데 어떻게 해야 할지 잘 모르겠다는 말씀이시네요."

이는 단순 반영의 좋은 예에 해당하는 반응이었지만(나중에 다룰 것) 내담자의 약점과 문제에만 초점을 맞추었다. 따라서 내담자의 강점에 대해 인정하거나 언급하려는 노력이 거의 없었다. 또한 우울에 대해 내담자가 한 말이 불확실했기 때문에 상담자와 내담자 간에 불협화음이 발생할 소지가 있다.

MI에 다소 부합하는 인정하기 : "가족은 당신이 우울하다고 말하고 있지만 우울한 사람들은 당신처럼 행동하지는 않는다는 말씀이시군요. 그럼에도 불구하고 여기에 오시다니 참 기쁘네요."

이는 내용 반영의 좋은 예이다. 그러나 상담자는 내담자의 강점이나 성공, 긍정적인 행동에 대해 언급하지 않음으로써 내담자를 인정할 수 있는 중요한 기회를 잃었다. 게다가 내담자가 지닌 강점이나 능력이 아닌 상담자가 인정하는 것에 초점을 두었다는 점에서 완전히 MI에 부합하지는 않는다.

MI에 부합하는 인정하기

긍정적인 행동에 대한 언급 : 상담이 필요한지 확신이 없음에도 불구하고 가족의 부탁으로 여기까지 오셨네요. 가족을 생각하시는 마음이 참 크시네요."

상황 재구성하기 : "우울하다고 느끼시지만 우울에 꽤 잘 대처하고 있군요. 매일 여전히 회사에도 나갈 수 있고 또 친구들과 만날 수도 있고요."

내담자로부터 이끌어내기 : "무엇이 당신과 집에만 있는 사람들을 다르게 만들었죠?"

각 반응은 모두 MI에 부합하는 인정하기였다. 이들은 모두 앞에서 언급한 규칙들에 부합하여 내담자의 강점에 초점을 맞추고, 내담자가 더 많은 말을 할 수 있도록 참여시켰다. 첫 번째 반응에서는 내담자가 우울증을 앓고 있다는 사실을 확신하지 못하고 있다는 점을 인정하는 한편 가족에 대한 내담자의 마음을 강조하였다. 두 번째 반응에서는 내담자의 초점을 집에만 있는 것에서 활동적으로 사는 것의 강점으로 옮겨 초점을 재구성하였다. 세 번째 반응에서는 변화에 있어서 사용될 수 있을 내담자의 강점을 이끌어냈다.

반영하기

반영하기는 동기강화상담에서 사용되는 중요한 상담 기술이다. 반영하기는 내담자가 전달하는 바와 상담자가 전달받는 내용 사이에서 그 의미를 연결해주고, 상담자가 이해한 바를 확인하게 해준다는 점에서 중요하다(Passmore, 2011; Rosengren, 2009). 반영을 할 때 주의할 점은 상담자의 음조가 말하는 내용만큼이나 중요하다는 사실이다. 반영하는 문장 끝의 음조는 내려야 한다. 문장 끝의 음조를 올리는 것은 대부분 질문할 때 적용된다. 또한 동기강화상담에서는 빈정거림이나 적대감, 우월감이 배제된 어조를 사용해야 한다.

반영하기는 (1) 상담자가 내담자의 말을 경청하고 있음을 보여주고, (2) 공감을 표현할 수 있게 하며, (3) 내담자에 대한 이해를 전달할 수 있고, (4) 주제에 대해 깊이 있게 논의할 수 있게 도와주기 때문에 중요하다. 이러한 이유들 때문에 반영을 한 이후에 "맞나요?"나 "그렇죠?"와 같은 말을 덧붙이지 않는 것이 중요하다. 이러한 질문은 상담자가 내담자의 말을 제대로 이해하고 있지 않다는 의미를 전달할 수 있기 때문이다. 동기강화상담에서 상담자는 내담자를 변화의 방향으로 안내하기 위해서 유지대화나 불협화음, 변화대화를 의도적이고 전략적으로 반영해야 한다. 불협화음을 반영하는 것의 목적은 변화에 대한 내담자의 양가감정을 직면하기보다 내담자와 함께 동행하는 것에 있다. 불협화음을 의도적으로 반영하면 상담자는 내담자를 계속 이해하고 작업 관계 형성을 촉진할 수 있다(Miller & Rollnick, 2013). 변화대화는 동기강화상담에서 변화를 촉진하기 위한 핵심적인 측면이다. 이와 같이 상담자는 변화대화를 강화하고 견고히 하기 위해 변화대화를 반영한다(Miller & Rollnick, 2013).

반영하기는 단순 반영과 복합 반영으로 분류된다.

단순 반영

단순 반영은 내담자가 한 말에 정보를 더 추가하기보다는 내담자가 한 말에 가장 가깝게 반영하는 것이다(Moyers, 2004). 단순 반영은 종종 내담자의 말을 시인하고 유효하게 만들 때 자주 사용된다(Rosengren, 2009; SAMSHA, 1999). 따라서 단순 반영에는 기본적으로 내담자의 감정과 생각, 상담 내용이 포함될 수 있다. 단순 반영만 사용하게 되면 내담자와 더 의미 있는 대화로 진전하는 속도를 늦출 수 있다. 우리 교육훈련생들은 회기가 진전 없이 제자리걸음 하는 것 같다고 종종 느끼곤 했는데,

이는 이들이 단순 반영에 주로 의존하고 더 깊이 있는 대화를 나누지 않았을 때 그러한 것으로 나타났다.

예시 : MI에 부합하는/부합하지 않는 단순 반영

내담자 : "아내는 제 식습관을 두고 자꾸 잔소리를 해요. 저를 여기까지 오게 만들었다니 믿을 수가 없네요."

MI에 부합하지 않는 단순 반영 : "식습관이 좋지 않으신가 보군요."

이 반영은 동기강화적이지 않다. 내담자의 식습관에 대해 부정적으로 낙인을 주었기 때문에 불협화음이 발생할 소지가 많다. 식습관에 성급히 초점을 맞추는 바람에 상담에 강제적으로 참여하게 된 것에 대해서 당황스러워하는 내담자의 메시지를 놓쳤다. 내담자의 염려를 반영할 기회를 놓침에 따라 관계 형성은 물론 작업 관계의 발전이 늦어질 수 있다. 또한 내담자가 자신의 식습관에 대해 방어적으로 반응할 수 있다.

MI에 다소 부합하는 단순 반영 : "아내와 당신 사이에 뭔가 어려움이 있는 것처럼 들리네요."

이 반영은 MI에 다소 부합한다. 상남 내용에 내한 반영이있지만 아내와의 관계 또는 결혼 관계에 대한 논의에 초점을 맞추었다. 따라서 논의의 초점이 변화 목표로부터 벗어난 채로 끝날 가능성이 높다.

MI에 부합하는 단순 반영 : "당신이 여기에 있다는 사실을 믿을 수 없다는 말씀이시군요."

이 반영은 MI에 부합한다. 내담자가 전달하고자 하는 메시지에 초점을 두었기 때문이다. 내담자가 말한 내용을 반영함으로써 내담자의 말이 유효한 것으로 만들 수 있고, 신뢰와 관계를 촉진할 수 있다. 이 반영은 내담자의 말은 물론 그가 처한 상황까지 공감하고 경청하고 있음을 전달할 수 있다. 따라서 이 반영은 불협화음을 거의 낳지 않게 된다.

복합 반영

복합 반영은 논의를 확장하기 때문에 동기강화상담에서 내담자의 변화를 촉진할 때 중요한 요소가 된다. 복합 반영은 상담의 내용이나 내담자의 생각, 감정을 강조하는 재진술이나 긍정적인 변화에 나아갈 수 있게 하기 위해 내담자의 말에 의미를 덧붙인 상담자의 재진술을 의미한다(SAMHSA, 1999).

복합 반영의 종류

양면 반영 : 양면 반영은 동기강화상담에서 자주 사용된다. 양면 반영은 내담자의 말이 양가감정의 두 가지 면을 포함할 때 상담자가 이를 재진술하는 것이다(Miller & Rollnick, 2002). 따라서 양면 반영은 내담자가 경험하는 양가감정을 더 잘 자각할 수 있게끔 돕는다.

예시 : MI에 부합하는/부합하지 않는 양면 반영

내담자 : "사람들은 제가 담배를 완전히 끊기를 바라지만, 저는 완전히 끊을 생각이 없어요."

MI에 부합하지 않는 양면 반영 : "담배를 피우고 싶기도 하고 또 끊고 싶지 않기도 하는군요."

이 반응은 유지대화를 반영한 좋은 예이다. 그러나 이 반영은 내담자의 양가감정의 두 가지 측면을 포함하지 않았기 때문에 동기강화적이지 않다. 이 반영에서는 담배를 계속 피우고 싶은 내담자의 이유에 대해서만 초점을 맞추었다. 이는 담배를 끊지 않는 것에 대해 더 많이 얘기하게 하는 결과를 낳을 수 있다.

MI에 다소 부합하는 양면 반영 : "다른 사람들이 당신을 걱정하고 있다는 것을 알고 계시기도 하고 또 동시에 완전히 담배를 끊을 준비도 안 되어 있군요."

이 반응은 내담자 양가감정의 두 가지 측면을 모두 포함하고 있다. 그러나 변화하지 않는 것에 초점을 둔, 반쪽짜리 양면 반영이기 때문에 완전히 MI에 부합하지는 않는다. 내담자는 상담자가 말을 끝낸 지점에서 대화를 다시 시작하려는 경향이 있기 때문에, 흡연 행동을 계속하는 것에 대해 말을 더 많이 할 가능성이 높다. 전문가 수준의 MI 상담자가 가끔 의도적으로 이런 양면 반응을 할 때는 있지만, 일반적으로는 동기강화적인 양면 반영이라고 하기에는 부족하다.

MI에 부합하는 양면 반영 : "완전히 담배를 끊을 준비가 아직 되지 않았고 또 동시에 다른 사람들이 걱정하고 있다는 사실도 잘 알고 계시네요."

이 반영에서 상담자는 내담자 양가감정의 두 가지 측면을 모두 포함하였다. 따라서 어느 한 면만 강조되지 않고 두 가지 면 모두가 반영되었다. 상담자의 반영에서 두 가지 중요한 미묘한 차이가 있다. 첫째, 양면 반영을 사용할 때 그러나(but)가 아닌 그리고(and)를 사용함으로써 두 가지 감정을 모두 강조했다는 것을 유념하라. 둘째, 양가감정의 측면 중 변화와 관련된 내용이 문장의 마지막에 제시되었음을 유념하라. 이러한 점은 동기강화상담의 의도적인 측면을 보여준다. 사람들은 종종 다른 사람들이 언급한 것 중 최근의 것, 즉 가장 나중에 언급한 내용을 더 얘기하고자 하는 경향이 있다. 따라서 내담자는 변화에 대한 이유를 계속해서 말하려고 할 것이다. 그 이유는 상담자가 양가감정 중 변화를 지지하는 쪽으로 양면 반영을 마쳤기 때문이다.

- 확대 반영 : 이 반영은 내담자가 전달하고자 하는 것에 비해 더 강하거나 더 극단적인 방식으로 내담자의 말을 재진술할 때 나타난다(Miller & Rollnick, 2002; SAMHSA, 1999). 확대 반영은 특히 유지대화를 말하는 내담자를 대할 때 도움이 된다. 이는 내담자가 유지대화를 할 때 내담자가 말한 것 이상으로 그 내용을 확대시키는 것이다. 그러나 내담자를 직면시키거나 도전시키는 것은 아니다. 확대 반영을 사용할 때 중요한 것은 지지적인 태도로 이루어져야 하며, 판단적이거나 빈정대는 것으로 인식될 만한 어조를 사용하지 않아야 한다.

예시 : MI에 부합하는/부합하지 않는 확대 반영

내담자 : "아내가 제 콜레스테롤 수치에 대해서 너무 걱정하고 있는데 왜 그런지 도무지 이해가 안 돼요. 결과가 경계 수준에서 높은 편이라고 나왔지, 높은 것이 아니었는데 말이죠."

MI에 부합하지 않는 확대 반영 : "당신에겐 정말 어떤 문제도 없는데 말이죠."

이 확대 반영은 두 가지 이유에서 MI에 부합하지 않는다. 첫째, '정말'이라는 단어를 사용함으로써 내담자가 판단적이라고 인식할 수 있다. 이 같은 수식어 사용을 피하는 것이 내담자의 이러한 인식을 감소시킬 수 있다. 둘째, '어떤 ~도'라는 말은 내담자에게 빈정거림이나 직면적인 것으로 인식될 수 있으며, 상담자가 내담자를 믿지 않고 있음을 전달할 수 있다.

MI에 다소 부합하는 확대 반영 : "아내가 당신에 대해 어떠한 걱정도 하지 말았어야 했는데 말이죠."

이 반영은 내담자의 말을 확대한 반영이다. 그러나 반영의 초점이 변화에 있기보다는 아내와의 관계에 있다. 내담자가 불협화음으로 반응하게 되거나, 대화가 주제에서 벗어나 초점을 상실할 수 있다.

MI에 부합하는 확대 반영 : "아내가 당신의 콜레스테롤에 대해서 불필요하게 걱정하고 있네요."

이 반영은 '불필요하게'라는 단어를 사용함으로써 아내의 걱정에 대한 내담자의 말을 확대한 것이다. 이 단어를 사용함으로써 실제로 동의하지 않는 내담자의 생각을 극단적으로 반영할 수 있었으며, 내담자는 아마 상담자의 말을 수정하거나 바로잡으려고 할 것이다.

요약하기

요약하기는 반영하기를 발전시킨 것이다. 본질적으로 요약하기는 내담자의 말들을 모으고 종합해주는 말이다. 요약하기를 바비큐를 만드는 과정에 비유하자면, 반영하기가 개개의 양념이라면 요약하기는 이러한 개개의 양념들로부터의 풍미가 잘 어우러져서 만들어진, 바비큐에 바르기 좋은 딱 알맞은 양념이라고 할 수 있다. 요약하기는 회기를 시작하고 초점 맞출 때, 주제를 마치거나 회기를 마무리 짓고 결론 내릴 때, 회기 간에 내용을 연결할 때, 자신이 한 말에 대해 내담자가 숙고해보도록 할 때 사용될 수 있다(Ivey & Bradford Ivey, 2003; Seligman, 2008). 요약하기는 변화에 대해 말할 때 중요하다. 상담에서 나눈 대화들의 많은 측면을 내담자가 한 번에 들을 수 있기 때문이다. 상담자는 요약 내용에 핵심 개념(예 : 변화대화)들을 선택적으로 뽑아서 포함시켜야 한다. 요약하기의 세 가지 유형이 아래에 제시되어 있다.

예시 : 요약하기

상담자 : "만약 음주 행동에 변화가 있다면 지금으로부터 1년 뒤에 당신의 삶은 어떻게 달라질 것 같나요?"

내담자 : "음, 지금 이 과정만 잘 거쳐서 운전 면허증을 받게 된다면 다시 일을 할 수 있게 되겠지요."

상담자 : "한 가지 달라지는 점은 다시 직장을 얻을 수 있다는 것이네요. 또 무엇이 달라질 수 있을까요?"

내담자 : "음, 이건 앞으로 달라질 모습은 아니고 이전과 다르게 나타난 변화인데, 말씀드리자면… 이제 저는 바에 가지 않고요, 아이들이랑 더 많은 시간을 보내고요, 같이 숙제도 해주고, 저녁 식사도 함께 하고요. 아시다시피 그냥 일상적인 일을 하게 된 것이죠."

상담자 : "아이들과 함께하는 아빠가 되신 것이 지금까지 변화해 오신 부분이고, 또 1년 이후까지도 이렇게 계속 하실 생각이시고요. 또 달라질 수 있는 부분이 있을까요?"

내담자 : "잘 모르겠네요. 바라는 건 담배를 완전히 끊는 거예요. 예전에도 끊어보려고 노력했는데, 바에만 가면 담배를 피우고 싶어요. 제가 바에 가지 않게 된다면 아마 담배를 끊을 수 있을 것 같네요."

수집요약 : 이 요약은 단순히 대화를 더 이어 나가기 위해서 일정 기간 동안 수집해온 정보들을 반영해주는 것이다(Rosengren, 2009). 이는 내담자가 최근에 언급한 여러 가지 내용을 회상하게 하는 것이다. 수집요약은 접수면접에서나 평가 회기에서 상담자가 경청하고 있음을 전달하고 또 질문하지 않고서도 주제에 관한 더 많은 정보들을 알아낼 수 있는 좋은 수단이 될 수 있다.

예시 : MI에 부합하는/부합하지 않는 수집요약

MI에 부합하지 않는 수집요약 : "당신이 하는 행동이 당신 가족에게 경제적으로나 정서적으로 피해를 끼칠 수 있다는 사실을 깨닫게 되었고, 그래서 결국 책임감 있는 아버지가 되기로 결정하셨네요."

이 요약은 동기강화적이지 않다. 내담자의 말을 요약하였으나, 내담자의 행동을 부정적으로 낙인찍었기 때문에 내담자에게 수용을 전달할 수 없게 될 가능성이 높다.

MI에 다소 부합하는 수집요약 : "직업을 갖고 싶으시다는 말씀이시네요. 또 담배도 끊고 싶고요. 제가 제대로 들었나요?

이 반응은 MI에 다소 부합하는 반응이라고 할 수 있다. 내담자가 변하고 싶은 두 가지 측면에 초점을 두어 요약하였으나 변화의 이점은 포함하지 않았다. 따라서 이 진술은 긍정적인 변화를 촉진하거나 촉진하지 않을 수 있다. 상담자는 또한 요약의 정확성을 '확인'하기 위해 닫힌 질문을 사용하였다.

MI에 부합하는 수집요약 : "지금으로부터 1년 후에 달라지기를 원하는 것이 있다면 그것은 당신이 직업을 갖게 되는 것이군요. 자녀들과 더 많은 시간을 보내 왔고 또 이것을 지속하기를 원하고 있다고 말씀하셨어요. 또 담배를 끊고 싶은데, 당신이 생각하기에 바에 가서 술을 마시지 않는다면 이것이 가능할 수 있다고 말씀하셨고요. 당신이 말씀하신 이 모든 것을 가능하도록 음주 행동에서 변화한 것이 있다면 어떤 것이 있을까요?"

이 진술은 MI에 부합한다. 내담자의 말을 판단하거나 낙인을 찍지 않으면서 내담자가 말한 내용을 모았으며, 내담자의 음주 행동에서 긍정적인 변화를 촉진할 가능성이 가장 높은 내담자의 말에 초점을 두었다.

연결요약 : 연결요약은 상담자가 이미 제공받아 알고 있는 정보와 내담자가 표현하는 정보를 서로 연결시키고 싶을 때 사용된다(Rosengren, 2009). 상담자는 연결요약을 사용함으로써 내담자가 말한 다른 내용들을 의도적으로 연결 지을 수 있다.

예시 : MI에 부합하는/부합하지 않는 연결요약

MI에 부합하지 않는 연결요약 : 차트를 보니 네 번째 방문이시네요. 여전히 음주운전을 하고 계시고 거의 매일 바에 가신다니 믿을 수 없네요. 이번엔 좀 제대로 약물치료를 받으셔야 할 것 같아요.

이 요약은 MI에 부합하지 않는다. 내담자의 음주 행동에 대해 직면하였고 치료 불참에 대해 나무라고 있기 때문이다.

MI에 다소 부합하는 연결요약 : "담배를 포함해서 술을 끊으시면 가능한 일들이 많아 보이네요. 담배를 끊는 것을 고려하고 있으시다니 기뻐요. 그건 정말 큰 변화잖아요. 차트를 보니 지난 몇 번 상담에 참여하시지 않으셨네요."

이 요약은 MI에 다소 부합하는 반응이다. 상담자는 내담자의 치료 기록에서 얻은 정보와 내담자가 말한 바를 연결하기 위해 요약을 사용하였다. 하지만 완전히 MI적이지는 않았는데, 알코올 섭취를 줄이는 것에서 담배를 끊는 것으로 초점을 이동했기 때문이다.

MI에 부합하는 연결요약 : "굉장히 중요한 목표들을 생각하고 계시는군요. 직장에 돌아가는 것이나 아이들과 시간을 보내는 것, 담배를 끊는 것과 같은 목표들은 음주량을 줄이면 가능할 수 있다는 말씀이시네요. 마치 당신이 18살 때 갱단을 떠나 군에 입대했을 때 인생의 전환점을 맞게 된 방식과 비슷해 보이는군요."

이 진술은 MI에 부합한다. 음주 행동의 변화에 대해 방금 언급한 내용과 행동 변화를 이룬 다른 성공경험을 연결시킴으로써 현재 행동 변화에 대한 내담자의 자기효능감을 촉진할 수 있었다.

전환요약 : 전환요약은 주제를 전환하거나 변경하기 위해 의도적으로 사용할 수 있는 요약이다(Rosengren, 2009). 전환요약은 접수면접이나 진단/평가면접에서와 같이 정보를 수집하는 면접 동안에 특히 유용하다. 내담자에게 상담자가 경청하고 있음을 전달함으로써 다음 인터뷰로 쉽게 진행할 수 있도록 돕는다.

예시 : MI에 부합하는/부합하지 않는 전환요약

MI에 부합하지 않는 전환요약 : 이번 일이 당신에게 필요한 마지막 경종이 될 것 같네요. 술을 마시는 것이 당신과 당신의 가정을 파괴한다는 사실을 알게 되었어요. 당신에게 문제가 있다는 사실을 받아들이는 것이 첫 단계예요. 얼마나 오래 술을 마셔 왔나요?"

이 반응은 MI에 부합하지 않는다. 상담자는 내담자의 변화대화를 아주 부정적이고 직면적이며 낙인을 찍어 비꼬았다. 이후 주제 전환에 대한 사실을 알리거나 내담자의 허락 없이 구조화된 질문을 하였다. 상담자는 매우 비협동적인 방식으로 회기의 주제를 전환하고 통제하였다.

MI에 다소 부합하는 전환요약 : 요약하자면, 술을 분명히 끊고 싶어 하시는 것 같네요. 그러면 이제 접수면접으로 넘어가 몇 가지 질문을 드릴게요."

이 진술은 대화의 본질을 파악하기는 했지만 요약한 것은 아니다. 내담자가 표현한 두 가지 혹은 흩어진 여러 생각을 모으지 않았다. 또한 상담자는 내담자의 자율성을 지지할 기회를 잃었으며, 내담자에게 접수면접으로 넘어가기 위한 허락을 구하지 않았다.

MI에 부합하는 전환요약 : "앞에서 언급한 내용들에 대해 질문하기 전에, 지금까지 말씀해 주신 내용들을 요약해볼게요. 중요한 내용을 놓친 부분이 있는지 봐 주세요. 이번이 세 번째 음주운전이고 처벌을 강하게 받게 되시면서 술을 끊어야겠다고 다짐하셨어요. 술을 끊게 되면 당신의 삶이 좋은 방향으로 많이 달라질 것이라고 생각하고 계시고요."

이 진술은 내담자의 두 가지 이상의 분리된 생각들을 모았기 때문에 동기강화적인 요약이라고 할 수 있다. 또한 상담자는 내담자를 판단하거나 낙인을 찍지 않았고, 변화를 촉진하는 데 도움이 될 만한 내담자의 말을 강조하였다.

빠른 참조

동기강화상담의 기본 기술

내담자를 대화에 참여할 수 있도록 열린 질문을 사용하라.
내담자의 강점과 성공경험을 이끌어내고, 찾고, 언급하고, 인정해주어라.
변화대화를 확장하기 위해 단순 반영과 복합 반영을 의도적으로 사용하라.
변화에 대해 수집요약, 연결요약, 전환요약을 의도적으로 사용하라.

변화대화와 유지대화

동기강화상담의 주요 목적은 변화를 위한 자신만의 이유를 탐색하도록 돕는 것이기 때문에, 동기강화상담을 사용하는 상담자는 변화에 우호적인 표현인 변화대화를 선택적으로 경청하고 반영해야 한다. Miller와 Rollnick(2013)은 변화대화 속에 반영된, 동기를 구성하는 네 가지 요소를 제시하였다. 이는 (1) 변화를 원함, (2) 변화에 대한 능력을 인식함, (3) 변화의 이유를 앎, (4) 변화의 중요성이다. 변화대화는 두 가지 범주인 변화준비언어와 변화실행언어로 나뉜다(Miller & Rollnick, 2013). 변화준비언어는 내담자가 변화에 대해 생각은 하고 있으나 실제 행동으로 옮길지는 예측할 수 없는 변화대화를 의미한다(Amrhein et al., 2003; Carcone et al., 2013). 이러한 유형의 변화대화는 DARN(Desire : 열망, Ability : 능력, Reason : 이유, Need : 필요)로 나타낼 수 있다.

변화준비언어의 예시

열망

우리는 종종 내담자의 열망이 담긴 표현이 중요하다고 강조한다. 내담자가 무언가 정말 달라지기를 원하게 되면 그것을 행동으로 옮길 의지가 높아지기 때문이다. 실제로 변화를 원하고, 바라고, 열망하는 마음은 동기의 중요한 요소 중 하나이다(Miller & Rollnick, 2013). 열망 언어는 다음과 같다.

제 건강이 좋아지길 바라요.
운전할 때 제가 좀 평정심을 유지하고 싶어요.
친구와 외식하러 가서 건강한 음식을 먹고 싶어요.
문단속을 열 번씩 하지 않고도 집을 떠날 수 있으면 좋겠어요.

능력

내담자는 자신이 할 수 있는 것 또는 이전에 할 수 있었던 것에 대해 표현할 수 있는데, 이는 변화에 대해 내담자가 지각하는 자신의 능력을 의미한다. 내담자를 돕는 더 좋은 방법은 내담자에게 문제에 대한 해결책을 찾아주는 것이 아니라, 내담자가 자신의 과거 성공경험이나 할 수 있었던 것들을 말할 때 그것을 경청하고 반영해주는 것이다. 따라서 능력 언어는 내담자가 변화와 관련해서 이루어 온 것이나 변화할 의지가 높다는 사실을 전달하므로 동기의 중요한 요소가 된다. 능력 언어는 다음과 같다.

대리운전을 더 자주 이용할 수 있을 것 같네요.
매일 저녁 10분 정도 산책할 수 있을 것 같아요.
약 상자를 사서 약을 정리할 수 있어요.
아침에 일어나면 제일 먼저 양치부터 할 수 있을 것 같아요.

이유

흔히 표현되는 변화대화의 형태는 변화 이유이다. 변화하는 것이 내담자에게 왜 중요한지를 이끌어내고 이를 이해하는 것은 중요한 작업이다. 변화 이유는 다른 사람의 것이 아닌 내담자 자신만의 것이기 때문에 변화를 촉진하게 되며, 따라서 동기강화상담에서 필수적인 부분이라고 할 수 있다. 이유 언어는 종종 '만약, 그렇다면(if… then)'의 메시지로 전달된다. 이유 언어는 다음과 같다.

제가 아들에게 좀 더 관심을 기울였다면 걔가 그렇게까지 곤란에 처하진 않았을 거예요.
더 많이 잠을 잘 수 있다면 제게 더 에너지가 많아 보일 거예요.
다시 즐길 수 있다면 좋을 텐데요.
담배를 피우지 않으면 돈을 절약할 수 있어요.
사람들이랑 더 많은 대화를 나누게 된다면 더 많은 친구들을 사귈 수 있을 거예요.

필요

변화의 중요성을 표현하는 내담자의 진술은 그 변화가 얼마나 중요하고 시급한지를 반영해준다. Miller와 Rollnick(2013)은 필요 언어는 그 변화가 왜 중요한지를 의미하는 것이 아니기 때문에, 만약 필요가 아닌 이유를 반영한다면 그것은 이유 언어가 됨을 강조하였다. 필요 언어는 다음과 같다.

불안을 다스리기 위해 뭔가 해야 할 필요가 있어요.
남은 한 해 동안은 골칫거리에서 벗어나야 해요.
혈압을 낮춰야 해요.
이렇게 계속 살이 찌면 안 돼요.
집 밖에 나가서 사람들과 좀 더 어울려야 해요.

빠른 참조

변화대화

열망 : ~을 변화시키고 싶어요.
능력 : 변화를 위해서 ~을 할 수 있어요.
이유 : 제가 변화한다면 ~이 나타날 거예요.
필요 : 변화해야만 해요.

변화실행언어

변화실행언어(또는 변화실행대화)는 변화에 대한 결심과 의지, 혹은 이미 실천한 변화를 전달하는 내담자의 진술이다. 이는 CAT(Commitment : 결심공약, Activating : 실행활성화, Taking Steps : 실천하기)으로 요약될 수 있다(Miller & Rollnick, 2013). 결심공약언어는 변화 의도를 표현하며, 변화를 가장 잘 예측한다(Ajzen & Albarracin, 2007; Amrhein et al., 2003). 내담자들은 변화에 대한 의도를 가장 낮은 수준("시도해볼게요.")에서 가장 높은 수준("꼭 할게요!")까지 다양한 수준으로 표현할 수 있다. 어떤 내담자들은 변화를 준비하기 위해 밟고 있는 단계를 표현하기도 한다. 이를 '실행활성화언어'라고 부른다(Miller & Rollnick, 2013). 마지막으로 어떤 내담자들은 이미 변화를 실천한 것을 나누기도 한다. 내담자가 이미 실행한 변화에 대해 말한다면 그 진술은 '실천하기'라고 부른다(Miller & Rollnick, 2013). 변화실행언어는 다음과 같다.

결심공약

아침으로 통밀빵으로 만든 토스트를 먹어볼 수 있을 것 같아요.
아마 하루에 5,000보까지 걷는 양을 늘릴 수 있을 거예요.
한밤중이나 차 안에서는 담배를 피우지 않을까 해요.
다시는 술 마시지 않을까 해요.

실행활성화

예약을 할 수 있을지 직업안내소에 전화할 거예요.
내일 계보기를 살 계획이에요.
어떻게 하면 제 아들이 보호관찰 이수 조건을 충족시킬 수 있을지 아내와 상의할 계획이에요.
동네에 또 다른 사교 모임이 있다는 정보를 입수했어요.

실천하기

집 안에 있는 모든 술을 없앴어요.
지금은 밖에서만 담배를 피워요.

어제 가게에서 과일을 좀 샀어요.

어제 취업도우미를 만났어요.

빠른 참조

변화실행언어

결심공약 : ~을 해볼까 해요.

실행활성화 : ~을 할 거예요.

실천하기 : ~을 했어요.

변화대화 이끌어내고 반응하기

동기강화상담이 다른 상담 접근 혹은 의사소통과 가장 구별되는 점은 변화대화를 이끌어내고 반응하는 것에 주력한다는 점이다(Houck, Moyers, & Tesche, 2013; Westra & Aviram, 2013). 동기강화상담을 연습할 때 상담자들은 내담자의 변화대화에 대한 관심을 언어적 · 비언어적 방식으로 전달한다. 이는 상담자의 행동이 내담자의 변화대화와 연관되기 때문이다(Glynn & Moyers, 2010). 상담자는 변화대화를 이끌어내고 강화하기 위해 반영하기, 질문하기, 인정하기, 요약하기를 사용할 수 있다.

변화대화를 이끌어내는 질문 : "당뇨를 위해 달리해야 할 행동에는 무엇이 있을까요?"

정교화를 위한 질문 : "그것에 대해서 좀 더 말씀해주시겠어요?"

변화대화 반영하기 : "술에 취하는 것이 당신에게 좋지 않다고 생각하시는군요."

변화대화 요약하기 : "식습관에 변화가 필요한 여러 가지 이유로 기분을 더 좋게 하기 위해서, 에너지를 더 많이 갖기 위해서, 혹은 아이들에게 좋은 모델이 되기 위해서라고 말씀해주신 것 같네요."

변화대화 인정하기 : "여기에 대해 얼마간 생각해 오신 것 같네요. 우울을 위해 무언가 해야 필요가 있다는 것을 알고 계시고요."

유지대화와 불협화음

교정 반사와 관련해서 앞서 언급했던 것이 유지대화와 불협화음이다. 변화대화는 변화를 지지하는 내담자의 진술인 반면, 유지대화는 변화에 대한 열망이나 이유 혹은 필요가 이전 그대로 유지되고 있으며 변화에 대해 무능함을 표현하는 진술이다(Miller & Rollnick, 2013). 즉 내담자가 유지대화를 분명히 표현할 때 그는 왜 변화하지 말아야 하는지를 상담자에게 말해줄 것이다.

유지대화의 예시

내담자

열망 : "지금처럼 계속 이렇게 먹고 싶네요."

능력 : "뷔페는 거절 못해요."

이유 : "제 친구들은 모두 저처럼 먹는걸요."

필요 : "식습관을 바꿀 필요는 없어요."

MI에 부합하지 않는 반응 : "지난 6개월간 살이 20파운드 쪘네요."

이는 직면적인 논쟁이었기 때문에 MI적이지 않다. 이와 같은 진술은 내담자와 상담자 사이에 불협화음을 만든다. 게다가 내담자는 상담자가 왜 틀렸는지 말할 가능성이 높고, 이에 따라 내담자는 자신의 방식을 고수하려고 할 것이다.

어느 정도 MI에 부합하는 반응 : "지금 식습관을 바꾸려고 하는 이유는 무엇인가요?"

이 반응은 어느 정도 동기강화적이다. 변화대화(변화이유)를 이끌어내기 위한 목적으로 열린 질문을 사용했기 때문이다. 그러나 유지대화에 대한 반응으로서의 이 질문은 불협화음을 낳고 유지대화를 증가시킬 수 있기 때문에 완전히 MI적이지는 않다. 구체적으로 말하자면, 상담자는 내담자의 유지대화를 무시한 채 변화를 옹호하는 입장만 전달했다.

MI에 부합하는 반응

단순 반영 : "지금 당장은 당신의 식습관이 염려되지 않는군요."

확대 반영 : "사람들이 당신의 체중에 대해 과잉반응하는군요."

양면 반영 : "다이어트가 당신에게 중요한 문제는 아니기도 하면서 동시에 저를 만나러도 오셨네요."

재구성하기 : "음식을 좋아하시기도 하고 또 음식을 먹는 것이 친구들과의 만남의 중요한

부분이기 때문에 식습관에 변화를 주는 것이 어려우시겠어요."

자율성 강조하기 : "결국 식습관을 변화시킬 것인가 말 것인가에 대한 결정은 당신이 내리는 거예요."

이러한 반응들은 상담자와 내담자 간에 불협화음을 낳을 가능성이 거의 없기 때문에 MI적이다. 실제로 각 반응들은 내담자가 생각하는 부분과 관련해서 대화가 이어지고 있음을 보여주고 있다. 따라서 상담자는 유지대화에 동기강화적으로 반응함으로써 내담자를 더욱 대화에 참여시키고, 불협화음을 감소시키며, 변화를 탐색할 수 있도록 하였다.

불협화음

유지대화가 특정 변화(예 : 다이어트)에 대한 내담자의 진술이라면, 불협화음은 상담자와 내담자 간의 관계에 대한 것이다. 즉 불협화음은 상담자와 내담자가 서로 입장이 다르며, 작업 동맹에 균열이 생겼음을 나타내는 신호이다(Miller & Rollnick, 2013). 따라서 유지대화와 불협화음은 상담자가 내담자와의 관계에서 자신의 행동과 반응을 이전과는 다르게 바꾸어야 함을 나타낸다. 따라서 불협화음이 생길 때 상담자의 책임은 문제 해결에 있어 내담자와 같은 입장을 가져야 한다는 점이다. 내담자의 에너지가 긍정적인 변화를 말하는 쪽으로 향하게 하기 위해서 상담자는 내담자와 논쟁하기를 피하고, 내담자를 더 주의 깊게 경청하며, 방향을 바꾸고, 비직면적으로 반응해야 한다(Miller & Rollnick, 2002).

예시 : MI에 부합하는/부합하지 않는 불협화음에 반응하기

내담자 : "제가 여기에 왜 와 있는지 정말 모르겠네요. 하필이면 운이 나빠서 체포된 거예요(미성년자 만취로 보호관찰 처분을 받음). 그 사람들이 왜 그렇게까지 화가 났는지 모르겠어요. 그날은 게임데이였어요. 모두가 다 술을 마신다고요. 제가 여기에는 학장님이 가라고 말씀하셔서 온 것이지만, 전 정말 오기 싫었어요. 하지만 말썽 부리고 싶진 않아요. 이젠 여기까지 왔기 때문에 제 행동을 어떻게 변화시켜야 하는지 당신에게 들어야 해요."

MI에 부합하지 않는 불협화음에 반응하기 : "학장님이 당신에게 여기에 오길 요청하실 정도로 걱정하실 만한 것이라면 음주 문제가 있는 것이 분명하네요."

이 반응은 상담자가 내담자와 직접적으로 논쟁을 했기 때문에 MI에 부합하지 않는다. 이 진술은 불협화음을 낳을 가능성이 높으며, 내담자가 자신이 변화할 필요가 왜 없는지를 설명하면서 자신을 방어하려는 입장을 취하도록 할 것이다. 또한 상담자는 내담자의 말에 근거하여 변화를 말하지 않았기 때문에 내담자는 상담에 덜 참여하게 될 것이다.

어느 정도 MI에 부합하는 불협화음에 반응하기 : "만약 당신이 괜찮으시다면 제가 음주 정책에 대한 법적인 근거와 관련한 정보를 좀 제공해드릴 수 있어요."

이 반응은 MI에 다소 부합한다. 상담자는 의뢰된 이유를 모른다는 내담자의 말에 따라, 이를 다루기 위해 정보를 제공하고자 내담자의 허락을 구했기 때문이다. 그러나 이 사례에서 내담자의 주된 관심사는 음주 정책을 이해하지 못한 것에 있는 것이 아닐 가능성이 높다. 그보다 내담자는 혼자 이 상황에 처한 것에 대해 불만을 느끼고 있다. 따라서 이 반응은 불협화음을 감소하는 데 도움이 되지 못할 가능성이 높다.

MI에 부합하는 불협화음에 반응하기

사과하기 : "음주 정책에 대해 명확한 정보를 제공 못 받으셨다니 유감이에요."

단순 반영 : "같은 상황에 대해 당신과 학장님이 서로 다른 관점을 갖고 있는 것 같네요."

확대 반영 : "다른 학생들도 모두 술을 마신다는 점을 고려한다면 대학이 당신의 음주에 대해서는 너무 과잉반응했네요."

양면 반영 : "여기에 와야 할 이유를 정말 모르기도 하고 또 동시에 지금 처한 곤란에서 어떻게 하면 벗어날 수 있는지 알고 싶기도 하시군요."

인정하기 : "이 상황에 대해서 정말 많이 고민하신 것 같아요."

초점 이동하기 : "제가 당신에게 뭔가 하기를 강요할까 봐 염려하시는 것 같아요. 전 당신에 대해서 충분히 알지 못하고 있고 또 무엇이 당신이 납득하기에 괜찮을 만한 것인지에 대해서 아직 대화를 해보지도 않았어요. 여기에 오신 것에 대해 당신이 어떻게 생각하는지 얘기를 나누어보고 싶어요."

자율성 강조하기 : "이곳에 오도록 강요받았다고 느끼실 것 같아요. 그래서 이 프로그램에서 어떤 정보를 다룰지는 당신의 선택에 달려있다는 점을 알려 드리고 싶어요."

이 모든 진술은 상담자와 내담자 간의 불협화음을 감소시키는 데 도움이 될 수 있다. 이 진술은 내담자에게 "당신의 상황을 잘 이해하고 있습니다. 그렇기에 당신에게 무언가를 하라고 강요하길 원치 않습니다"의 의미를 전달하고 있기 때문이다. 게다가 이 진술들은 불협화음을 증가시키지 않는 방향으로 변화를 간접적으로 드러내고 있다. 내담자는 강요받지 않고 있음을 느끼면서 상담자의 피드백에 대해 더 개방적일 뿐만 아니라 자신의 상황을 더 말하려고 하고, 변화대화를 더 많이 할 가능성이 높다.

빠른 참조

유지대화와 불협화음에 반응하기

변화하지 않는 것과 관련한 내담자의 염려를 반영해주어라.
유지대화와 불협화음에서 나타나는 내담자의 강점을 인정해주어라.
내담자의 염려를 타당화해주고 논쟁의 여지가 적은 주제로 대화의 초점을 전환하라.
내담자의 자율성과 개인적인 선택에 대해 분명하게 언급하라.

요약

이 장에서의 초점은 동기강화상담을 소개하고, 동기강화상담의 기본 요소들에 대해 간략히 개괄하는 것이었다. 이를 통해 동기강화상담을 숙달하는 데 있어서 동기강화상담의 기본 정신을 지키는 것의 중요성을 강조하였다. 기본 상담 기술인 열린 질문, 인정하기, 반영하기, 요약하기를 동기강화적으로 사용하는 것은 동기강화상담의 기본 정신과 기본 원리를 지킴으로써 가능하다는 사실을 알 수 있었다. 따라서 동기강화상담의 기본 정신을 받아들인다면 자연스럽게 교정 반사에 저항하게 됨은 물론 내담자를 경청하고 북돋음으로써 내담자의 동기를 이해할 수 있게 된다. 동기강화상담의 정신을 상담자의 철학으로 받아들이게 되면 동기강화상담과 전략을 의도적으로 사용할 수 있게 되고, 이를 통해 내담자의 불협화음과 유지대화를 개념화하고 성공적으로 대응할 수 있을 뿐만 아니라, 변화대화를 이끌어내고 강화할 수 있게 된다. 우리는 당신이 동기강화상담을 하는 상담자로서 동기강화상담의 정신을 지키고 구현하는 것의 중요성을 알고 상담자의 능력을 발전시키는 여정을 계속해 나가기를 기대한다.

03

MI의 네 가지 과정

MI의 최근 동향은 MI가 두 가지의 분리된 2단계 접근법(즉 동기강화 및 결심공약; Miller & Rollnick, 2002)에서 벗어나 네 가지 중복되는 단계들로 구성된다는 점이다. 이 네 가지 단계는 '관계 형성하기(engaging)', '초점 맞추기(focusing)', '유발하기(evoking)', '계획하기(planning)'로 구성되어 있다. 이 과정들은 서로를 기반으로 하는 동시에 한 과정의 시작과 끝이 분명하지 않으므로 서로 배타적이지 않다(Miller & Rollnick, 2013). 다시 말해 내담자와 관계가 형성되었다 하더라도, 상담자가 이후 상담 과정에서 내담자와의 관계를 소홀히 할 수 있다는 뜻이 아니라는 것이다. 동기강화상담에서 네 가지 과정을 구체적이고 자세하게 설명하는 이유는, 이들 과정들 중 어떤 과정이 나타나고 있는지를 독자가 명확하게 이해할 수 있게 하기 위함이다. 우리의 경험으로 볼 때, MI의 실질적인 진행법은 변하지 않았다. 이전에 '변화를 위한 동기강화'라고 불렸던 MI 회기의 일부에 이미 '관계를 형성하고, 초점을 맞추고, 유발하는 과정'이 포함되어 있다. 마찬가지로, 이전에 '변화에 대한 결심공약'이라고 불린 MI 회기의 부분은 대체로 현재 '계획하기'라고 불리는 과정을 구성했었다. 실제로 우리가 MI에 기반하여 개발한 개입법들은 과정들이 재정의되기 전에 만들어졌지만, 현재의 네 가지 과정에 상당히 잘 부합한다. 2단계 접근법을 네 가지 과정으로 재정의하도록 내린 결정은 두 단계로만 포착되지 않는 MI 회기(예 : 관계 형성 및 초점 맞추기)와 관련된 뉘앙스를 보다 명확히 하는 데 도움이 되기 위함이다. 더 나아가, 이 새로운 접근법으로 상담자들이 MI를 보다 효과적으로 활용할 수 있을 것이라는 기대가 있기 때문이다.

관계 형성하기

관계를 형성하는 과정에서 중점을 두어야 할 것은 어느 치료적 만남이라도 상담자와 내담자 간에 건강한 작업 동맹을 맺어야 한다는 것이다(Horvath, 2001). 이를 위해서 상담자는 내담자에게 주는 첫인상은 물론, 자신의 행동이 타인에게 미치는 영향을 염두에 두어야 한다. 특히 상담자는 자신의 행동이 내담자에게 어떻게 받아들여지고 있는지, 그리고 치료적 관계에 참여하려는 그의 의지에 어떤 영향을 주고 있는지를 확인해야 한다. 이 과정에서 중요한 것은 내담자 자신이 환영받고 있으며, 변화를 두려워하는 내담자가 자신을 개방하고 탐색하기에 상담환경이 안전하다고 느낄 수 있도록 해야 한다는 점이다. MI에 부합하는 관계 형성을 하기 위해서는 아래의 빠른 참조(Miller & Rollnick, 2002)에 제시된 것과 같은 함정을 피해야 한다.

빠른 참조

피해야 할 함정

일문일답 : 닫힌 질문을 많이 하는 것
이른 방향 설정 : 변화에 대한 목표를 너무 성급하게 좁혀 설정하는 것
편들기 : 상담자가 문제를 설정하고 해결책을 처방하는 것
전문가 : 당신이 모든 질문에 대한 답을 알고 있는 것처럼 행동하는 것

MI 과정에서 내담자의 참여는 필수적이며 상담의 전반적인 과정과 결과의 기초가 된다(Boardman, Catley, Grobe, Little, & Ahluwalia, 2006; Catley et al., 2006; Moyers et al., 2005; Murphy, Linehan, Reyner, Musser, & Taft, 2012). 따라서 MI를 제공하는 상담자는 내담자의 참여가 잘 이루어지고 있는지를 지속적으로 확인해야 하며, 내담자의 불참 징후에 예민하게 반응해야 한다. 불참의 징후로는 (1) 내담자가 상담자의 질문에 짧거나 모호한 응답을 제공하고, (2) 상담자의 제안에 수동적으로 동의하며, (3) 방어적인 자세를 취하고, (4) 주제를 변경하거나, (5) 상담자를 방해하거나, (6) 단순히 아무것도 말하지 않는 것 등이 있을 수 있다.

Miller와 Rollnick(2013)은 내담자를 MI에 참여하도록 적절하게 상호작용하기 위해서는 인간중심적인 접근법을 사용해야 한다고 주장한다. 이는 내담자의 관심사나 문제뿐만 아니라 그들이 가지고 있는 가치관과 목표를 진심으로 이해하고 환영하는 것을 강조한다. 이를 위해서는 내담자가 가지고 있는 문제의 근원이나 해결책에 집중하기보다는 내담자에게 온전히 집중하고 그들의 이야기를 듣는 것이 필요하다. MI는 문제 해결책을 제공하는 것을 주된 목표로 하지 않는다는 것을 기억해야 한다. 당신이 상담을 받을 때 상담자를 신뢰하지 못했던 경험을 떠올려보라. 그 상황의 어떤 요인이, 또는 상담자의 어떤 행동이 상담자를 신뢰하지 못하게 했는가? 그 신뢰하지 못할 상황에서 상담자의 도움과 제안이 반가웠는가? 그 상황으로 돌아가고 싶은 생각은 들었는가? 이러한 생각은 내담자들이 처음 상담자를 만났을 때 흔히 가지고 있는 생각이기에 모든 상담자는 이를 염두에 두어야 한다.

빠른 참조

동기강화상담 학습 팁 : 불참의 징후

불참의 징후로는 내담자의 짧거나 모호한 응답, 상담자의 제안에 대한 수동적인 동의, 방어적인 자세, 주제 변경, 말 방해, 침묵과 같은 것들이 있다.

내담자와 관계 형성하기 전략

OARS

MI의 가장 기본적인 전략으로서 OARS(열린 질문하기, 인정하기, 반영하기, 요약하기)는 내담자의 참여를 독려하는 데 매우 유용하다. 아래는 OARS의 개별적인 예시로, 관계를 형성할 때 사용될 수 있다.

열린 질문하기

"오늘은 좀 어떠세요?"
"오늘 여기 온 것이 어떠신가요?"
"우리가 함께 할 상담 과정을 머리에 어떻게 그리고 계세요?"
"상담에 있어서 가지고 계신 의심이나 걱정은 무엇인가요?"

인정하기

"많은 내담자들이 비가 오면 상담을 취소하곤 하는데, 이렇게 와 주셔서 감사해요."
"다시 만나서 반가워요. 꾸준히 노력해서 상담에 나오시는 것이 정말 인상적이네요."
"점점 진보하고 계시는 것 같아요."
"바쁘신 일정 가운데 이렇게 상담에 참여하시는 끈기가 인상적이네요."

반영하기

내담자 : [시계를 본다]/**상담자** : "오늘 좀 오래 기다리셨지요."
내담자 : "제 검사 결과는 나왔습니까?"/**상담자** : "검사 결과에 대해 걱정되는 것이 있으신가요?"
내담자 : "시간이 얼마나 걸리나요?"/**상담자** : "심적으로 여유가 없으신가 봐요."

요약하기

"오늘 비가 내리고 바쁘신 와중에도 오시느라 고생 많으셨어요. 도착해서도 평소보다 오래 기다리셨는데 이렇게 상담을 이어 나가려고 노력하시는 것이 인상적이네요. 어서 결과를 확인해볼까요?"

목표와 가치 탐색하기

내담자에 대한 고마움을 가지는 것은 MI의 중요한 양상이다. 내담자와 내담자의 상황을 이해하는 한 가지 방법은 그의 목표와 가치를 파악하는 것이다. 구체적인 변화에 대해 논의하기 전에 내담자가 도움을 요청하고 변화를 고려하게 한 맥락을 이해하는 것이 중요하다. '목표와 가치 탐색하기'는 내담자가 추구하는 긍정적인 변화와 그에 관련된 다양한 목표를 시각화하고 명료하게 함으로써 상담자가 내담자를 안내하는 대화형 과정이다. 동시에 이러한 탐색 과정은 내담자의 개인적 가치관을 명료하게 해줌으로써 내담자가 가치 있다고 생각하는 목표를 향해 노력할 확률을 높인다. 따라서 내담자가 밝히는 목표와 가치를 서로 연결해주는 것은 내담자의 참여도와 변화에 대한 동기를 강화하는 데 결정적인 요인이 될 수 있다.

이 전략에서 일반적인 어구

가치와 목표 탐색하기는 개방형 대화 방식으로 진행되며, 대부분의 경우 광범위한 열린 질문으로 시작한다. "앞으로 5년 후의 삶은 어떤 모습이면 좋으시겠어요?" 또는 "당신에게는 무엇이 가장 중요한가요?"와 같은 열린 질문은 참여와 탐색의 과정을 촉진해 내담자가 보다 높은 수준에서 변화에 대해 생각하게 한다. 내담자가 설명하는 가치들의 순서 또한 상담자가 그들의 상대적인 중요성을 더 잘 이해하는 데 도움이 된다. 내담자의 목표와 가치를 탐색하기 시작할 때, 감정과 재진술의 반영은 생각을 발전 및 전개하는 데 유익하다(예 : "자녀를 위한 재정적 안정은 당신에게 매우 중요하군요." 또는 "외식 할 때 튀긴 음식 대신 샐러드를 주문할 수 있는 능력에 대해 조금 불안해하시는 것 같습니다."). 내담자와 함께 확인하는 이 과정은 또한 상담자가 얼마나 내담자의 목표와 가치를 이해하고 있는지에 대한 피드백을 받을 수 있게 한다.

동기강화상담 학습 팁

MI와 부합한 관계 형성을 하고 있다는 증거

상담 초기에 바로 '작업'으로 뛰어들기보다는, 내담자와 서로 알아가는 시간을 갖고 내담자가 상담시간을 편안히 느끼도록 돕는다.
이러한 시간들을 보내고 난 뒤 내담자와 이야기를 편안하게 나눈다.
상담자 또한 내담자와 이야기하는 것이 편안하다.
상담 과정을 내담자와 상담자가 함께 이루어 나간다.
상담 과정에서 상담자는 닫힌 질문보다는 열린 질문을 많이 한다.
상담자는 내담자가 말하는 것에 귀를 기울이고 적절하게 반영한다.
상담자는 내담자들과 그들이 가지고 있는 염려에 대한 이해가 더욱 깊어지고 있다.

초점 맞추기

동기강화상담에서 아무리 내담자의 참여가 중요하다고 하더라도, 내담자들이 그들의 고민을 편안히 털어놓을 수 있는 편안한 환경을 제공하는 것이 더욱 중요하다. 다른 행동교정 상담 접근들과 마찬가지로, 동기강화상담은 내담자들이 도움을 받기 원하는 그들의 염려와 행동을 개선하는 것에 집중한다. 동기강화상담을 한다는 것은 변화가 필요한 곳에 집중하는 것을 의미한다. 따라서 MI에 부합한 상담자들은 내담자들이 정확하게 어떠한 것을 바꾸기 원하는지를 명확하게 해야 한다. 이때 상담자는 자신이 내담자의 상담 목표를 설정하지 않도록 주의해야 한다. Miller와 Rollnick

표 3.1 ●● MI에 부합하는 초점 맞추기 질문

질문	MI에 부합하는 이유
당신이 변화하고자 하는 것은 무엇인가요? ________에 대해 당신이 가장 염려하는 것은 무엇인가요?	이 질문들은 내담자가 자신이 상담자를 찾아오게 된 이유에 초점을 맞출 수 있게 하고 내담자와 상담자 간의 라포 관계를 형성할 수 있게 돕는다.
당신이 ________을 변화시키는 데 염려하게 하는 것이 있다면 그것은 무엇인가요?	이 질문을 통해 상담자는 내담자의 태도와 행동, 그리고 그가 가지고 있는 문제가 어디에 내재해 있는지를 보다 효과적으로 이해할 수 있다.
당신이 ________을 하기 위해 노력할 때 무슨 일이 발생하나요?	이 질문은 상담자로 하여금 내담자의 잠재적 장애물과 관련된 염려사항을 더 잘 이해할 수 있도록 도움을 준다.
________에 대해서 처음으로 알게 된 것은 무엇인가요?	이 질문은 내담자가 자신의 경험에 대해 자세하게 설명할 수 있도록 도와준다.

(2013)은 내담자들이 그들의 상담 목표를 정하는 데 도움이 되는 방법을 몇 가지 제안했다. 표 3.1은 이를 돕기 위한 여러 질문을 제시한다.

의제 설정하기

의제 설정하기는 성급한 초점 맞추기로 인해 발생하는 문제점들을 방지할 수 있는 좋은 방법이다. 동기강화상담에서 의제 설정하기는 내담자들이 그들 스스로 자유로이 주제를 설정할 수 있다는 전제하에 이루어진다는 간단한 합의를 포함한다. 이는 상담자와 내담자가 함께 상담에서 다뤄야 할 중요한 주제들을 결정할 수 있도록 돕는다(Rollnick, Miller, & Butler, 2008). 내담자들은 그들이 상담자로부터 그들 상황에 대한 진실한 이해를 얻고 있다고 생각할 때, 상담자의 의견을 받아들일 마음과 의지가 생긴다(Mason & Butler, 2010). 하지만 전문 분야 및 실무 환경에 따라 상담자는 제공해야 하는 정보 또는 논의해야 할 주제가 있을 수 있다. 예를 들어 수련 과정에 있는 영양사들은 종종 의사로부터 심장병 환자를 위해 적절한 식단을 제시하고, 식이요법 교육을 실시하라는 지시를 받는다고 하며, "우리가 완수해야 할 일들이 있음에도 어떻게 내담자에게 상담 의제를 정하도록 맡길 수 있는가?"라는 질문을 한다. 이와 같이 외부 요구사항이 있을 경우에 대한 우리의 답은, 환경적 여건이 의제 설정의 성격을 바꿀 수는 있으나 MI에 부합한 의제 설정하기 자체를 방해할 필요는 없다는 것이다. 따라서 위의 영양사들에게 우리는 안내자로서 의제 설정하기를 협동적인 과

표 3.2 ●● 의제 설정 피드백 샘플 양식

		'내 수치 알기' 카드						
	건강한 수치 범위	첫 번째 수치	두 번째 수치	세 번째 수치	네 번째 수치	다섯 번째 수치	여섯 번째 수치	일곱 번째 수치
수축기 혈압	<120mmHg							
확장기 혈압	<80mmHg							
허리 둘레	남성 <40 여성 <35							
체질량 지수	18.5~24.9							
몸무게	다양							
키	다양							
총콜레스테롤	<200mm/dL							
LDL (좋은) 콜레스테롤	<100mg/dL							
HDL (나쁜) 콜레스테롤	남성 >40mg/dL 여성 >50mg/dL							

(계속)

표 3.2 ●● (계속)

		'내 수치 알기' 카드						
	건강한 수치 범위	첫 번째 수치	두 번째 수치	세 번째 수치	네 번째 수치	다섯 번째 수치	여섯 번째 수치	일곱 번째 수치
혈당	식전 : 7~130mg/dL 식후 : <180mg/dL							
식사 : 과일과 채소	4~5컵							
식사 : 섬유질	하루에 ≥25g							
식사 : 당	하루에 ~2작은술 (일주일에 5큰술)							
식사 : 칼슘	하루에 1,000mg							
식사 : 유제품	2~3컵							
약 : 혈압	예/아니요							
약 : 혈당	예/아니요							
약 : 콜레스테롤	예/아니요							

정으로 이끌어 나가도록 권했다. 좋은 안내자로서 영양사는 의사가 우려하고 권장하는 사항을 전달할 중요한 의무가 있는 동시에 내담자의 걱정 또한 표현하도록 유발하여 함께 고민해야 한다. 의제 설정하기는 동기강화상담 과정의 여러 시점에서 내담자로 하여금 그들이 원하는 상담 방향을 결정하게 하기 위한 방법으로 사용할 수 있다.

의제 설정하기의 예시

"괜찮으시다면, 이번 상담에서는 우리가 마지막으로 한 상담의 결과를 살펴보고자 합니다. 어떠신가요? [내담자의 답을 기다린다.] 보시다시피 우리가 함께 토론해볼 수 있는 여러 가지 주제가 있어요. 이 중에서 무엇이 가장 흥미롭게 들리시나요?"

"어떤 주제에 관해서 토론하는 것이 가장 유익할까요?"

"의사 선생님께서 요청하신 것을 바탕으로 오늘은 언제, 얼마나 운동하는 것이 적절한지 함께 이야기해보는 시간을 가지면 좋겠어요. 하지만 이뿐만 아니라 당신이 가장 배우고 싶은 것은 무엇인지 알고 싶어요."

또한 다른 방법으로, 의제 설정에 도움이 될 수 있는 평가 양식을 사용할 수 있다. 평가 양식의 한 예로, 우리가 HUB City Steps에서 (건강한 생활습관 개발 프로그램) 사용한 '내 수치 알기(Know Your Numbers)' 카드를 표 3.2에 제시했다 (Zoellner et al., 2011; 2014). 이 형식은 HUB City Steps 프로그램의 필요를 만족시키기 위해 다양한 건강지표에 초점을 맞추고 있다. 이러한 양식은 다양한 평가 및 행동을 측정하도록 조정될 수 있기 때문에 아래와 비슷한 상황에서 사용할 수 있을 것이다.

"이것은 '내 수치 알기'입니다. 이 카드는 당신이 상담을 받으러 올 때마다 채워집니다. 이 카드에는 당신의 혈압과 콜레스테롤 수치와 같은 건강 정보가 기록되며, 당신의 건강 상태를 보여줍니다. 건강의 여러 측면 중 어떤 것이 당신에게 가장 중요하다고 생각되시나요? … 다음으로 더 알고 싶으신 것은 무엇인가요?"

동기강화상담 학습 팁

MI에 부합한 초점 맞추기를 하고 있다는 증거

내담자들이 상담자와 논하고 싶은 의제들을 설정해 왔다.

상담자는 내담자의 목표가 무엇인지 깊이 이해하고 있다.
상담자는 내담자들과 상담자가 가지고 있는 목표에 있어 차이가 얼마나 있는지 인식하고 있다.
상담자는 내담자와 공동목표를 가지고 함께 상담 과정을 만들어 나가고 있다.

유발하기

전통적으로 동기강화상담이라는 상담 기술을 논할 때 유발하기의 단계를 중점적으로 묘사해 왔다. 변화를 위한 초점이 뚜렷해졌을 때, MI 상담자들은 '변화대화(change talk)'를 통해 내담자들로부터 그들이 변화하고자 하는 이유를 유발한다. 유발하기는 내담자들 자신이 지닌 변화동기를 명확히 할 수 있도록, 또 그 동기의 가치를 인정할 수 있도록 돕는다. 근본적으로 이 단계는 내담자들이 자신에게 변화에 대해 말하며 설득하도록 한다. MI 전문가들은 일반적으로 계획하기 단계 전에 내담자들로부터 여러 동기들을 이끌어낸다[2장에서 기술한 변화준비언어(DARN)-변화실행언어(CAT)를 기억하면 도움이 될 것이다]. 이들은 또한 내담자들이 가지고 있는 문제, 상황, 행동들의 이력에만 집중하는 것이 아니라, 내담자가 겪게 될 변화가 그들의 현재와 미래에 어떤 영향을 미칠 수 있는지까지 고려한다(Moyers, Martin, Manuel, Miller, & Ernst, 2010). 이와는 대조적으로 MI에 부합하지 않은 상담자들은 변화가 왜 중요한지에만 맞춰 내담자들에게 가르친다. 이는 종종 상담자의 의도와는 다른 역효과를 낳으며 특히 내담자가 양가감정을 가진 상태일 경우 그의 변화동기를 약화시키기도 한다(Miller & Rollnick, 2013).

어떤 내담자의 경우에는 가장 두드러진 변화 동기인자에 따라 유발하기 과정이 회기마다 다르게 나타날 수 있음을 유념해야 한다. 게다가 2장에서 묘사된 협동정신을 따라, 상담자가 상담회기의 흐름을 안내할 때에는 내담자가 제공하는 적절한 정보와 피드백을 활용하는 것이 필수적이다. 그럼에도 불구하고, MI 상담자와 감독자로서 우리가 이 과정을 지켜봤을 때, 성공적인 변화동기 유발 과정에서 공통적인 패턴이 나타남을 발견한다. 일반적으로 먼저 내담자의 문제 행동이나 변화에 필요한 환경으로 인해 나타나는 부정적인 결과 또는 문제에 초점을 맞추는 것이 가장 자연스럽다. 실질적으로 상담자가 내담자에게 "어떤 이유로 찾아오게 되셨나요?"라고 질문했을 때, 종종 내담자들은 무의식적으로 하나 이상의 문제점을 제시하거나, 변화를 고려할 때 마주하게 되는 부정적인 모습에 대해 얘기한다. 예를 들어 "살이 너무 많이 쪄서 이제 더 이상 저에게 맞는 옷이 없어요." 혹은 "이번에 세 번째 음주운전 경고를 받았는데 변호사님이 제가 만약 치료에 참여하지 않는다면 감옥에 가야 한다고 하셨어요."와 같이 부정적인 결과를 떠올리며 서술하곤 한다. 이러한 부정적인 결과나 문제가 탐구되고 정리된 후에, 상담자는 변화를 만들어내거나 만들어내지 못할 경우의 결과들을 유발하곤 한다. 예를 들어 상담자들은 "만약 10kg을 성공적으로 감량한다면 당신의 삶이 어떻게 나아질 것이라고 생각하세요?" 혹은 "계속하여 음주운전을 한다면 어떤 일들이 벌어질 것 같으세요?"와 같은 질문들을 할 수 있다.

MI에 부합한 유발하기 전략

열망, 능력, 이유, 필요를 유발하기 위한 질문(변화준비언어)

열망

"어떠한 점이 달라지길 기대하시나요?"

"이런 변화를 원하는 이유는 무엇인가요?"

능력

"당신이 성취하기에 가능성이 있어 보이는 일은 무엇인가요?"

"당신은 어떤 일을 할 수 있을까요?"

"당신은 무슨 일을 할 수 있나요?"

"만약 당신이 변화하기로 결심한다면, 어떻게 실천하실 것 같습니까?"

이유

"당신이 얻을 수 있는 특별한 이득에는 무엇이 있습니까?"

"어떤 위험에 대한 가능성을 감소시키고 싶으신가요?"

"당신이 이 변화를 통해 얻기를 기대하는 세 가지 이점은 무엇인가요?"

필요

"당신에게 얼마나 이 변화가 중요한가요?"

"당신에게 이 변화가 얼마나 필요한가요?"

MI에 부합하지 않는 질문

유발질문을 택할 때는 반드시 의도적으로 해야 한다. 우리가 훈련한 많은 사람들에게 가장 자연스럽게 나오는 질문은 보통 변화대화에 상반된 유지대화를 이끌어내는 질문이다. 2장에서 설명한 바와 같이, 유지대화는 현재 상태에 머무르는 것을 지향하는 대화다. 예를 들어 왜 내담자가 변화하고 싶지 않은지, 왜 자신이 변화할 수 없다고 생각하며 자신이 그대로 있어야 한다고 생각하는지에 대한 발언을 말한다. 상담자로서 이러한 발언을 이끌어내는 질문들은 "이렇게 하시는 게 어떨까요…?", "왜 이렇게 못 하시죠…?" 또는 "왜 이렇게 하시지 않죠…?"가 있다.

준비도 척도/척도 질문들

준비도 척도나 척도 질문은 내담자로부터 그들이 가지고 있는 동기에 대한 주관적인 견해를 이끌어내는 데 효과적이다(Lane & Rollnick, 2009). 변화를 위한 준비도를 평가하기 위해서 중요성-자신감 척도의 0(전혀 중요하거나 자신 있지 않다)~10(매우 중요하고 자신 있다)의 숫자를 사용하여 내담자들의 동기발전을 표현하는 데 도움이 될 수 있고, 내담자가 원하는 변화에 대한 개인적인 고민들이나 갈등 해결에 있어서도 도움이 될 수 있다. 말로써 하는 평가 척도가 널리 사용되고 있기는 하지만, 1에서 10까지 적혀 있는 선에 표시하는 것과 같은 시각적 형태의 척도 질문들도 사용되고 있다. (7장에서 준비도 척도의 샘플을 제공한다.) 준비도 척도를 사용할 때 질문 유형("…이 당신에게 얼마나 중요한가요?", "…에 얼마나 자신 있으신가요?", "…에 대해 얼마나 열정적이신가요?")에 따라 평가하고자 하는 변화의 측면을 알아볼 수 있다.

예를 들어 내담자에게 다음과 같이 질문할 수 있다.

> "당신은 술을 마실 때 자신을 얼마나 안전하게 지키고 싶으세요? 1이 '전혀 그렇지 않다', 그리고 10이 '매우 그렇다'를 표한다고 하면, 1부터 10 사이의 숫자 중 얼마 정도가 될까요?"

상담자는 또한 내담자가 특정한 행동에 대해 얼마만큼의 중요도를 두는지 평가할 수 있다.

"당신에게 성생활을 보다 안전하게 하는 것은 얼마나 중요한가요? 1부터 10 사이의 숫자로 표현해주세요. 1은 '전혀 중요하지 않다', 10은 '매우 중요하다'를 뜻할 때 당신의 답은 무엇인가요?"

이와 같은 형태의 질문들은 내담자들이 변화에 대한 자신감을 얼마나 가지고 있는지 판단할 때도 사용할 수 있다. 자신감을 측정하기 위해서는 다음과 같은 척도 질문을 사용할 수 있다.

"당신은 얼마나 자신 있게 즐거운 활동에 참여할 수 있다고 생각하세요? 1은 '전혀 할 수 없다', 10은 '확실히 할 수 있다'를 의미할 때, 1~10 사이의 숫자 중 당신의 상태는 어느 정도인가요?"

특히 만남이 끝날 무렵에는, 이러한 종류의 질문들로 다음과 같이 내담자들의 변화를 위한 결심공약을 평가할 수도 있다.

"1(전혀 결심을 하지 않았다)에서 10(매우 확실하게 결심을 했다)까지의 척도 중, 일주일에 4일 걷기 운동계획에 당신은 얼마나 결심을 하셨나요?"

이러한 준비도 척도 질문들을 사용하는 데 있어 가장 중요한 점은 내담자들이 그들에게 주어진 질문들에 대해 왜 그 정도의 점수를 주었는지 묻는 것이다. 척도 질문을 사용할 때 한 가지 유용한 후속 질문은 왜 다른 숫자가 아닌 그 숫자를 택했는지를 물어보는 것이다. 이에 대한 답변들은 변화가 어떻게, 왜 내담자에게 중요한지를 알 수 있게 해준다. 일반적으로, 내담자가 택한 점수가 더 낮은 점수보다 높은지를 질문해야 한다. 이렇게 질문할 경우 변화를 위한 더 많은 이유들을 유추해볼 수 있기 때문이다(예 : "왜 5점이 아닌 8점을 선택하셨나요?"). 상담자는 또한 어떠한 요소가 내담자로 하여금 더 높은 점수로 움직일 수 있게 할지에 대해서도 알고 싶을 것이다(예 : "5점이 아닌 8점이 되기 위해서는 무엇이 필요한가요?"). 중요도의 척도를 따를 때, 이 질문은 내담자가 변화하지 않을 경우 겪을 바람직하지 않은 결과들을 고려할 수 있는 기회를 만든다(예 : "만약 내가 한 번 더 심장마비로 쓰러진다면, 그때는 운동하는 것을 더 진지하게 고려해야겠죠."). 자신감 척도를 사용한다면 이와 같은 질문은 상담자와 내담자가 변화를 위한 계획을 세우는 데 가치 있는 정보를 제공할 수 있다

(예 : "만약 가족이 나를 지지하겠다고 한다면, 금연에 대해 보다 자신이 있을 것 같아요."). 이러한 준비도 척도에 따른 후속 질문들 없이도 내담자들의 변화 준비도에 대한 귀중한 정보를 얻을 수 있겠지만, 내담자들로부터 변화대화를 유발할 수 있는 중요한 기회를 놓치게 된다.

유지대화를 유발하는 후속 질문

이전에 논의되었던 MI에 부합한 유발하기 질문들과 더불어, 후속질문을 할 때에도 자칫하면 내담자들에게 변화대화가 아닌 방어적인 유지대화를 불러일으킬 수도 있다. 예를 들어 상담자가 "당신이 약을 먹는 것이 1부터 10까지의 척도에서 얼마만큼 중요한가요?"라는 질문을 하고, 내담자가 '5'라고 대답하면 또다시 상담자가 "왜 10이 아니고 5인가요?"라는 질문을 재차 할 수 있다. 하지만 이와 같은 질문은 내담자가 대답할 때 유지대화를 할 수밖에 없게 한다(예 : "지금 제 삶이 너무 복잡해서 그것을 우선순위로 정할 수 없어요."). 내담자는 또한 그러한 질문에서 판단의 심리를 감지하여(즉 상담자가 약 복용을 더 중요하게 생각해야 한다고 판단한다는 마음) 방어적으로 대응할 수 있다. 방어적인 답변들은 내담자와 상담자 간의 라포가 제대로 형성되지 않았을 때 나타난다. 그러므로 좋은 라포 관계와 안내적인 소통 방법은 내담자의 변화동기를 보다 효과적으로 강화하고 측정할 수 있도록 돕는다.

결정저울

결정저울을 통해 내담자들은 변화하는 것과 변화하지 않는 것 각각의 장단점들을 충분히 고려할 수 있다(Ingersoll et al., 2002). 이러한 전략은 전형적으로 내담자가 변화하는 것에 양가감정을 느낄 때 사용된다. 이러한 결정저울은 상담자로 하여금 내담자들이 변화에 대한 적절한 결정을 내릴 수 있도록 돕는 역할을 한다. 예를 들어 이 시점에서 상담자가 할 수 있는 말은 다음과 같다.

> "우리가 선택한 많은 것들은 모두 긍정적인 면과 부정적인 면을 가지고 있어요. 우리 모두가 종종 변화를 고려할 때 양가감정을 경험하는걸요. 양가감정이란 당신이 같은 문제에 대해서 여러 복합적인 감정을 가지고 있는 것을 의미해요. 게다가 이러한 다양한 감정들은 서로 부딪히기도 하지요. 당신은 하나의 일에 대해서 그 일을 하고 싶어 하면서도 하기

싫다고 느낄 수도 있지요. 사람들은 양가감정을 느낄 때 결정 내리는 것을 불안해하고, 어떠한 결정도 내리지 못해요. 이를 해결하기 위한 방법으로는 동전의 양면을 보는 것과 같이 우리의 감정들의 양면을 동시에 바라보는 것이지요." 결정저울 연습지는 7장에 수록되어 있다.

MI에 부합한 유발하기를 하고 있다는 증거

상담자는 최소 한 번이라도 내담자의 변화를 향한 긍정적인 동기를 들어본 적이 있다.
상담자는 내담자가 변화를 얼마나 중요하게 여기는지 알고 있다.
상담자는 내담자가 얼마나 변화에 대해서 자신감을 가지고 있는지 알고 있다.
상담자는 변화대화에 경청하며 반응하고 있다.
상담자는 변화를 위한 대화와 변화 이유를 제공하기보다 이끌어내기 위해 질문과 반영을 적절하게 사용하고 있다.
변화를 주장하는 사람은 상담자가 아니다.

계획하기

내담자의 변화를 위해서는 변화를 위한 구체적인 계획과 결심공약을 발전시키는 것이 중요하다. 이때 MI 정신에 따라 변화에 대한 생각, 선택, 그리고 해결책을 내담자에게 처방하고 지시하는 것보다 내담자로부터 이것들을 이끌어내야만 한다. 우리의 경험에 비추어보았을 때 이 점은 아주 중요하다. 흔히 MI 훈련생들은 내담자에게 변화동기가 일단 '확보'가 되었다면, 이제는 상담자가 지시자가 될 수 있는 권한을 얻었으므로 변화하는 방법을 내담자에게 알려줄 수 있다고 생각한다. 그러나 정말 MI에 부합하려면 상담자들은 내담자가 그들 삶의 전문가이며, 그들의 문제에 대해 적어도 몇 개의 해결책을 스스로 갖고 있다는 사실을 지속적으로 인지해야 한다(Miller & Rollnick, 2013). 그러므로 계획하기 단계에서 초점을 맞춰야 할 부분은 이러한 해결책들을 내담자로부터 이끌어내려고 노력하는 것이다. 그 후, 정말 필요할 때나 내담자가 원하는 경우에 한하여, 상담자가 비슷한 상황에서 다른 사람들을 도우며 유익했던 정보, 내담자가 선택할 수 있는 여러 옵션, 또는 상담자가 권장하는 정보를 알릴 수 있다. 이렇게 함으로써 상담자는 내담자가 자기 자신에게 가장 좋은 해결책을 찾을 수 있도록 도울 뿐만 아니라, 내담자가 해결을 위한 노력을 적극적으로 할 수 있도록 돕는다. 잠시 생각해보라. 당신보다 당신을 잘 아는 사람은 누가 있겠는가? 이 책을 읽는 것에 있어서도 당신이 찾을 수 있는 독서 방법보다 더 좋은 방법을 우리가 제시할 수 없을 것이다. 우리가 제안할 수는 있겠지만, 궁극적으로 당신은 당신이 생각하기에 가장 좋은 방법으로 이 책을 읽을 것이다. 변화의 원칙에서도 똑같다. 전문가로서 우리는 문제 행동을 변화시키는 방법에 대한 교육과 경험을 가지고 있다. 하지만 그 방법들이 각 내담자에 따라 어떤 결과를 만들어내는지는 알지 못한다. 반면에 내담자는 여러 방법 중 어느 것이 자신에게 더 효과적일 수 있는지 느낀다. 우리는 그저 능숙한 질문들, 반영, 정보와 선택지 제공, 그리고 요약과 같은 기술로 계획하기 대화를 매끄럽게 이끌어 나갈 수 있을 뿐이다.

MI에 부합한 계획하기 전략

질문

"이제 당신은 어떤 일을 할 것 같나요?"
"당신에게 무엇이 첫 번째 단계가 될까요?"
"아무 계획이라도 갖고 계신 것이 있으신가요?"
"무엇을 할 의도를 가지고 계신가요?"

정보 교환하기

변화를 위한 계획을 할 때 변화를 위한 선택지들을 상담자가 제시할 수도 있고, 내담자가 요청할 수도 있다. 지속적인 변화를 만들어내느냐 마느냐의 차이는 정보가 제공되는 방식에 있다. 전통적으로 정보 교환 과정은 전문가와 서비스 수혜자 사이에서 일어났으며, '전문가'가 정보를 제공하고 해석까지 해주는 식이었다. 이러한 방식은 MI에 부합하지 않는다. 전통적인 정보 제공 방법은 내담자의 입장과 해석을 간과하므로 정보를 처방할 뿐이고, 오히려 내담자들을 수동적으로 만든다.

MI에 부합한 정보 제공 방법으로는 **이끌어내기-제공하기-이끌어내기**(elicit-provide-elicit) 접근법이 있다. 이는 내담자를 순환적인 정보 교환 과정 속으로 안내하는 방법이다(Lane & Rollnick, 2009; Rollnick et al., 2008). 이 과정에서 상담자는 내담자에게 정보를 전달하기 이전에 내담자로부터 정보를 이끌어낸다. 예를 들어 당뇨에 대한 정보를 공유할 때, 상담자는 처음에 "당뇨에 대해서 무엇이 알고 싶으세요?"와 같은 질문으로 시작한다. 이 질문에 대한 내담자의 답은 상담자로 하여금 내담자가 현재 가지고 있는 정보는 무엇이고, 정확한 정보와 그렇지 않은 정보를 구분하여 파악할 수 있게 하며, 제공되는 정보를 내담자에게 보다 잘 맞출 수 있게 돕는다. 이러한 유발하기의 과정 후 내담자들에게 당뇨에 관한 작은 단위의 정보를 제공하고, 이 정보에 관한 내담자의 이해 정도나 반응을 물을 수 있다. 이와 같은 정보 교환 과정은 진단 결과를 논하거나 진단을 공유할 때 매우 유용한 방법이다.

'이끌어내기-제공하기-이끌어내기'의 예시

첫 유발하기 질문

"지금까지 당신이 가지고 있는 알코올 사용에 관한 여러 갈등에 대해서, 또 당신이 변화를 위해 하고자 하는 일들에 대해 이야기를 나눠보았어요. 이제 변화를 위해서 어떠한 점을 더 알고 싶으신가요?"

내담자의 답변

"제가 지금까지 주위 사람들로부터 들어 왔던 것은, 변화를 위해서는 오랜 시간을 가족과 직장을 떠나서 지내야만 알코올 중독을 치료할 수 있다는 것입니다."

내담자가 감당할 수 있을 만큼의 정보를 제공하고 당신의 해석이 아닌 사실 그 자체에 집중하라.

"당신은 지금까지의 음주 습관을 바꾸기 위해 필요한 것들에 대해 들어 오셨고, 또 걱정도 하고 계시는군요. 제가 당신이 이해하고 계신 것에 살짝 덧붙이자면, 사람들은 각자 다른 방법으로 변화해요. 어떤 사람은 스스로 변하거나 12단계 프로그램을 거치기도 하고, 어떤 사람은 외래상담 서비스를 활용하기도 하죠. 말씀하신 것처럼, 집중치료 프로그램 시설로 가는 사람도 있어요. 당신이 저에게 주신 정보와 국가적 기준을 비교해보았을 때 당신은 적절한 곳에서 외래상담을 받는다면 입원하지 않고도 음주 문제가 충분히 변화될 수 있는 정도예요."

후속 유발하기 질문

"이러한 정보를 들으니 어떠신가요?"

선택지에 대한 대화

선택지를 제공하는 것은 내담자들로 하여금 계획 과정에 동참하게 하는 방법이다. 여기에서 상담자는 자신이 가지고 있는 경험과 전문지식을 바탕으로 선택지를 제공하고, 그곳에서 내담자가 그들에게 가장 맞는 변화 방식을 선택하도록 초청한다. 온전히 MI의 정신을 따르자면, 상담가들은 동시에 내담자들로 하여금 선택지에는 없지만 효과적일 것 같은 방식을 제안할 수 있도록 권한다. 예를 들어 대학생 대상으로 사용할 수 있는 다음 예시에서는 알코올 관련 문제 발생을 줄이는 데 효과적인 안전한 음주행동에 대한 선택지가 있다. 이미 고려 중이거나 실행하고 있는 선택지를 추가할 수 있도록 빈칸도 만들어져 있다. 내담자가 행동 변화 전략을 식별하도록 도와야 할 때 이러한 메뉴를 사용하여 열린 대화를 시작할 수 있다(그림 3.1 참조).

보호 전략들

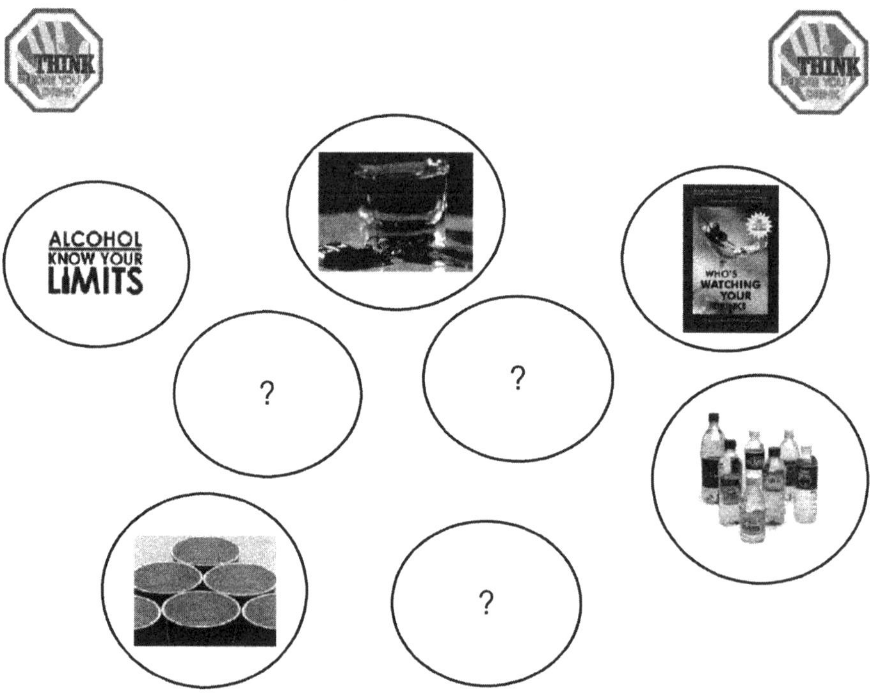

| **그림 3.1** | 안전한 음주 행동에 대한 선택지 샘플 메뉴

선택지의 예시

"음주에 관한 부정적인 결과들을 감소시키고 싶으시다면, 여러 전략에 대해 함께 생각해 볼 수 있어요. 이것은 다른 학우들이 술을 마실 때 자신을 안전하게 지키기 위해 사용하는 여러 방법인데요, 이 그림은 계획적으로 음주에 대한 한도를 정하는 방법을 나타냅니다('나의 주량 알기' 그림). 이 그림은 술을 비알코올성 음료와 혼합하는 방법을 나타내고(물 그림), 이 부분은 술을 마시는 방식에 대해서도 이야기하고 있어요(맥주 게임을 상징하는 플라스틱 컵 그림). 이것은 심각한 해를 당할 수 있는 가능성을 줄여주는 영역을 나타내고요(유리와 열쇠 그림 및 '누가 당신의 잔을 지켜보고 있는가?' 그림), 또한 빈 공간도 있어요. 빈 공간들은 다른 그림이 나타내지 않는 당신의 생각들을 상징하지요. 앞서 언급하신 음주 목적에 기초했을 때, 이들 중 당신의 목표 달성과 안전을 위해 사용해볼 만한 방법이 있으세요?"

변화 계획 수립하기

변화 계획이란 내담자들이 그들의 변화 목적을 달성하기 위해 따라갈 수 있는 구체적인 로드맵이다(Naar King & Suarez, 2011). 변화 계획을 효과적으로 수립하기 위해서는 다음과 같은 요소들을 기술한 구체적인 계획을 가지고 있어야 한다 — (1) 변화되어야 하는 행동, (2) 동기부여적 요인들을 상기시킬 수 있는 알림, (3) 변화 목표, (4) 변화를 향해 감당할 수 있는 단계 계획 및 수행, (5) 잠재적 장애 요소 식별, 그리고 (6) 이러한 장애물을 극복할 수 있는 조치. 일반적으로 이러한 변화 계획은 내담자들이 실행 준비가 되어 있을 때 시작한다. 따라서 계획 실행 이전에 내담자와의 충분한 이야기를 통해서 행동 변화를 위한 열망과 결심을 강화한 후 변화 계획을 협의해야 한다.

이 전략에 사용되는 일반적인 대화는 다음과 같다.

"지금까지 여러분의 식단과 운동의 한 측면에 대해 살펴보았는데, 다들 본인의 식습관과 운동에 대해 어떻게 생각하시나요?"

"우리가 여기까지 온 시점에서, 이제 무엇을 하고 싶으신지 궁금해요."

표 3.3 ●● 변화 계획하기의 구성요소

목표	동기강화상담에 부합하는 질문	중요하게 고려해야 할 사항
내담자가 원하는 변화가 무엇인지 확인하기	"건강과 관련해서 변화하고 싶은 부분은 어떤 것인가요?"	목표는 구체적이어야 하고, 부정형의 말(예 : 튀긴 음식 먹지 않기)이 아닌 긍정형의 말(운동량 늘리기, 과일과 채소를 더 많이 섭취하기)로 진술되어야 한다.
변화의 이유 강조하기	"몇 가지 변화를 위한 여러 이유(요약해준다)에 대해 논의해보았는데요. 변화를 원하는 가장 중요한 이유가 있다면 그것은 무엇인가요?"	내담자가 이전에 언급한 변화 이유들을 근거로 내담자를 유발하고 상기시키는 것이 중요하다.
변화를 원하는 이유 : 변화 목적 이끌어내기	"변화를 통해 얻고 싶은 것은 무엇인가요?" "변화를 통해 성취하고자 하는 목표는 무엇인가요?"	목표는 현실적이고 달성 가능해야 한다.
변화를 위해 내담자가 어떤 계획을 세울 것인지 확인하기	"목표를 위해서 당신이 할 수 있는 많은 것들이 있어요. 목표를 위해서 해볼 수 있는 활동들에는 어떤 것이 있을까요?"	MI에 부합하는 방식으로 정보와 선택목록을 제공하는 것이 유용하다.
첫 번째로 가능한 활동 이끌어내기	"말씀한 활동들 중에서 당신이 가장 먼저 할 수 있는 것에는 무엇이 있나요?" "이러한 변화를 위해서 내디딜 수 있는 첫 걸음에는 무엇이 있나요?" "이러한 활동을 언제, 어디에서, 그리고 어떻게 시작할 수 있나요?"	구체적이고 실제적인 활동을 이끌어내는 것이 중요하다.
계획에 방해되거나 차질을 빚게 하는 것들 확인하기	"때로는 당신의 계획에 방해가 되는 것들을 생각하는 것이 도움이 된답니다." "이 계획을 방해하는 것에는 어떤 것이 있을까요?, 또 어떻게 하면 계획을 잘 지킬 수 있을까요?"	방해물을 피할 수 있는 방법을 찾는 것에 중점을 두어야 한다.
내담자가 계획을 지키는 것을 도와줄 수 있는 사람 확인하기	"당신이 계획을 지키는 것을 도와줄 수 있는 사람은 누구인가요?"	구체적으로 어떤 사람인지, 또 그 사람이 어떻게 도와줄 수 있는지 확인하는 것이 중요하다.
계획의 효과성을 내담자가 알 수 있는 방법 확인하기	"당신이 세운 계획이 효과가 있다는 사실을 어떻게 알 수 있을까요?"	계획의 효과성을 알 수 있는 구체적이고 실제적인 지표를 확인해야 한다.

표 3.3은 변화 계획의 일부 구성요소와 내담자에게 할 질문 예제, 그리고 각 구성요소와 함께 고려해야 할 중요한 사항을 보여주고 있다. 이러한 구성요소는 Project Match(Miller, Zweben, DiClemente, Rychtarik, 1992)에서 개발한 변화 계획 워크시트에 기반한 것으로, 다른 여러 프로젝트에서도 개정되어 사용된 바가 있다.

동기강화상담 학습 팁

MI에 부합한 계획하기를 하고 있다는 증거

상담자는 무엇이 합리적인 다음 단계인지 알고 있지만 이를 강요하지 않는다.

상담자는 내담자가 스스로의 해결책을 찾을 때까지 상담자의 충고나 주장을 전달하는 것을 제어한다.

상담자는 내담자에게 충고, 정보, 또는 추천을 제공할 때 허락을 구한다.

내담자를 위한 최선의 해결책은 상담자가 제안하는 해결책이 아닐 수도 있다는 것을 상담자는 진심으로 인정한다.

네 가지 과정을 위한 로드맵

상담자가 MI 과정에서 종종 겪는 어려움은 대부분 그들이 상담을 어떻게 구성해 나갈지에 대한 자신감을 가지고 있지 않음에서 비롯된다. 이러한 걱정을 돕기 위해 우리는 상담 과정 로드맵을 만들었다(표 3.4 참조). 이 로드맵을 통해 많은 사람들이 상담을 이끌어 나가는 데 상당한 도움을 얻었다. 노련한 상담자라면 MI 회기의 흐름을 이끌 때 주로 내담자로부터의 정보와 피드백에 충족을 하겠지만, 이 로드맵은 일반적이지 않은 회기의 흐름에서 결정하는 데 도움이 될 수 있을 것이다. 여기에서 쓰이는 가장 기초적인 전략은 열린 질문하기, 반영하기, 그리고 요약하기이다. 반영하기와 요약하기는 질문하기보다 더 어려울 수 있지만, 어렵다고 건너뛰지 않는 것이 매우 중요하다.

동기강화상담의 네 가지 과정 : 건강증진의 예시

MI를 적용한 예로, HUB City Steps와 함께한 식이요법 및 운동 프로그램이 미국계 흑인들 사이에서 고혈압 예방에 효과적으로 나타난 사례가 있다. 이 프로그램은 3개월 동안 참가자들이 자신의 건강 상태에 관한 피드백을 받고, 개별화된 변화 계획을 세우는 것을 포함하였다(Zoellner et al., 2011; 2014). 이 건강증진 프로그램 안에서는 영양학 또는 심리학 배경을 가진 숙련된 MI 코치들이 회기들을 진행했다(Madson, Landry, Molaison, Schumacher, & Yadrick, 출판 중). 표 3.5는 이러한 MI 피드백 회기를 통해 MI 과정의 특색을 보여주고 있다. 이 예제는 HUB City Steps의 MI 상담

표 3.4 ●● 네 가지 과정을 위한 로드맵의 예

관계 형성하기	• 질문하기 : 오늘은 좀 어떠세요? • 내담자의 반응 반영
초점 맞추기	• 표적 행동을 추측할 수 있는 경우에는 이것에 초점 맞추는 것에 대해서 허락을 구한다 : 괜찮으시다면 ____________에 대해 잠깐 얘기 나눠보고 싶어요. • 표적 행동을 추측할 수 없는 경우에는 다음과 같이 질문한다 : 이곳에 어떤 일로 오셨나요?
유발하기	• 질문하기 : 당신이 ____________하려고 하는 가장 큰 이유 세 가지는 무엇인가요? • 내담자가 말한 모든 이유 반영 • 질문하기 : ____________하려고 하는 또 다른 이유가 있나요? • 내담자가 말한 이유 반영 • 질문하기 : ____________하는 것에 성공한다면 달라진 삶의 모습에 대해 어떻게 그리고 계신가요? • 내담자의 반응 반영 • 질문하기 : ____________을 하는 것은 당신에게 얼마나 중요한지 1점에서 10점까지 점수를 매겨본다면 몇 점이 될 수 있나요? • 내담자의 반응 반영 • 질문하기 : ____________ 점이 아니라 ____________ 점인 이유는 무엇이죠? • 질문하기 : ____________을 할 수 있는 자신감을 1점에서 10점까지 점수를 매겨본다면 몇 점이 될 수 있나요? • 내담자의 반응 반영 • 질문하기 : ____________ 점이 아니라 ____________ 점인 이유는 무엇이죠? • 내담자가 말한 변화를 원하는 모든 이유들을 요약(변화하고 싶지 않은 이유에 대해 언급했다면 양면 반영을 사용)
계획하기	• 질문하기 : 다음 단계는 무엇인가요? 또는 이제 무엇을 하실 생각인가요? • 내담자의 반응 반영 • 질문하기 : 이 부분에 대해 이미 우리가 어느 정도 얘기해 왔다는 것은 알고 있지만, 변화하고자 하는 주된 목표는 무엇이라고 할 수 있나요? • 내담자의 반응 반영 • 질문하기 : 이 변화를 위한 행동으로 어떤 계획을 세우고 계신가요? • 내담자의 반응 반영 • 질문하기 : 다른 사람들이 이 변화를 도울 수 있는 방법은 무엇인가요? • 내담자의 반응 반영 • 질문하기 : 당신이 세운 계획이 효과적인지 당신은 어떻게 알 수 있나요? • 내담자의 반응 반영 • 질문하기 : 당신의 계획에 방해될 수 있는 것들에는 무엇이 있나요? • 내담자의 반응 반영 • 질문하기 : 만약 계획이 효과적이지 않다고 한다면 무엇을 하실 건가요?

(계속)

표 3.4 ●● (계속)

계획하기	• 내담자의 반응 반영 • 변화 계획에 작성한 '모든' 내용 요약 • 질문하기 : 이 계획을 지키는 데 어느 정도 전념할 수 있는지 1점에서 10점까지 점수를 매긴다면 몇 점인가요? • 내담자의 반응 반영 • 질문하기 : ___________(더 낮은 수)점이 아닌 ___________점인 이유는 무엇인가요? • 내담자의 반응 반영 • MI 전체 회기 요약

표 3.5 ●● 네 가지 과정을 보여주는 건강증진 프로그램의 예시

MI 과정	HUB City Steps에서의 적용
관계 형성하기	참여자에게 HUB City Steps에 참여한 것에 대한 감사를 표시하기 – HUB City Steps 참여에 대한 반응을 얻어내고 코칭 회기에 대한 토대를 마련한다. "오늘 이렇게 의료박람회에 참여해주셔서 감사해요. 여러 활동에 참여하는 데 어떠셨어요? [내담자의 반응을 반영한다.] 저는 Mike Madson이고, 이 프로젝트의 건강 상담자예요. HUB City Steps에서 제가 맡은 일은 당신이 중요하게 생각하는 것을 기반으로 해서 오늘 취합한 몇 가지 정보에 대해 논의하는 것이에요. 어떤 것이든 당신의 건강을 위해 변화하고자 하는 것이 무엇인지, 그리고 변화를 어떻게 시작하려고 하고 있는지를 결정하도록 돕는 것이에요. 이 말이 어떻게 들리세요?" [내담자의 반응을 반영한다.]
초점 맞추기	의제 설정하기 – 내담자에게 '나의 수치 알아보기' 카드를 소개함으로써 내담자에게 중요한 건강 관련 지표에 관한 논의에 초점을 맞춘다. "괜찮으시다면 오늘은 검사 결과들에 대해 얘기를 나누고 싶어요. 이 카드는 '나의 수치 알아보기' 카드라고 하는데, 당신이 이곳에 올 때마다 이 카드가 채워질 거예요. 이 카드를 보면 당신이 건강상 어느 정도에 위치해 있는지 알 수 있어요. 예를 들면 여기에 당신의 혈압과 건강 점수가 어느 범위에 해당하는지 보여주고 있지요. 당신에게 가장 중요할 만한 다른 영역들도 함께 살펴보았어요." [내담자의 반응을 반영한다.] 당신에게 무엇이 그다음으로 중요한가요? 검사 결과에 대한 피드백을 제공하고, 내담자의 변화 이유와 필요, 그리고 능력을 유발한다. 이끌어내기-제공하기-이끌어내기를 사용하여 검사 결과에 대한 정보를 제공하고 변화에 대한 준비도를 향상시키기 위해 MI 전략을 사용한다. "당신이 가장 염려하는 부분은 혈압이라고 했어요. 혈압에 관해 당신이 알고 있는 것은 무엇인가요? [내담자의 반응을 반영한다.] 정상 범위의 혈압과 비교해볼 때 당신의 혈압은 조금 높은 것 같네요. 당신이 고혈압에 대해 알고 있는 것을 생각했을 때 어떤 것 같나요?" [내담자의 반응을 반영한다.] 이 과정은 내담자가 가지고 있는 다양한 염려에 대해서도 반복할 수 있고 이후에 요약할 수도 있다.

(계속)

표 3.5 ●● (계속)

MI 과정	HUB City Steps에서의 적용
유발하기	내담자의 대화를 요약하고 유발한다. "괜찮으시다면 이제까지 나눈 이야기를 요약해 볼게요. '나의 수치 알아보기' 카드에서 특별히 고혈압, 과체중, 그리고 낮은 에너지에 대한 우려를 표하셨어요." [이끌어내기를 위해 MI 전략을 사용한다.] "건강상의 변화가 당신에게 얼마나 중요한가요?" [반영하기] "건강상의 변화를 원한다면 그 이유는 무엇인가요?" [반영하기] "건강상에 변화가 있었다면/혹은 변화가 없었다면 5년 후 당신의 삶은 어떤 모습일까요?" [반영하기] "현재 당신의 행동에서 좋은 것에는 무엇이 있나요? 썩 좋지 않은 것에는 무엇이 있나요?"
계획하기	변화에 대해 내담자와 논의했던 내용을 요약한다. "괜찮으시다면 우리가 논의했던 내용을 요약하려고 해요. 당신은 당신의 건강 상태에 대해 염려하고 있고, 특별히 혈압과 체중, 에너지 수준에서의 한계에 대해 염려하고 있다고 말씀하셨어요. 아이들에게 본보기가 되기 위해서는 식단과 건강에 변화를 주는 것이 당신에게 중요하다고 하셨지요. 식단을 변경하는 것에 대해 다소 불확실함을 보이셨는데 가족이 좋아하는 음식을 요리하지 않음으로써 가족에게 실망을 안겨주고 싶지 않기 때문이고 또 동시에 가족이 더 건강한 음식을 먹도록 하는 것이 얼마나 가치 있는 일인지 알고 있기 때문이죠. 또 당신에게 중요한 것은 더 많은 에너지를 갖는 것이었는데, 당신이 더 건강해지기 위한 최선의 방법은 얼마나 건강한 식단을 섭취하는지 인식하고 운동을 늘리는 것이라고 말했어요. 이것들을 고려해볼 때 당신은 이제 무엇을 하길 바라시나요?" [반영하기] 내담자에게 변화 대안 목록을 제시한다. "괜찮으시다면 건강을 증진시키기 위해 당신이 할 수 있는 몇 가지 변화를 함께 나눠볼 수 있을 것 같아요. 여기에 다른 사람들이 건강해지기 위해 적용해봤던 내용들을 담은 대안 목록이 있어요. 이 활동지에는 당신과 유사한 염려를 가진 사람들을 돕는 데 유용한 몇 가지 중요 행동들을 포함하고 있지요. 이 영역에서는 걷기와 같은 형식적인 운동을 나타내요. 예를 들면 엘리베이터보다는 계단을 이용하거나 과일이나 야채를 많이 섭취하는 것이 있겠네요. 또한 이 활동지에서 몇몇 비어 있는 곳이 있는 것을 볼 수 있는데, 아직 표시되지 않은 당신의 다른 생각들을 상징합니다. 이것에 관해서 하고 싶은 이야기나 더 중요하다고 생각되는 부분이 있으신지요?" 참가자의 구체적인 계획 수립을 도울 수 있는 계획을 유발한다. "당신이 하고 싶은 것이 구체적으로 무엇인가요?" [반영하기] "이러한 변화를 만들어내는 이유는 무엇인가요?" [반영하기] "이러한 변화를 위한 목표는 무엇인가요?"

(계속)

표 3.5 ●● (계속)

MI 과정	HUB City Steps에서의 적용
계획하기	[반영하기] "당신의 계획에서 무엇이 첫 번째 단계가 될 수 있을까요?" [반영하기] "계획을 성취하는 과정에서 당신을 도와줄 수 있는 사람은 누구인가요?" [반영하기] "변화함으로써 어떤 결과를 기대하시나요?" 내담자에게 꼭 맞는 계획(목적, 필요, 의도, 신념)을 요약하고 결심공약을 이끌어낸다. "제가 당신을 잘 이해하고 있는지 한 번 볼까요? 당신은 보다 많은 야채와 과일을 섭취하고, 저녁식사를 한 후 최소한 20분 동안 걷기를 원하고 있어요. 이 두 가지는 당신의 혈압을 관리하고 에너지를 증가시키는 데 중요하고, 또한 이를 통해 당신의 아이들에게 바른 건강 역할 모델이 될 수 있지요. 계획을 수행하는 과정 중 가장 첫 번째는 과일과 야채를 싸게 살 수 있는 곳을 찾고, 그리고 운동화를 사는 것이에요. 당신은 당신과 함께 걷기를 원하는 이웃이 있으니, 그와 함께 운동 계획을 세울 수도 있다고 말씀하셨어요. 이러한 모든 과정을 통해서 당신이 바라는 것은 체중감량, 폐활량 증가, 그리고 계획을 성취하는 당신의 모습에 만족하는 것이에요. 이 계획에 결심공약 하실 수 있으신가요?"

자 매뉴얼을 각색한 것으로, 대본은 아니다(Madson, Bonnell, McMurtry, & Noble, unpublished manual).

동기강화상담의 네 가지 과정 : 알코올 중독 예방의 예시

대학생을 위한 간략한 알코올 스크리닝 및 개입(BASICS; Dimeff, Baer, Kivlahan, & Marlatt, 1999)은 20년이 넘는 세월 동안 전 세계에 있는 대학 캠퍼스에서 진행되어 왔다. BASICS는 알코올 중독에 가까운 고위험군에 있는 학생들을 대상으로 개발된 프로그램이다. BASICS는 MI에 기반을 견고히 둔 프로그램으로, 담당 상담자와 두 번의 학생 모임을 진행한다. 첫 번째 회기에서 알코올 사용에 관한 평가와 이것이 문제가 될 만한 것인지 위험성을 함께 알아본 후, 두 번째 회기에서는 개별화된 피드백과 평가에 관한 토론을 한다. 표 3.6은 어떻게 피드백들이 회기 안에서 이루어질 수 있고 실행될 수 있는지 보여준다.

표 3.6 ●● 네 가지 과정을 보여주는 BASICS 프로그램의 예시

MI 과정	BASICS에서의 적용
관계 형성하기	BASICS 첫 번째 만남에서 관계 형성하기 "안녕하세요, 저는 BASICS 상담가 Mike Madson예요. 오늘 저희 BASICS 프로그램을 찾아주셔서 감사해요. 여러분이 생활관 간사님의 요청으로 이곳에 오신 것을 잘 알고 있어요. 하지만, 여러분이 여기 오게 되신 이유와 관련하여 여러분의 관점을 이해할 수 있는 소중한 기회가 되기를 기대하고 있어요. 혹시 마음이 허락하신다면, 여러분께 일어난 일이 무엇인지, 그리고 이 프로그램에 참여해야 한다는 것에 대해 어떻게 생각하시는지 여러분의 관점에서 이야기를 들려주시길 바라요." [참가자들의 응답을 반영한다.] "모두가 괜찮으시다면 이 프로그램에 대한 소개와 여러분이 이 프로그램에 대해 전반적으로 궁금하신 점에 대해 답해 드리는 시간을 가질게요. 어떠세요? 저는 여러분과 함께 의견을 수렴해서 알코올 사용에 관한 토론을 하고 싶어요. BASICS 프로그램의 목적은 여러분의 음주에 대해서 판단하는 것이 아니라 여러분이 저에게 제공해주시는 정보들로 음주에 관하여 이야기해보는 것이에요. 여러분이 제공해주시는 정보들이 여러분과 어떤 관계가 있는지, 여러분이 이미 이뤄내신 변화가 있다면 그것이 무엇인지, 그리고 여러분이 생각하시기에 중요한 가치를 바탕으로 음주행동에 변화를 주고 싶으시다면 어떤 변화를 이루고 싶은지 이야기해보고자 해요. 어떠세요?" [반영하기] BASICS 피드백 회기에서 참여 동원하기 "돌아오신 것을 환영해요! 오늘도 이 자리에 와 주셔서 정말 감사해요. 지난 미팅부터 지금까지 어떻게 지내셨어요?" [반영하기] "여러분이 지난 번 저에게 제공해주셨던 정보들에 대해 이야기해보기 전에, 혹시 여러분 중에 지난 번 만남에서 갖게 되신 질문이나 염려가 있으신가요? 지난 만남이나 오늘 작성하신 설문지에 대해 어떤 반응이라도 좋고, 궁금한 것이 있다면 질문해주세요." [반영하기] "제가 약간의 정보를 제공해 드리자면, 여러분은 아마도 저번 만남에서 우리가 논의했던 이 만남의 목적은 여러분이 주시는 알코올 사용에 대한 정보를 이야기하는 것으로 기억하고 계실 거예요. 저는 우리가 함께 대화하기를 원해요. 그러니 제가 말하는 도중에라도 질문이 있거나 명확히 하고 싶은 게 있으시다면 주저 말고 알려주세요. 자, 그럼 시작해볼까요?" [반영하기]
초점 맞추기	토론에 초점 맞추기 위한 의제 설정하기 "우리는 많은 토론 거리를 가지고 있는데 혹시 이것들 중 특별히 이야기 나누어보고 싶은 게 있으신가요?" [반영하기] "원하신다면 저희가 시작할 수 있는 곳 중 하나는 자기관찰 양식(self-monitoring form)을 한번 함께 보는 것이에요. 어떠세요?" [반영하기] 이끌어내기-제공하기-이끌어내기를 사용하여 개별적 평가 피드백 제공하기 "당신의 관점에서, 알코올이 당신에게 반갑지 않은 경험을 제공하거나 장애를 끼친 적이 있

(계속)

표 3.6 ●● (계속)

MI 과정	BASICS에서의 적용
초점 맞추기	는지요? 당신이 제공해주신 정보에 따르면, 음주 후 당신은 종종 나중에 후회하는 행동을 하게 된다고 하셨어요. 이것에 대해 어떻게 생각하세요?"
유발하기	"사람들은 저마다 다른 이유로 술을 마십니다. 당신이 술을 마시는 이유는 무엇인가요? 이 이유들이 당신이 술을 마시는 양이나, 금주할 때 미치는 영향이 있다면 무엇일까요?" [반영하기] "어떤 학생들은 음주할 때 음주가 가져올 수 있는 부정적인 결과를 줄이기 위해 여러 전략을 사용합니다. 이것이 당신이 가지고 있는 음주에 관한 목표와 부합하나요?" [반영하기] "음주할 때 자신을 부정적인 결과로부터 보호하기 위한 여러 방법을 배우는 것이 얼마나 중요하게 생각되시는지 0부터(전혀 중요하지 않다) 10까지(매우 중요하다)의 숫자로 표현한다면 당신은 어느 정도에 있을까요?" [내담자가 5라고 대답한다.] "왜 3점이 아니라 5점이라고 느끼시나요?" [반영하기] "안전한 음주 방법의 단점은 무엇이고 장점은 무엇일까요?" [반영하기]
계획하기	요약하고 계획하기로 넘어가기 "오늘 우리가 시작할 때는 음주행동을 변화시켜야 하는지에 대해 불확실하게 느낀다고 이야기를 나누셨어요. 당신이 음주를 즐기는 이유로는 친구와 함께 파티를 즐길 수 있다지만, 동시에 당신은 음주로 인한 부정적인 결과 또한 경험했어요. 당신은 술을 마시고 당신이 한 행동에 부끄러움을 느끼곤 해요. 이를 개선하기 위해 당신은 더 나은 음주 방식을 가지고자 해요. 이를 위해서 아무거나 괜찮으니 무엇을 하고 싶으신지 말씀해주시겠어요?" [반영하기] "원하신다면 우리는 부정적인 결과를 낳지 않고 술을 마실 수 있는 몇몇 전략에 대해 이야기 나누어 볼 수 있을 것 같아요. 우리가 안전한 음주에 대해서 이야기할 때 무엇이 먼저 당신의 생각에 떠오르나요?" [반영하기] "이 대학의 학생들과 다른 대학의 학생들이 자신을 보호하며 술을 마시는 사용법으로 쓰는 행동 리스트가 여기 있어요. 몇몇 학생들은 샷과 들이키는 것을 피하거나 알코올과 비알코올 음료를 번갈아서 마심으로써 그들의 주량을 조절하지요. 다른 학생들은 심각한 해를 입지 않기 위해 자신들이 정확히 어떤 술을 먹고 있는지 확인하고, 술을 마신 뒤 검증된 운전자의 차를 타고 귀가해요. 당신이 전에 언급한 음주 목적에 기초했을 때, 당신이 원하는 목적을 위해서는 어떤 방법으로 술을 마시는 것이 좋을까요?" [반영하기] 계획 세우도록 유발하기 "당신은 당신이 마시고 있는 것이 어떤 술인지 정확하게 아는 것과, 운전자를 지정하는 방법을 선택하셨군요. 왜 이런 방법을 고르셨나요?" [반영하기] "이런 방법을 쓰면 어떤 일이 일어날 것이라고 기대하시나요?"

(계속)

표 3.6 ●● (계속)

MI 과정	BASICS에서의 적용
계획하기	[반영하기] "누가 당신이 이런 방법을 잘 쓸 수 있도록 도울 수 있을까요?" [반영하기] "이런 방법이 제대로 작동하고 있는지 어떻게 알 수 있을까요?" [반영하기] "오늘 상담을 마무리하기 전에 저는 당신이 안전한 음주자가 되기 위해 선택한 방법들을 요약하려고 해요. 당신은 술을 마실 때마다 많은 문제가 생기는 것을 경험하여, 음주로 생길 수 있는 해를 줄이는 것이 중요하다고 했어요. 이를 위해 당신은 검증된 지정 운전자를 사용하고자 하고, 자신이 어떤 술을 마시고 있는지 정확하게 알도록 다짐했어요. 이러한 방법들로 당신은 당신의 음주 습관을 보다 나은, 안전한 방향으로 바꿀 수 있고, 책임감 있게 이전과 같은 실수를 저지르지 않도록 할 것이라는 기대가 있어요. 이 모든 과정에서 당신이 속해 있는 여대생 동아리 친구들로부터 지지를 받을 것이고, 그들과 당신의 목표와 계획을 공유하실 것이라고 했어요. 여기까지 당신이 다짐하고 결심공약 하신 것이 맞나요?"

요약

이 장에서는 동기강화상담의 네 가지 과정에 초점을 맞추어 배우면서 내담자와의 변화대화를 어떻게 잘 이끌어낼 수 있는지에 대해 알 수 있었다. 우리가 교육한 많은 상담자들은 내담자의 문제점을 빠르게 진단하고, 이를 해결하기 위한 '계획하기' 단계에 너무 성급하게 진입하려고 한다. 변화를 위한 준비가 되어 의욕이 있는 내담자인 경우 이러한 방법도 효과적일 수 있지만, 그 정도의 동기를 가지고 오지 않는 내담자들에게는 비효과적일 것이다. 내담자들을 이해하고, 변화를 향한 공유된 관점을 찾아가며, 내담자의 변화동기를 유발하는 것은 어려운 변화를 실행하고자 하는 내담자에게 필요한 힘을 강화한다. MI 훈련생들은 대부분 내담자와 변화 계획을 세울 때 충고를 하거나 제안을 하는 것에 쉽게 유혹을 느낀다. 하지만 이런 방법은 내담자들로 하여금 그 계획을 따르고 싶지 않거나 못하게 한다. MI에 부합한 방법을 통해 변화 계획을 협동적으로 발전시키면 내담자의 계획이 성공할 가능성이 높아진다. 지금까지 우리가 논한 네 가지 과정은 개괄적인 것들이므로, 더 자세한 내용을 알고 싶다면 Miller와 Rollnick(2013)의 책을 읽어보기를 바란다.

제2부

임상적 난제를 위한 동기강화상담

04

변화 준비가 덜 된 내담자

치료 전문가들은 대부분 내담자가 변화할 준비가 된 상태에서 작업 관계를 시작한다고 가정하기 때문에 보통 이에 따른 전략들을 사용한다. 예를 들면 금연 전문가는 내담자의 흡연 행동을 평가한 뒤 곧바로 내담자에게 금연을 위한 다양한 대안을 제시하며 이들 중 한 가지를 고르도록 요청한다. 이러한 경우 상담자는 내담자가 금연할 준비가 되어서 금연 클리닉을 방문한다고 가정하고 있다. 초이론적 모델(TTM; Prochaska & DiClemente, 1983)과 이 모델에서 제시하는 변화 준비 단계는 변화 준비가 덜 된 내담자를 이해하는 중요한 틀을 제공한다. 2장에서 언급했듯이, 초이론적 모델과 동기강화상담은 거의 비슷한 시기에 발전해 왔으며, 상호 보완적으로 사용 가능하다. 동기강화상담이 전문가와 내담자의 상호작용이 변화 준비도에 어떤 영향을 미치는지에 대해 이해를 돕는 틀을 제공한다면, 초이론적 모델은 변화에 대한 내담자의 태도와 행동, 의도에 기반하여 변화 준비도를 다섯 단계에 따라 개념화할 수 있도록 돕는다. 다섯 단계는 아래의 빠른 참조에서 설명하고 있다.

빠른 참조

변화 준비 단계

전숙고 : 변화가 필요함을 인식하지 못한다. 변화하지 않는 것의 장점이 변화하는 것의 장점보다 더 크다. 변화에 대해 이야기하기를 꺼린다.

숙고 : 변화의 필요성을 어느 정도 인식하고 있다. 변화하지 않는 것의 단점을 인식하고 있다. 문제 행동에

대해 염려한다.
준비 : 변화하려는 의도를 갖고 있다. 변화하는 것의 장점이 문제 행동을 유지하는 것의 장점보다 더 크다. 변화에 보다 참여적이고 변화에 대한 계획을 세운다.
실행 : 변화를 실천한다.
유지 : 변화 이후의 실수와 재발을 방지한다.

보통 변화 준비가 덜 된 내담자들의 경우 전숙고 단계 또는 숙고 단계에 해당할 가능성이 높다. 다시 말해 변화 준비가 덜 된 내담자들은 '동기가 부족한 것'이라기보다는 보통 변화의 필요성을 인식하지 못하거나, 변화 또는 변화하지 않는 것의 장점과 단점을 모두 고려하고 있는 상태에 있는 것이다. 또한 변화 계획을 실천하는 것과 관련하여 변화 준비가 덜 된 내담자가 있을 수 있다. 즉 변화 준비도는 굉장히 높을 수 있지만 계획에 대한 준비도는 낮을 수 있다. 변화 준비가 덜 된 내담자들은 다양한 모습으로 관찰된다. 상담회기에 불참하거나, 치료에 비협조적이거나, 변화가 필요하지 않음을 표현하는 경우(예 : 의무 참석 또는 의뢰에 의한 참석을 위해 회기에 참여하는 경우) 등이 해당된다. 다행히도 동기강화상담은 이러한 변화 준비가 덜 된 내담자들을 다루는 데 유용하다. 이 장에서는 이들과 관련된 난제들을 다룰 수 있는 몇 가지 MI 전략들을 제시하고자 한다.

임상적 난제 1 : 불참하는 경우

설명

거의 모든 장면에서 접할 수 있는 난제는 내담자가 약속시간을 자주 변경하는 경우(종종 사전 공지 없이)와 계획된 시간에 나타나지 않는 경우이다. 이러한 경우 양육과 관련한 문제, 건망증, 예기치 못한 사건의 발생 등과 같은 다양한 요소가 원인이 될 수 있다. 이유가 어떻든 약속된 회기를 진행하지 못하게 되면 전문가는 내담자의 긍정적인 변화를 도울 수 있는 능력이 감소할 수밖에 없다. 이뿐 아니라 전문가가 제공할 수 있는 서비스 질을 낮춤으로써 전체적인 시스템상의 문제를 발생시킨다. 예를 들어 항공사와 호텔처럼 많은 병원들은 예약이 취소될 경우 또는 나타나지 않을 경우를 대비하여 해당 내담자와의 약속시간을 무시하고 다른 고객으로 보충하는 경우가 많다. 나타나지 않던 내담자가 약속된 시간에 나타나면 어떻게 되는가? 다른 대기자들은 대기 시간이 1시간 이상 지연되어 점점 지치고 불만스러워할 뿐만 아니라, 서비스 제공자와 직원들은 서둘러서 업무 처리를 진행하게 됨으로써 정상적으로 운영될 때와 달리 낮은 수준의 서비스를 제공하게 된다. 이러한 이유 때문에 약속시간에 나타나지 않는 내담자는 임상 장면에서 다루어야 할 중요한 난제가 된다.

내담자는 상담 약속을 지키지 못한 것에 대해 다양한 이유를 제시할 것이다. 예를 들어 Defife, Conklin, Smith와 Pool(2010)의 연구에 따르면 심리치료 내담자들은 약속시간을 지키지 못한 이유에 대하여 현실적인 문제나 동기와 관련한 문제, 부정적인 치료 결과 등을 보고했다고 밝혔다. 이러한 답변에 대해 치료 제공자들은 어느 정도 타당하다(예 : "아들이 아프다고 학교에서 전화가 와서 아들을 데리러 가야 했어요.") 고 생각하는 경우에서부터 터무니없다(예 : "제 아들이 키우는 독거미가 철장 밖으로 나가서 찾아야 했어요.")라고 생각하는 경우까지 다양했다. 상담자는 반복적으로 약속시간에 나타나지 않거나 약속시간을 변경하는 내담자에 대해, 내담자가 말하는 이유가 과연 신뢰할 만한 것인지 의문을 갖게 되고, 회기 불참이 치료 작업에 전념하지 않는다는 지표를 나타내는 것이 아닌지 생각하게 될 수 있다. 또 '내담자가 과연 미용실 예약도 잊어버릴까? 학교에 딸을 태우러 가는 것도 잊어버릴까? 친구와의 약속에서도 친구를 바람맞힐까? 아니면 나에게만 이런 것일까?'와 같은 생각을 하게 될 수도 있다.

상담자가 '불참자'의 관점을 이해하기 어려울 경우에는 내담자에 대한 상담자의 의심과 불만이 더 악화될 수 있다. 우리 개인적인 경험에 따르면 우리의 경우 내담자가 불참한 횟수는 한 손으로 셀 수 있을 정도로 적다. 사실, 내담자의 불참과 관련한 특성을 조사한 연구에 따르면 동기강화상담을 사용하는 전문가들은 종종 불참한 내담자와 관련하여 중요한 측면에서 다르게 나타났다. 예를 들면 덴마크 지역 정신건강센터에서 내담자 불참을 예측하는 요인을 조사한 결과, 불참을 예측하는 요인은 임상적 성격과 고용 특성 이외에도 전문가의 연령이 25세 이하인 경우, 그리고 교육훈련 기간이 9년 이하인 것으로 나타났다(Fenger, Mortensen, Poulsen, & Lau, 2011). 이 연구에서 보고되지는 않았지만 우리 센터에 근무하는 대부분 전문가들의 연령은 25세 이상이었으며, 교육훈련 기간 또한 10년 이상이었다. 다음의 사례에서는 내담자 불참에 대한 전형적인 시나리오를 보여주고 있다.

예시 : 메리와 그녀의 담당 의사는 건강검진 결과에서 나타난 체중과 관련해서 대화를 나누었다. 메리는 비만이지만 전반적으로 건강한 상태이고, 비만성 신진대사장애가 있으며, 심각한 비만으로 인해 2형 당뇨가 있다고 하였다. 메리는 자신이 체중 감소를 위해 노력해 왔지만 항상 몇 파운드만 살이 빠지다가 금세 다시 찌곤 했다고 보고했다. 담당 의사는 체중 감소가 메리가 건강을 회복하는 데 결정적인 요소라고 생각해서 영양 상담을 도와줄 영양사에게 메리를 의뢰하였다. 메리는 영양사와의 첫 회기 약속시간을 두 번 변경했고, 이로 인해 의뢰 시기로부터 3개월 후에 첫 회기 상담을 진행하게 되었다. 메리와 영양사는 그녀의 진행 상태를 점검하고 또 필요하다면 식단을 조절할 수 있도록 한 달에 한 번씩 만나기로 합의했지만, 메리는 6개월 만에 영양사를 만나게 되었다.

가능한 전략 1 : MI에 부합하는 의뢰

불참 문제에서도 가장 다루기 어려운 경우는 내담자가 첫 번째 회기에 나타나지 않는 경우일 것이다. 불참에는 다양한 이유가 존재하겠지만, 첫 번째 약속시간에 나타나지 않는 한 가지 이유는 내담자의 낮은 동기 때문인 것으로 드러났다(Peeters & Bayer, 1999). 다행인 것은 의뢰 과정에 MI를 적용하면 첫 번째 회기의 참여도를 높일 수 있다는 사실이다(Seal et al., 2012). 의뢰 과정을 보다 동기강화적으로 만드는 방법에는 내담자의 허락을 구하거나(예 : "괜찮으시다면 체중 감소에 도움이 될 만한 안내 및 추가적인 지원을 제공받을 수 있도록 영양사에게 당신을 의뢰해 드리고 싶어요."), 내담자의 통제감을 강조하거나(예 : "당신을 영양사에게 의뢰해 드리고 싶지만, 이것이 당신에게 적절한 방법이 될 수 있을지는 당신만이 결정할 수 있어요."), 선택안을 제공하는 방법이 있다(예 : "현재 우리는 세 가지 선택안을 갖고 있어요. 당신의 친구들이 말해준 아이디어들을 적용해서 스스로 살을 빼는 방법이 있고요, 제가 영양사에게 당신을 의뢰해 드리면 그 분과 함께 식단을 변화시키는 방법이 있고요, 혹은 제가 당신을 사후관리 하는 차원에서 3개월에 한 번씩 만나서 이 문제에 대해 다시 다루어 보는 방법이 있어요."). 세 가지 전략은 협동정신과 자율성 지지의 요소들을 어느 정도 담고는 있지만 한 가지 전략만을 사용한다고 해서 완전한 동기강화적인 의뢰가 될 수는 없다.

3장에서 서술한 바와 같이 상담자와 내담자는 동기강화상담이 진행되는 동안 관계 형성하기와 초점 맞추기, 유발하기, 계획하기라는 일련의 과정을 거치게 된다. 각 과정이 항상 단계적이고 선형적으로 발전하는 것은 아니지만, 이전의 과정이 토대가 되어 다음 과정이 이루어진다. 예를 들어 내담자와 상담자 간 관계 형성이 되어 있지 않은 상태에서 협동적으로 초점을 맞추기는 어려울 것이다. 계획하기 과정 동안에 의뢰가 이루어진다고 할 때 의뢰 과정을 완전히 동기강화적으로 진행하기 위해서는 먼저 내담자와 관계를 형성하고, 협동적인 방식에서 초점을 맞추며, 변화에 대한 내담자의 동기를 유발한 뒤, 협동적으로 변화에 대한 계획을 마련해야 한다.

동기강화적이지 않은 방식에서 이미 의뢰가 되어 연락이 닿지 않는 내담자에게는 MI에 부합하는 의뢰가 적용되지 않는다. MI에 부합하는 의뢰는 이미 의뢰되어 첫 회기 상담에 나타나지 않은 내담자를 다루기 위한 전략이 아니라, 의뢰를 제안할 내담자가 미래에 나타나지 않을 가능성을 줄이기 위해 사용하는 전략이다.

예시 : MI에 부합하는/부합하지 않는 의뢰

내담자 : "살을 빼려고 계속 노력해봤지만 겨우 몇 파운드밖에 안 빠져요. 게다가 다시 살이 쪄요."

MI에 부합하지 않는 의뢰 : "영양사를 만나야겠네요. 영양사 선생님께서 식단 계획을 짤 수 있도록 도와주실 거예요. 간호사 선생님께 의뢰해 달라고 말씀 드릴게요."

앞의 예시는 협동적인 방식으로 대화가 이루어지지 않았기 때문에 비동기강화적 의뢰에 해당된다. 의사는 내담자가 체중 감소에 관심이 있는지, 또 관심이 있다면 그 이유는 무엇인지, 그리고 체중 감소를 위해 선호하는 접근은 무엇인지와 관련하여 어떤 이해도 없이 내담자에게 해야 할 일을 알려주고 의뢰하려고 했다.

MI에 다소 부합하는 의뢰 : "많은 내담자들이 더 이상 어떻게 해야 할지 모를 때 영양사를 만나는 것이 굉장히 도움이 된다고 하더군요. 영양사에게 의뢰하는 것이 당신에게 도움이 될까요?"

이러한 의뢰는 MI에 다소 부합한다고 볼 수 있다. 의사는 다른 환자들에게는 영양사가 도움이 되었을 수 있지만 이 환자에게는 도움이 되지 않을 수 있다는 사실을 인지하고 있었기 때문이다. 또한 의뢰가 유익하다는 의사의 관점에 대해 내담자가 동의하지 않을 때 이를 표현할 수 있도록 했다는 점에서이다. 그러나 이 예시도 완전히 동기강화적이라고 볼 수 없는데, 의사가 체중 감소에 대한 내담자의 생각을 먼저 이끌어내지 않고 조언을 하려고 했다는 점 때문이다.

MI에 부합하는 의뢰

관계 형성하기 : "굉장히 좌절하셨겠어요."[내담자와 관계를 형성하기 위해 반영을 사용함]

내담자 반응 : "맞아요."

초점 맞추기 : "마무리하기 전에 당신의 혈당 변화를 함께 살펴보면 좋을 것 같아요. 하지만 그전에 당신이 체중 감소를 위해 어떤 노력을 해 오셨는지 잠깐 얘기를 나누면 좋을 것 같은데, 여기에 대해 어떻게 생각하세요?"[메리가 회기에 초점을 맞출 수 있도록 열린 질문을 사용함]

내담자 반응 : "네, 도움이 될 것 같아요. 체중을 감소하는 것이 제 건강을 위해 굉장히 중요하단 사실을 저도 알고 있어요. 그리고 당뇨병을 낫게 할 수도 있단 사실도요. 시도를 정말 많이 했지만 계획을 지키는 것이 힘들었던 것 같아요."

유발하기 : "체중을 감소한다는 것은 참 어려운 일이에요.[형성된 관계를 유지하기 위해 지지적 진술을 함] 체중을 감량하면 체중을 관리할 수 있고 당뇨병으로부터 회복하는 것 이외에 또 어떤 이점이 있을까요?"[변화대화를 유발하기 위해 열린 질문을 사용함]

내담자 반응 : "살을 빼게 되면 제 자신이 더 낫게 느껴질 거예요. 전 한 번도 날씬해 본 적이 없어서 어떤 모습이 되길 원하는지는 알 수 없지만 이렇게까지 뚱뚱하지는 않겠죠. 제 아이들도 지금 이런 뚱뚱한 저에 대해 걱정하고 있어서 죄책감을 많이 느끼고 있어요."

계획하기 : "살을 빼야 할 많은 이유가 있는 것 같네요. 가장 먼저 무엇을 하면 좋을까요?"[내담자가 계획을 정교화할 수 있도록 열린 질문을 사용함]

내담자 반응 : "저도 제가 너무 많이 먹는다는 사실을 알고 있어요. 특히 스트레스 받을 때 그래요. 가끔은 제 자신을 위해서 가족과 식사를 할 거예요."

계획하기 : "식단 변화가 중요한 첫 단계인 것 같네요. 당신이 관심 있을 만한, 혹은 관심 없을 수도 있을 한 가지 대안이 제게 있어요. 영양사에게 당신을 의뢰하면 당신에게 가장 적합할 만한 식단을 짤 수 있도록 도와드릴 수 있을 거예요. 여기에 대해 어떻게 생각하세요?"

이 반응은 동기강화적이다. 협동적인 방식에서 의뢰가 이루어졌고, 그런 뒤에 영양사 의뢰와 관련한 내담자의 선호와 동기에 대해 충분한 정보를 갖고 있었다. 또한 내담자에게 의뢰를 거절할 기회를 제공함으로써 내담자의 자율성을 지지할 수 있었다.

가능한 전략 2 : 정보 제공하기

불참자에게 가장 기본적이면서 적용 가능한, 또 때로는 매우 중요한 전략은 정확하고 객관적인 정보를 제공하는 것이다. 정보 제공하기는 동기강화상담에서 핵심적인 전략은 아니다. 그러나 이것이 객관적이고 관계적인 방식에서 이루어진다면 동기강화적이라고 할 수 있다(Lane & Rollnick, 2009). 내담자와 약속시간을 잊지 않게 하기 위해서 상담자는 두 가지 중요한 정보를 제공할 수 있다 — (1) 약속의 목적에 대한 정보를 제공하는 것으로, 특히 내담자의 목표와 관련된 정보를 제공할 수 있다. (2) 약속에 대한 서비스 제공 정책과 관련한 정보를 제공할 수 있다(예 : 취소 정책, 약속 취소에 대한 벌금 등). 내담자가 약속된 회기에서 무엇을 할 것인지에 대한 이해가 없거나, 약속 회기로부터 얻는 이점에 대해 모르고 있다면 약속된 회기에 우선적으로 참여하지 않을 가능성이 높다. 이는 특히 내담자가 다른 서비스 제공자로부터 의뢰된 경우, 법적으로 강제 참여명령을 받은 경우, 친구나 가족의 강한 권유로 서비스에 참여한 경우에 해당할 때 그렇다. 회기 약속과 관련한 정책에 대해 인지하지 못하는 내담자는 약속 불참의 함의에 대해 이해하지 못하거나, 약속을 어기게 될 경우에 어떤 적절한 절차를 밟아야 하는지에 대해 모를 가능성이 높다.

예시 : MI에 부합하는/부합하지 않는 정보 제공하기

서비스 제공자 : "지난번 약속 이후로 5개월 만에 보네요."

내담자 : "발이 아파서 지난번 약속을 지킬 수 없었어요. 그리고 그다음 약속은 한 달 뒤에나 잡을 수 있었어요."

MI에 부합하지 않는 정보 제공하기 : "맞아요. 음, 병원 고객이 많기 때문에 우선적으로 오셨어야 했어요. 이제 식단을 조절하지 않으면 발을 절단해야 할지도 몰라요. 전 당신이 이렇게 되길 원하지 않을 거라 믿어요."

이러한 진술은 내담자에게 예약에 대한 정책과 약속의 목적에 대한 정보를 제공했으나 객관적인 방식에서 제시되지 않았으므로 MI에 부합하지 않는 진술이라고 할 수 있다. 서비스 제공자는 내담자에게 약속을 지키지 못한 것에 대해 비난할 뿐만 아니라(우선적으로 여기지 않은 사실에 대해 비난함), 식단을 조절하지 못한 것에 대해 직면하였다(참여도를 높이기 위해 내담자에게 겁을 줌).

MI에 다소 부합하는 의뢰 : "이런 일들이 가끔씩 발생해요. 고객이 굉장히 많은 병원이라서 그래요."

이는 어느 정도 동기강화적 진술이라고 할 수 있다. 서비스 제공자가 제공한 정보는 내담자가 말한 바와 관련 있었고 객관적이었다. 그러나 정보를 제공하기 위해서 내담자에게 허락을 구하지 않았고, 이에 따라 협동정신을 발휘할 수 있는 기회와 내담자의 자율성을 증진시킬 기회를 놓쳤다. 더 중요한 사실은 약속을 위해 1개월을 기다려야만 했던 내담자의 좌절감에 대해 공감적으로 다루지 못했다. 따라서 서비스 제공자의 반응은 내담자를 무시하는 것처럼 들릴 수 있다.

MI에 부합하는 정보 제공하기 : "괜찮으시다면 당신이 염려하는 부분에 대해 잠깐 얘기를 나누고 싶어요. [내담자의 동의를 기다린다] 이 병원에 고객이 꽤 많아서 종종 다음 예약 시간까지 몇 주 그리고 심지어는 한 달이 걸릴 수 있어요. 한 달에 한 번 있는 약속이 2형 당뇨가 있는 내담자 분들께 매우 중요하기 때문에 이러한 상황이 난제가 될 것 같아요. 혈당 조절을 위해 식단관리를 하게 되면 발 문제와 같은 합병증의 위험 가능성을 줄일 수 있어요. 여기에 대해서 어떻게 생각하세요?"

이러한 반응은 서비스 제공자가 객관적인 방식에서 정보를 제공했기 때문에 MI에 부합한다고 할 수 있다. 서비스 제공자는 약속시간을 못 지킨 사실에 대해 내담자를 질책하거나 비난하거나 최악의 시나리오로 겁주지 않았다. 그 대신에 내담자가 어느 정도로 우선순위를 갖고 정기적으로 약속시간에 참석할 수 있는지 결정할 수 있도록 정보를 제공하였다. 또한 '염려'나 '난제'라는 단어를 사용함으로써 약속을 잡기 위해 내담자가 겪었던 어려움과 이에 대한 감정에 공감하려고 노력했다. 마지막으로, 내담자와의 협동성을 높이기 위해 정보에 대한 내담자의 반응을 이끌어냈다.

가능한 전략 3 : 계획하기

계획하기는 약속시간을 지키지 않는 문제를 다루기 위해 사용할 수 있는 또 다른 MI 전략인데, 특히 내담자가 규칙적으로 상담 회기에 나타난 경우에 사용할 수 있다. 3장과 여기에서 제시한 바와 같이 계획하기는 서비스 제공자와 내담자 간의 협동적인 대화로서, 내담자가 자신의 목표를 얼마나 달성할 것인지와 관련된 것이다. 계획하기는 내담자와 관계가 형성된 이후, 초점이 맞추어진 다음, 그리고 변화에 대한 내담자의 바람, 능력, 이유, 필요가 유발된 다음에야 나타난다. 약속시간에 참석하기로 약속했으나 이를 따르는 데 어려움이 있는 내담자의 경우, 약속시간에 참석하는 것을 초점 맞추고 계획한다면 이후의 과정을 진행하는 과정에서 경험할 수 있는 실제적인 혹은 동기와 관련된 방해물을 극복할 수 있게 된다.

예시 : MI에 부합하는/부합하지 않는 계획하기

서비스 제공자 : "지난번 약속 이후로 5개월 만에 보네요."

내담자 : "발이 아파서 지난번 약속을 지킬 수 없었어요. 그리고 그다음 약속은 한 달 뒤에나 잡을 수 있었어요."

MI에 부합하지 않는 계획하기 : "더 규칙적으로 참석할 수 있도록 계획을 짤 필요가 있는 것 같아요. 약속시간을 적을 수 있는 달력이나 스케줄러가 있나요? 없다면 약속시간을 적은 카드를 화장실 거울이나 냉장고에 붙일 수도 있어요. 어디엔가 볼 수 있는 곳 아시죠? 휴대전화 번호가 가장 안내연락 받기 좋은 것인지 궁금하고요, 안내 전화를 놓치지 않게 하기 위해서 다른 더 좋은 번호를 고르셔야 하는 건 아닌지 궁금해요."

이 예시에서 서비스 제공자의 진술은 협동적 방식으로 이루어지지 않았기 때문에 MI에 부합하지 않는다. 참석이 어려운 이유를 찾고 참석률을 향상시키기 위한 최선의 접근이 무엇일지 찾기보다, 서비스 제공자는 전문가 역할을 가장하여 미래 약속을 지키기 위한 조언을 제공하였다. 이러한 접근은 내담자가 약속을 하지 않도록 방어하게 하거나 왜 전략이 효과적이지 않은지 방어하게 함으로써 유지대화와 불협화음을 이끌어낼 수 있다.

MI에 다소 부합하는 계획하기 : "다시 재발하지 않도록 함께 전략을 짜볼까요?"

이 진술은 MI에 다소 부합한다고 볼 수 있다. 여기에서 서비스 제공자는 내담자가 상담회기에 나타나지 않을 가능성을 감소시키기 위해 협동적인 방식으로 계획을 짤 수 있게 하였다. 그러나 닫힌 질문을 사용함으로써 아주 단순한 반응만 이끌어 낼 수 있었다. 또한 추후 방문에 대한 내담자의 바람이나 능력, 이유, 필요성 등을 이끌어내거나 반영하지 않고 계획하기로 바로 넘어갔다.

MI에 부합하는 계획하기 : "약속을 지키는 것이 어려운 일이었던 것 같아요. 당신의 식단에 대해 이야기를 나누기 전에 이 부분부터 먼저 얘기하는 것이 어떨까 궁금해요. [내담자의 동의를 기다린다] 일정을 매번 조정하셨기 때문에 추후에 더 많이 오실 것 같다는 생각이 들어요. 괜찮으시다면 이것이 어떻게 가능할지 같이 생각해볼 수 있을 것 같은데 어떠신가요?"

이 반응은 서비스 제공자가 반영적 경청을 사용하고 변화 계획을 세우는 것에 대해 내담자에게 허락을 구했기 때문에 MI에 부합한다고 볼 수 있다. 또한 변화에 대한 내담자의 바람을 반영하면서 협동적인 방식으로 변화 계획을 발전시킬 수 있게 했다는 점에서 동기강화적이다.

필수적인 것은 아니지만 계획하기는 종종 서면상에서도 발전시킬 수 있다(Miller & Rollnick, 2002). 표 4.1에서는 '상담 약속을 지키지 못한 상황'에 대해 변화 계획을 어떻게 구체적으로 다룰 수 있을지 서면으로 나타내고 있다. 많은 전문가들이 서면상에서 계획을 발전시켜 나가는 것을 그다지 선호하지는 않지만 내담자로부터 수년간 받아 온 피드백에 따르면 서면상의 변화 계획이 전문가와 나누었던 핵심 개념들을 잘 상기시켜 주는 역할을 한다고 한다.

가능한 전략 4 : 자율성 강조하기

2장에서 언급했듯이 내담자의 자율성 강조하기는 동기강화상담의 기본 정신 중 하나이다. 내담자의 불참은 서비스 제공자에게 내담자의 자율성을 다루어야 함을 알려주는 중요한 메시지가 된다. 서비스 제공자는 내담자를 의뢰하거나, 약속시간을 잡거나, 미리 알려주는 방법들을 사용할 수 있겠지만 궁극적으로 상담회기에 참여할 것인지는 내담자가 결정한다. 내담자의 자율성에 대한 분명한 강조는 상담 불참률을 감소시키는 데 도움이 될 것이다. 특히 외부압력에 의해 강제적으로 상담에 참여한다고

표 4.1 ●● 약속 회기에 불참한 내담자를 위한 변화 계획의 예시

추수 회기에 참석하고자 하는 여러 이유 • 추수 회기에 정기적으로 참석하는 것은 내 식단을 책임지는 것이다. • 추수 회기에 참석하게 되면 살을 더 잘 빼게 될 것이다.
추수 회기 참석의 목적 • 권장된 모든 약속 회기에 참석하기
추수 회기에 참석하기 어렵게 하는 것 • 먹었다는 사실을 얘기할 때 부끄럽다. • 집을 나서 여기까지 오도록 스스로 동기화하는 것이 어렵다.
추수 회기에 참석하는 데 방해물이 될 만한 것들을 극복하기 위해 노력할 행동 • 정해진 식단을 안 따랐더라도 회기 참석 자체가 중요한 것이고 스스로 주지시켜야겠다. 그리고 그래도 무언가라도 하고 있다는 내 자신을 대견스러워해야겠다. • 다른 일정 때문에 나가야 하는 날에 스케줄을 잡아야겠다. • 약속에 올 수 있도록 나에게 중요한 이유들을 목록으로 만들어서 화장실 거울에 붙일 것이다.
내가 회기에 참석할 수 있게 다른 사람들이 도울 수 있는 방법 • 영양사 : 식단조절에 성공하지 못했다고 하더라도 회기에 참석할 수 있다고, 괜찮다고 다시 한 번 말씀해주실 수 있다. • 언니 : 언니에게 회기 참석하는 것이 어렵다고 솔직하게 말하고 또 내가 갈 수 있도록 언니가 상기시켜준다면 책임감을 갖고 잘할 수 있을 것 같다.
만약 계획한 대로 되지 않는다면 • 영양사 선생님이 나에게 화난 것은 아님을 스스로 상기하고, 선생님은 내가 회기에 참석할 수 있도록 함께 노력하기를 원한다고 생각할 것이다. • 회기 참석이 중요한 또 다른 이유들을 목록으로 만들어보고, 그것을 시도해보려 노력할 것이다.

느끼는 내담자에게 이 전략은 더 유용할 것이다.

예시 : MI에 부합하는/부합하지 않는 자율성 강조하기

서비스 제공자 : "지난번 약속 이후로 5개월 만에 보네요."

내담자 : "발이 아파서 지난번 약속을 지킬 수 없었어요. 그리고 그다음 약속은 한 달 뒤에나 잡을 수 있었어요."

MI에 부합하지 않는 자율성 강조하기 : "앞으로 약속을 충실히 지킬 것인지 지키지 않을 것인지 결정하셔야 해요!"

이는 MI에 부합하지 않는다고 볼 수 있는데, 서비스 제공자가 내담자에게 직접적으로 지시했기 때문이다. 또한 무조건적 긍정적 존중과 공감이 결여된 목소리 톤과 내담자에 대한 짜증이 전달되었다.

MI에 다소 부합하는 자율성 강조하기 : "약속을 충실히 지키는 것을 원하는지 아닌지는 당신만 결정할 수 있어요."

이 반응은 MI에 다소 부합한다고 할 수 있다. 서비스 제공자와 함께 작업을 지속적으로 해 나갈지에 대한 권한이 내담자에게 있음을 강조했기 때문이다. 그러나 서비스 제공자는 '원함'이라는 단어를 사용함으로써 불참의 원인이 내담자의 발 문제나 일정의 어려움 때문이 아닌 내담자의 동기에 있다는 신념을 은근히 전달했다. 따라서 내담자는 권한을 부여받았다기보다 비난받거나 직면받았다고 느낄 수 있다. 또한 내담자의 좌절감이나 발 통증에 대한 공감을 표현하지 못했다. 이는 내담자로 하여금 서비스 제공자가 자신을 한 사람으로 정말 신경을 쓰기보다는 단순히 약속을 지킬 것인가 지키지 않을 것인가에만 관심을 둔다고 믿게 할 수 있다.

MI에 부합하는 자율성 강조하기 : "때론 약속을 지키는 것은 많은 노력을 요구하는 것 같아요. 약속을 지키는 것이 지금 당신이 할 수 있는 일인지는 결국 당신만이 결정할 수 있어요."

이 반응은 동기강화적이라고 할 수 있다. 서비스 제공자는 먼저 약속시간을 지키는 것의 어려움을 지지해주었으며, 비난이나 판단 없이 약속에 참여할 것인지는 내담자의 결정에 달려있음을 상기시켜주었다. 동기강화 전략을 사용한다고 해서 내담자가 약속시간을 지킬 것이라고 보장할 수는 없다. 내담자는 영양사를 만나고 싶지 않아 할 수도 있다. 영양사의 입장에서 볼 때는 이상적이지 않은 결과겠지만 나쁘지 않은 결과다. 메리가 정말 준비되지 않은 상태라면 이러한 상태에 대해 터놓고 얘기하는 것이 더 나을 수 있다. 메리가 준비될 때 다시 영양사에게 돌아올 수 있는 여지를 남길 수 있기 때문이다.

임상적 난제 2 : 비협조적인 내담자

설명

MI는 치료 협조의 문제를 잘 다룰 수 있다는 점에서 많은 전문가들에게 인기가 있다. MI에 대한 선행연구에서 언급한 바와 같이, 우리는 '치료 순응 혹은 치료 준수(compliance)'라는 용어를 사용하기보다는 '치료 협조(adherence)'라는 용어를 사용하기로 선택했다(Zweben & Zuckoff, 2002). 여러 선행연구를 통해 MI는 내담자의 치료 참여와 협조를 촉진한다는 사실이 지지되어 왔다(Lundhal et al., 2010). 치료 협조란 일반적으로 내담자가 전문가의 지시나 조언을 따르는 것까지를 포함하는 개념이다(Levensky & O'Donohue, 2006). 치료에 대한 비협조인 태도는 전문가들이 자주 경험하는 난제이며, 특히 내담자가 변화에 대한 요청을 받은 경우에 더 그러하다. 약물복용, 외과 수술 등의 의료적 치료 상황에서는 운동량을 늘리거나, 처방을 따르는 것과 같은 행동상의 변화를 요구한다. 협조적 태도는 치료 결과와 연관되기 때문에 많은 전문가들은 내담자의 비협조적인 태도로 인해 자주 낙심하곤 한다(Bisono, Manuel, & Forcehimes, 2006). 이러한 낙심은 종종 '비협조적인 내담자는 동기가 없고, 문제에 대해 부인하며, 충분한 지식이나 기술을 갖고 있지 않고, 자신의 건강이나 상황에 대해 관심이 없다'고 개념화하는 것과 연관되는 것으로 밝혀졌다. 실제로 내담자의 비협조적인 태도를 이런 방식으로 개념화할 때 낙심을 더 커지게 했고, 또 내담자가 반응하는 방식에도 영향을 미쳤다. 이러한 개념화는 종종 '교정 반사'(2장 참조)를 불러일으켜 내담자를 가르치고, 주의를 주고, 교육하려고 하거나, 심지어는 질책해서 권고를 따라야 할 필요성에 대해 납득시키게 한다. 하지만 이러한 반응들은 동기강화상담의 정신에 부합하지 않는다.

비협조적인 내담자는 다양한 방식에서 표현될 수 있으며, 동기강화적 관점에 의하면 이는 상담자와 내담자가 서로 생각이 다름을 나타내는 지표가 된다. 실제로 Levensky와 O'Donohue(2006)는 내담자-상담자의 의사소통, 신뢰, 문제에 대한 상호 개념화가 치료에 대한 내담자의 협조에 영향을 미친다고 밝혔다. 약속시간에 늦거나 단순히 불참하는 내담자의 경우도 비협조적인 내담자로 간주된다. 이러한 유형의 내담자는 자신의 선택에 따르지 않고 타인의 권유에 의해 치료를 받게 된 경우로, 치료 장면에서 흔히 볼 수 있다. 따라서 내담자의 비협조적인 태도는 마치 내담자 자신이 치료에 어떤 기여도 하지 않았다고 느낄 때 나타날 수 있다.

예시 : 셀리아는 스무 살의 여대생으로, 안전한 성행동을 학습하기 위해 학교 보건실의 건강교육 전문가에게 의뢰되었다. 그녀는 보건실에 들어서자마자 자신을 의뢰한 보건 서비스 담당자가 과잉반응하고 있음을 설명하면서, 자신은 평범한 대학생이며, 자신의 모든 친구들과 다름없이 성생활을 한다고 말했다. 그럼에도 불구하고 그녀는 상담회기에 참여

하는 것에 동의했다. 첫 번째 만남 이후로 셸리아는 어떤 회기에는 참석을 했다가 어떤 회기에는 참석하지 않았다. 약속된 회기에 10분 늦게 도착했고, 지각하거나 결석한 이유가 항상 있었다. 그녀에게 지각이나 결석에 대해 직접적으로 물었을 때 그녀는 자신이 상담회기에 열심히 참석해야 한다고 들었기 때문에 그렇게 하고 있다고 말했지만, 실제 행동은 그녀의 말과 일치하지 않았다.

어떤 내담자들은 심지어 권유받은 치료에 처음부터 참석하지 않는다던가, 중도탈락하는 경우도 있다. 이러한 경우는 내담자가 의료 전문가에 의해 의뢰되어 의료적 개입과 더불어 건강 및 행동적 보건 서비스가 함께 이루어지는 경우에서 많이 볼 수 있다. 그러나 내담자들은 비의학적인 치료의 필요성을 잘 못느끼거나 후속치료에 의뢰되는 이유에 대해서 의문을 가질 수 있다. 내담자의 이러한 태도는 치료를 시작하지 못하도록 만든다. 이뿐만 아니라 내담자의 재정적 문제, 군 관련 문제 및 이외의 장애물들이 내담자가 회기에 참석하는 데 영향을 미칠 수 있다.

예시 : 칼은 퇴역군인으로서, 담당 의사가 그의 만성적인 수면 문제를 다루기 위해 그를 심리학자에게 의뢰하였다. 접수면접이 이루어지기 이전에 칼은 심리학자를 본다고 해서 수면 문제가 나아질 것이라고 믿지 않으며, 자신은 단순히 수면제가 필요할 뿐이라고 말했다. 그러나 칼의 수면 문제는 그가 군대에서 경험한 트라우마와 관련이 있음이 명백했다. 칼에게 이러한 피드백을 전달하고 치료를 제안했을 때 그는 군대와 관련한 어떠한 문제도 없다고 부인했다. 칼은 치료 장면에 다시 나타나지 않았다.

마지막으로, 내담자가 약속한 모든 회기에 참여하는 것은 물론 약속 시간에도 늦지 않지만 회기 시간에 내준 과제나 약 복용과 같은 회기 밖에서 수행하기로 했던 활동과 계획을 이행하지 않는 경우가 있다. 이러한 경우는 내담자가 변화할 준비가 되어서 이제는 변화에 들어섰다고 상담자가 믿고 있는 경우에 당황스럽게 느껴질 수 있다. 그러나 행동 변화에 관할 때 그렇지 않은 경우가 많다. MI에 부합하는 상담자는 이러한 양가감정의 역할을 인지하고 받아들여야 한다.

예시 : 조디는 47세의 여성으로 사회불안으로 심리치료를 받게 되었다. 또한 그녀는 약물관리를 위해 정신과 의사도 만나고 있다. 그녀의 목표는 자신의 불안을 감소하는 것이며, 걱정 없이 사교 모임에 더 많이 참석할 수 있게 되는 것이라고 말했다. 약에 중독성이

없음에도 불구하고, 조디는 약에 중독이 될 것에 대한 걱정 때문에 약물을 규칙적으로 복용하고 있지 않다고 보고했다. 그녀는 자신이 덜 불안해지고 더 사교적이기 위해 무엇이든 하고 싶다고 말했다. 그래서 노출치료와 기술 습득을 포함한 여러 치료에 참석하는 것에 동의하였다. 그러나 그녀는 상담실 밖에서 이루어지는 자기관찰이나 노출, 기술 훈련은 하지 않는 패턴을 보였다.

동기강화적인 관점에서 비협조적인 태도는 그 형태가 어떻게 나타나든 간에 상담자와 내담자가 서로 변화에 대해 같은 입장이 아님을 나타낸다(Bisono et al., 2006).

가능한 전략 1 : 유발 질문

비협조적인 내담자에게 유발적 질문을 사용하게 되면 교정 반사를 피할 수 있다. 유발적 질문은 변화에 대한 내담자가 처한 어려움이 무엇인지, 변화에 대한 개인적인 동기는 무엇인지, 어떤 의뢰를 원하는지, 어떤 해결 방안이 합리적일 것인지에 대해 진심으로 이해하고자 하는 접근법을 채택할 수 있도록 도와준다. 2장에서 제시한 RULE의 U, 즉 내담자의 동기를 이해해야 함을 기억하라. 내담자의 참여와 치료 협조를 예측하는 것은 바로 내담자의 동기다. 따라서 내담자가 치료에 참여할 수 있도록 하기 위해서는 내담자의 동기를 이끌어내는 것이 매우 중요하다.

예시 : MI에 부합하는/부합하지 않는 유발하기

내담자 : "제게 필요한 건 약이에요. 악의가 있어서 이러는 건 아니고, 저는 더 이상 이전처럼 여기에 자주 오지 않을 거예요. 수면에 대해 얘기하는 것이 도움이 될 거라고 생각하진 않아요."

MI에 부합하지 않는 유발하기 : "약을 먹는 것만 수면에 도움이 될 거라고 정말 그렇게 생각하세요?"

이 질문은 두 가지 이유에서 MI에 부합하지 않는다. 먼저, 이 질문은 닫힌 질문이기 때문에 내담자로부터 그 주제에 대해 공개적으로 건의할 수 없게 만든다. 게다가 "정말 그렇게 생각하세요?"라는 말은 내담자가 판단적이고 직면적으로 인식할 수 있기에 불협화음을 낳을 가능성이 높다.

MI에 다소 부합하지 않는 유발하기 : "치료가 도움이 될 것이라고 생각해보는 것이 어떠세요?"

이 질문은 MI에 다소 부합한다. 열린 질문이었기 때문에 내담자가 자신의 생각을 공유할 수 있도록 이끌었다. 그러나 '어떠세요…'와 같은 질문은 치료가 도움이 될 것이라고 생각해야만 한다는 내용을 미묘하게 담고 있기 때문에, 내담자가 방어해야 한다고 느낄 때 불협화음이 발생할 수 있다. 이뿐만 아니라 유지대화도 증가시킬 수 있다.

MI에 부합하는 유발하기 : "수면 문제를 해결하고 싶으시군요. 그리고 약을 복용하는 것이 가장 좋은 방법이라고 생각하시는 것 같아요. 만약 괜찮으시다면 의사 선생님께서 제게 당신을 의뢰하신 이유에 대해 듣고 싶어요."

이 질문은 두 가지 이유에서 MI에 부합한다. 먼저, 반영을 통해 내담자의 말을 경청하고 있음과 내담자의 경험에 대한 이해를 전달하였다. 또한 내담자를 바로 가르치려고 하기보다 의사가 의뢰를 한 이유에 대해 내담자가 어떻게 이해하고 있는지 의견을 말할 수 있도록 유발 질문을 하였다. 이러한 접근은 교정 반사를 피할 수 있게 했으며, 내담자가 논의에 참여할 수 있도록 촉진했다.

가능한 전략 2 : 척도 질문

유발적 질문과 관련한 전략은 척도 질문하기로, 중요도 척도 또는 자신감 척도라고도 불린다. 이 질문 기법은 변화에 대해 내담자가 주저하는 이유가 변화에 대한 중요도나 자신감 때문인지를 측정할 수 있도록 도와준다(Miller & Rollnick, 2013). 예를 들어 상담자는 내담자에게 "이 변화가 당신에게 얼마나 중요한지 0점(전혀 중요하지 않음)에서 10점(매우 중요함)까지 점수를 매겨볼 수 있을까요?"라고 질문할 수 있다. 척도 질문 자체가 특별한 것이 아니라, 척도 질문에 의도적으로 이어지는 질문(후속 질문)이 특별하다. 동기강화상담에서 무엇이 그 점수보다 더 높게 혹은 더 낮게 점수 매기도록 만들었는지를 질문함으로써 변화가 중요한 이유나 자신감이 있는 이유를 이끌어낼 수 있도록 한다.

예시 : MI에 부합하는/부합하지 않는 척도 질문

내담자 : "제게 필요한 건 약이에요. 악의가 있어서 이러는 건 아니고, 저는 더 이상 이전처럼 여기에 자주 오지 않을 거예요. 수면에 대해 얘기하는 것이 도움이 될 거라고 생각하진 않아요."

MI에 부합하지 않는 척도 질문 : "회기에 참석하는 것이 당신에게 얼마나 중요한지 0점(전혀 중요하지 않음)에서 10점(매우 중요함)까지 점수를 매겨본다면 몇 점일까요?"

이 질문은 척도 질문이기는 하나, 두 가지 이유에서 MI에 부합하지 않는다. 먼저, 만약 내담자가 약속에 불참한 상황이라면 내담자를 특히 더 방어적이게 만들고 불협화음을 만들 수 있다. 둘째, 척도 질문이 변화(예 : 수면 개선, 외상 증상 감소)에 대한 것이 아니라 회기 참석의 중요성에 대한 것이었다. 따라서 변화에 대해 내담자가 느끼는 주저함이나 변화에 대한 중요도를 탐색할 기회를 잃었다.

MI에 다소 부합하는 척도 질문 : "이 치료가 약물치료와 관련해서 당신에게 얼마나 중요한지 0점(전혀 중요하지 않음)에서 10점(매우 중요함)까지 점수를 매겨본다면 몇 점일까요?"

이는 MI에 다소 부합한다. 상담자는 내담자가 심리치료에 대해 어떻게 느끼는지 더 잘 이해하기 위해 척도 질문을 사용하였다. 또한 질문을 통해 치료에 대한 내담자의 염려가 상담자에게 진지하게 고려되고 있음을 전달할 가능성이 높다. 그러나 이러한 질문 뒤에 따라올 대화는 내담자가 수면과 관련한 문제에서 바라는 개선사항들을 말하게 하는 데는 도움이 되지 않을 것 같다. 따라서 전반적인 표현은 공감적이고 협동적이지만 내담자를 긍정적인 변화로 안내하는 기회는 놓칠 가능성이 있다.

MI에 부합하는 척도 질문 : "해야 할 다른 일들이 굉장히 많음에도 불구하고 오늘 이렇게 시간을 내셨어요. 혹시 수면에서의 변화가 당신에게 얼마나 중요한지 0점(전혀 중요하지 않음)에서 10점(가장 중요함)까지 중에서 몇 점에 위치하는지 여쭤봐도 될까요?"

내담자 : "4점 정도요."

MI에 부합하는 척도 질문 : "중간 정도네요. 무엇이 2점이 아닌 4점으로 만들었나요?"

이 진술들은 몇 가지 이유에서 MI에 부합한다. 먼저, 상담자는 내담자의 참석을 내담자의 삶에서 긍정적인 강점으로 재구성함으로써 인정해주었다. 둘째, 상담자는 내담자의 비협조적인 태도보다는 변화에 초점을 두었다. 변화 행동의 중요성에 초점을 두기 위하여 척도 질문을 사용함으로써 상담자는 내담자의 삶에서 변화에 대한 더 나은 그림을 그릴 수 있게 되었다. 마지막으로, 척도 질문에 이어지는 후속질문은 행동을 변화시키는 것이 왜 중요한지를 말할 수 있게 함으로써 내담자의 동기를 강화하였다.

가능한 전략 3 : 미래 예상하기

내담자들은 때때로 자신의 비협조적인 태도가 자신의 미래에 어떤 영향을 미칠지 자각하지 못한다. 우리는 사람이기에, 변화와 연결되는 미래에 대해 협소한 시각을 갖고 있다(Wagner & Ingersol, 2013). 예를 들어 의료 장면에서 내담자가 고혈압 전단계에 해당함에도 자신은 괜찮다고 느낄 수 있다. 그렇기 때문에 내담자는 혈압을 낮추기 위한 운동이나 식단에 대해 개입할 필요가 없다고 생각할 수 있다. 그러나 개입하지 않으면 점점 더 혈압이 높아질 것이다. 따라서 내담자의 치료 협조를 촉진할 수 있는 동기강화 전략은 내담자로 하여금 현재 상황과 비협조적 태도가 미래에 어떤 영향을 미칠 것인가를 연결시키는 것이다. 동기강화상담에서는 이를 미래 예상하기 전략이라고 부른다.

예시 : MI에 부합하는/부합하지 않는 미래 예상하기

내담자 : "제게 필요한 건 약이에요. 악의가 있어서 이러는 건 아니고, 저는 더 이상 이전처럼 여기에 자주 오지 않을 거예요. 수면에 대해 얘기하는 것이 도움이 될 거라고 생각하진 않아요."

MI에 부합하지 않는 미래 예상하기 : "맞아요. 약물치료가 도움이 될 수 있죠. 하지만 미래를 생각했을 때 수면에 대한 당신의 생각과 행동을 변화시키지 않으면 더 상태가 악화될 거고 결국 다른 많은 문제들에 취약하게 될 거예요!"

상담자는 내담자에게 수면과 관련한 생각과 행동에서 변화가 없을 경우에 수면 문제가 나타날 수 있고 또 다른 문제에 대한 취약성을 높일 수 있다는 정확한 정보를 제공하였다. 그러나 내담자에게 허락을 구하지 않은 채 정보를 제공했고 전문가 역할을 가정했기 때문에 동기강화적이지 않다. 또한 미래에 대한 내담자의 생각을 이끌어내기보다 상담자가 단순히 추론해서 결론 내렸다. 이러한 접근은 내담자로부터 유지대화를 이끌어내기 쉽고 참여도를 낮추도록 만든다.

MI에 다소 부합하는 미래 예상하기 : "저는 다른 관점을 갖고 있는데, 괜찮으시다면 제 생각을 말씀 드려도 될까요? [내담자의 응답을 기다림] 이곳에서 수년간 근무하면서 경험한 바에 따르면, 약만 복용하고 수면 문제에 영향을 미치는 다른 문제들을 다루지 않는 경우 여전히 수면 문제가 있었어요."

이 반응은 MI에 다소 부합한다. 상담자는 전문적인 의견을 제공하기 이전에 먼저 허락을 구했다. 그러나 수면 문제에 대해 약 이외에 다른 치료를 받지 않을 경우 어떤 일이 일어날지에 대해 내담자가 가진 염려를 유발하기보다 치료에 대한 동기를 주입하기 위해 정보를 사용했다.

MI에 부합하는 미래 예상하기 : "약물치료가 수면 문제에 분명히 도움이 될 텐데 왜 이런 변화들이 필요한지 의아하실 거예요. 잠깐 5년 뒤의 미래에 대해 생각해볼 수 있을지 궁금해요. 자, 수면과 관련해서 다른 어떠한 변화도 만들어내지 않기로 결정했다고 가정합시다. 당신의 건강상태는 어떨까요? [내담자가 반응함] 수면 행동에서 변화하기로 결정했다면 당신의 건강상태는 어떻게 달라질까요?

이 반응은 다양한 측면에서 MI에 부합한다. 상담자는 변화에 대한 내담자의 염려를 반영했다. 또한 미래를 예상해볼 것에 대해 허락을 구했으며, 두 가지 유발하기 질문을 사용했다. 이러한 접근은 보다 관계적이고 참여적이며 협동적이다. 상담자는 내담자가 변화할 것이라는 어떠한 가정도 하지 않았고 전문가 함정도 피했다.

가능한 전략 4 : 변화 계획 수정하기 및 대안 탐색하기

내담자들은 종종 변화와 관련한 대안이 별로 없다고 인식할 때 치료를 따르려는 의지가 감소한다. 이 경우 내담자는 치료 계획을 따르지 않음으로써 자신의 독립성을 주장한다. 사회심리학적 개념이 이를 설명하는 데 유용하다. Brehm과 Brehm(1981)에 따르면 개인은 자신의 자유가 박탈당했다고 생각할 때 행동(또는 독립성을 주장)하는 자연적인 경향성이 있다고 밝혔다. 즉 우리는 인간이기 때문에 우리에게 무언가를 하라고 지시를 받을 때 이에 반하는 주장을 하는 것이 당연한 이치라는 것이다. 내담자가 이를 증명하는 최후의 방법은 변화 계획을 지키지 않는 것이다. 우리가 훈련하는 전문가들은 변화 계획을 발전시키는 과정에서 난항을 겪곤 한다. 많은 전문가들이 변화 계획을 처방해준 다음 "괜찮은 생각인가요?"와 같은 질문을 한다. 몇몇 전문가들은 이 질문이 계획하기 전체에서 동기강화적으로 만든다고 착각하곤 한다. 이 전략은 마치 내담자가 변화에 대한 준비만 된다면 그다음에 어떻게 해야 할지는 전문가의 몫이라고 생각하는 믿음에 근거한 것 같다. 내담자에게 강요하는 것을 피하거나 치료에 비협조적이지 않게 하는 한 가지 방법은 내담자를 계획하기 과정에 참여시키는 것이다. 예를 들어 전문가는 내담자와 함께 다양한 변화 대안들에 대해 논의해보고, 이들 중 내담자에게 가장 매력적인 것이 무엇인지 이끌어낼 수 있다. 동기강화적인 계획하기는 이 장의 앞부분에서 다루었으므로, 여기에서는 계획하기 과정의 일부인 대안 논의하기에 초점을 맞출 것이다.

예시 : MI에 부합하는/부합하지 않는 대안 논의하기

내담자 : "제게 필요한 건 약이에요. 악의가 있어서 이러는 건 아니고, 저는 더 이상 이전처럼 여기에 자주 오지 않을 거예요. 수면에 대해 얘기하는 것이 도움이 될 거라고 생각하진 않아요."

MI에 부합하지 않는 대안 논의하기 : "많은 사람들이 말하길 약이 도움은 되지만 한계가 있다고 해요. 일반적으로 약물치료와 인지행동치료가 함께 개입될 때 가장 효과적이라고 해요!"

이러한 반응은 정확하기는 했으나 동기강화적이지 않다. 상담자는 약물치료와 인지행동치료의 효과성에 대해 언급하면서 전문가 역할을 취했기 때문이다. 또한 내담자에게 허락을 구하지 않은 채 정보를 제공했기 때문에 동기강화적이지 않았다. 이는 내담자로부터 유지대화를 이끌어낼 가능성을 높이고, 내담자와 상담자 간에 불협화음을 낳게 할 수 있다. 상담자는 내담자에게 부담을 주었고, 문제에 성급하게 초점을 맞추었으며, 해결 방안을 처방해주었다. 이는 내담자로부터 유지대화를 이끌어내고 상담자와 내담자 간에 불협화음을 낳게 할 가능성이 높다.

MI에 다소 부합하는 대안 논의하기 : "여기에 여러 가지 대안이 있어요. 정기적으로 저를 만나 어떻게 상황이 진행되고 있는지 말씀해주실 수 있고요. 제가 권유하는 전략들을 시도해볼 수도 있고요, 혹은 이 치료를 그만두시고 마음이 바뀔 때 다시 와주실 수도 있고요. 무엇이 가장 좋을 것 같나요?"

이 반응은 MI에 다소 부합하는 것으로 보인다. 상담자는 내담자에게 대안을 제공하고 가장 좋아 보이는 것을 선택할 수 있도록 했다. 그러나 대안을 제공할 때 내담자에게 먼저 허락을 구하지 않았고, 어떤 해결책이 최선일 것인가에 대해서 내담자가 다른 의견을 갖고 있을 가능성을 열어두지 않았다. 대안을 나누고 변화 계획을 업데이트하는 과정이 어느 정도 협력적이었으나, 보다 동기강화적이 되기 위해 상담자의 노력이 더 필요하다.

MI에 부합하는 대안 논의하기 : "당신에겐 약물치료가 효과적일 수 있는 대안인 것 같네요. 게다가 저와 함께 수면 문제에 대해 다루는 것이 당신에게 정말 유익을 줄 것인지 불확실하게도 느껴지시는 것 같고요. 그런데 동시에 정신과 의사 선생님은 저와 함께 수면 문제를 다루어보는 것이 유익할 것이라고 제안하셨지요. 만약 당신이 정말 괜찮으시다면 당신과 비슷한 상황에 있었던 내담자들에게 도움이 되었던 대안들에 대해 함께 의논해 보면 어떨까 해요. 저 또한 이러한 대안들이 당신에게 잘 맞을지 맞지 않을지 고민해 볼 거고요. 또 어쩌면 당신이 좋은 아이디어를 갖고 있을 수도 있고요."

이 반응은 여러 측면에서 MI에 부합한다고 말할 수 있다. 반영하기로 대화를 시작함으로써 상담자는 내담자의 말을 경청하고 공감하고 있음을 전달하였다. 상담자는 변화에 대한 대안들을 논의해보기에 앞서 내담자에게 먼저 허락을 구했다. 상담자는 자신의 전문적인 견해나 연구 결과에 근거해서 대안을 처방해주기보다, 내담자와 비슷한 상황에 있었던 사람들에게 효과적이었던 대안들을 논의하고자 하였다. 마지막으로, 내담자가 최선으로 여기는 것을 선택할 수 있도록 함으로써 내담자의 통제감을 강조하였다.

가능한 전략 5 : 내적 통제감 강조하기

비협조적인 내담자와 대안에 대해 논의할 때 중요한 점은 내담자가 자신에게 최선이라고 생각하는 것을 선택할 수 있도록 내담자의 내적인 통제감을 강조해야 한다는 것이다. Miller와 Rollnick(2013)은 우리는 내담자가 원치 않는 행동을 하도록 만들 수는 없으며, 그럴 때 내담자는 치료 계획에 협조하지 않으려고 한다는 사실을 상소하였다. 이는 저항이론과도 관련된다. 이러한 이슈를 다룰 수 있는 한 가지 방법은 내담자에게 변화에 대한 선택은 궁극적으로 내담자에게 달려있음을 상기시키는 것이다. 이 방법은 심지어 치료 명령이나 치료에 의무참여 해야 하는 내담자의 경우에도 적용된다.

예시 : MI에 부합하는/부합하지 않는 내적 통제감 강조하기

내담자 : "제게 필요한 건 약이에요. 악의가 있어서 이러는 건 아니고, 저는 더 이상 이전처럼 여기에 자주 오지 않을 거예요. 수면에 대해 얘기하는 것이 도움이 될 거라고 생각하진 않아요."

MI에 부합하지 않는 내적 통제감 강조하기 : "여기에서 무엇을 할 것인지는 당신의 선택인 것 같아요. 하지만 의사 선생님은 당신이 조언을 따르지 않았기 때문에 기뻐할 것 같진 않네요."

상담자는 내담자의 내적 통제감을 강조했다. 하지만 상담자가 의사 선생님에게 내담자의 비협조적인 태도를 보고할 것이라는 일종의 경고를 내포함으로써 부정적인 결과가 나타날 수 있다. 이는 본질적으로 이 상황에서 내담자가 어떤 통제감도 가질 수 없음을 전달하는 것이다. 이러한 대화는 내담자의 유지대화를 강화할 뿐만 아니라, 내담자가 상담자에게 자신에게는 문제가 없음을 더 납득시키려고 노력하게 만들 수 있다. 또한 상담자가 의사의 편을 들었다는 사실과 위협감을 느꼈다는 사실 때문에 내담자와 상담자 간에 불협화음이 발생할 가능성도 있다.

MI에 다소 부합하는 내적 통제감 강조하기 : "음, 당신에게 달린 일인 것 같아요. 당신이 원치 않는다면 그 누구도 당신을 여기 오도록 만들 수는 없어요."

이 반응은 MI에 다소 부합한다. 상담자는 내담자의 내적인 통제감을 강조했다. 그러나 공감을 표하지 않았고, 내담자에게 치료를 종료하는 것이 내담자에게 최선의 선택인 것인지 모든 사항을 고려해볼 수 있도록 격려하지 않았다. 이는 상담자가 내담자의 수면 문제에 실제로는 관심이 없다는 느낌을 내담자에게 줄 수 있으며, 또한 상담자는 오직 내담자가 규칙적으로 상담에 참여하게 하는 것에만 관심이 있다는 인상을 줄 수 있다.

MI에 부합하는 내적 통제감 강조하기 : "심리치료 받는 것이 비상식적인 일이라고 생각하실 텐데 그럼에도 불구하고 의사 선생님께서 의뢰해주셨다는 이유만으로 여기까지 오셨네요. 치료를 위해 저를 만나든 만나지 않든, 또 변화하든 변화하지 않든 이에 대한 선택은 전적으로 당신에게 있어요. 저 또한 당신에게 변화하라고 강요하지 않을 거고요. 한편으론 의사 선생님이 이 치료가 당신에게 왜 유익할 거라고 하셨는지, 그에 대해 당신은 어떻게 생각하고 계신지 궁금해요."

이 반응은 여러 이유에서 MI에 부합한다. 상담자는 의사에게 의뢰된 사실과 내담자가 느끼는 실망감에 대해 공감함으로써 의사 편을 드는 것을 방지하였다. 또한 변화를 선택할 수 있도록 내담자의 통제감을 강조하였다. 마지막으로, 추가적인 치료가 필요하다는 의사의 생각과 그 이유에 대해 내담자가 의견을 말할 수 있도록 이끌어내었다. 이 대화는 동기강화상담의 정신을 포함하고 있고, 수용과 협동을 전달하며, 유발하기가 적용되었다. 그리고 내담자가 더욱 참여적일 수 있게 했고, 유지대화와 불협화음을 감소시키고, 이후의 제안들에 대해 개방적이 될 수 있도록 했다.

임상적 난제 3 : 법 제도에 연루된 내담자

실명

법 제도에 연루된 내담자와의 상호작용은 특히 더 어렵다. 법적 연루는 다양한 형태를 띠며, 각각 특유의 임상적 난제를 안고 있다. 법원 명령, 법원 의뢰, 변호사에 의한 권유 등에 의해 상담 서비스를 받게 되는 내담자들의 경우 전숙고 준비 상태에서 치료에 진입하게 된다(Thombs & Osborn, 2013). 즉 이러한 내담자들은 변화의 이유를 인지하지 않으며, 상담자와의 만남으로부터 얻을 수 있는 유일한 이득은 자신의 법적 상태가 개선되는 것뿐이라고 믿고 있다. 이러한 유형의 내담자들은 보통 보호관찰/가석방, 물질남용 치료, 가정폭력 치료 등과 같은 장면에서 가장 많이 발견된다.

예시 : 제인은 아동학대 혐의가 입증된 이후 보호관찰을 선고받았으며, 부모훈련 집중 프로그램과 분노 관리 프로그램에 의뢰되었다. 제인의 자녀 양육권은 임시적으로 전남편의 부모에게 주어졌고, 제인이 12주간의 프로그램을 성공적으로 완수하지 않을 경우, 그리고 보호관찰 동안 주어지는 다른 조건들을 충족하지 못할 경우 자녀 양육권이 회수됨을 안내

받았다. 또한 12주간의 프로그램을 완수하지 못할 경우 추가적으로 벌금을 선고받을 수 있음을 안내받았다. 제인은 자신의 자녀가 예의 바른 아이로 성장하기 위해서는 체벌을 엄격하게 하는 것이 중요하다고 믿고 있었기 때문에, 아동보건당국에 자신을 고발한 이웃에게 분개하였다. 프로그램 접수면접 시간 동안 제인은 굉장히 조용하고 말을 삼갔으며, 프로그램이 법원과 보호관찰 부서에 어떤 내용을 보고할 것인지, 또 자신이 우호적으로 보고되기 위해서 프로그램에서 정확히 필요한 것이 무엇인지를 알아내는 데 집중하는 것처럼 보였다.

법적으로 연루되었으나 상담 명령을 필수적으로 이행해야 할 필요가 없는 내담자들 또한 심각한 임상적 난제를 안고 있다. 소송이 계류 중에 있거나 차후 자신이 법적으로 연루될 가능성이 있다고 인식하는 내담자의 경우, 즉 예를 들어 법적 합의가 긍정적으로 이루어져야 한다거나, 가혹한 처벌이나 양육권의 상실과 같은 부정적인 결과를 피하고자 하는 내담자들의 경우 법적인 목적을 달성하기 위해서 자신의 문제를 더 가볍게 보이려고 한다.

예시 : 보브는 현재 복잡한 이혼절차를 밟고 있으며, 아내와의 별거 이후에 나타난 우울과 불안 증상을 다루고 스트레스에 대처하기 위해서 상담 서비스를 찾게 되었다. 보브는 아내와의 문제가 자신이 화를 참지 못하는 것에서 비롯되었다고 믿고 있기 때문에, 치료를 이를 다룰 수 있는 하나의 기회로 삼고자 하였다. 그러나 이혼절차를 진행하는 동안 자신의 치료 기록이 소환될 것에 대한 염려 때문에 치료자에게 자신의 문제를 드러내기를 꺼린다. 보브는 자신에게 분노 문제가 있다는 사실을 인정하는 것이 이혼절차에서 자신에게 부정적인 영향을 줄 수도 있다는 사실에 대해 두려워하고 있다.

가능한 전략 1 : 정보 제공하기

법적으로 연루된 내담자와의 회기에서 불필요한 불협화음을 증가시키고 내담자의 솔직함을 감소시키는 한 가지 요인은 상담자가 법원에 어떤 의무와 책임을 갖고 있는지에 대한 내담자의 불확실함이다. 법적으로 연루되어 있지 않은 내담자 또한 이러한 염려를 갖고 있다는 사실을 인지하는 것이 중요하다. 예를 들어 오토바이 사고로 응급실에서 치료를 받는 환자와 상담을 할 경우, 자신이 보고하는 정보가 경찰에 보고될 수 있다고 믿는다면 사고 이전에 약물이나 알코올을 섭취했는지를 질문받을 때 방어적이거나 불안해할 수 있다. 이러한 난제를 다루는 가장 단순하고 유용한 동기강화 전략은 정보 제공하기이다.

어떤 종류든 법에 연루된 내담자들과의 상호작용을 시작할 때는 상담자가 법 제도 내에서 자신의 역할이 무엇인지에 대해 명확히 정보를 제공하는 것이 중요하다. 3장에서 기술한 바와 같이 동기강화적인 상담이 되기 위해서는 내담자에게 객관적인 태도로 정보를 전달해야 한다. MI 기술이 직접적으로 적용되지 않는다고 하더라도 (Moyers, Martin, Manuel, & Ernst, 2010) 정보를 제공하기에 앞서 내담자의 허락을 구한다면 동기강화적이고 유익하다고 할 수 있다. 보호관찰하에 있거나, 가석방 상태에 있거나, 혹은 유사한 상황에 있는 내담자와 상담할 경우 법 제도 내에 있는 상담자는 자신의 이중 역할에 대해 충분히 밝혀야 한다. 먼저, 상담자는 법과 관련된 역할을 맡은 상담자로서 법 제도를 대신하여 내담자의 보호관찰이나 가석방, 위법과 관련한 현 상황을 보고해야 할 것이다. 또 다른 역할로 상담자는 내담자를 지지하는 옹호자로서 활동하고, 내담자의 중요한 목표를 달성할 수 있게 노력해야 할 것이다(Walters, Clark, Gingerich, & Meltzer, 2007). Walters와 그의 동료들이 제시했듯 이러한 이중 관계는 법적 제재나 처벌에 대한 내담자의 두려움 때문에 특정 정보의 노출을 꺼리게 만들 수 있다. 그러나 사전에 이중 관계에 대한 정보를 충분히 제공하려는 상담자의 노력은, 협동과 자율성 지지를 강조하는 동기강화상담의 기본 정신과 상당히 일치하는 것이다(2장 참조). 우리 경험에 따르면 이렇게 정보를 제공했을 때 내담자가 상담자를 신뢰할 수 있는 능력을 촉진하게 되고, 이를 통해 내담자가 자신의 과거나 현재 행동을 선택적으로 노출하려는 의도를 감소시키는 것으로 보인다.

내담자는 법적으로 연루되어 있지만(예 : 음주운전 또는 약물을 복용한 상태에서 운전하여 유죄판결을 받은 내담자를 대상으로 상담자가 지역사회기반의 치료를 실시하는 경우) 상담자는 법 제도 밖에서 상담 서비스를 제공하는 경우, 내담자는 현재 상담자가 법 제도 내에서 상담을 진행하고 있는 것이 아니라는 사실을 인지해야 한다. 상담자는 내담자에게 적용되는 법 제도가 정보 공개를 필요로 하는지, 또한 내담자의 강제 처분을 결정하는 데 있어서 어떤 유형의 정보(예 : 치료 출석, 치료 완수, 치료 진행 경과, 진단 등)를 필요로 하는지를 인지할 수 있도록 해야 한다. 상담자와 법 제도가 무관하다는 사실을 공개하는 것에 대한 윤리적인 의무는, 이 둘이 서로 유관하다는 사실을 공개하는 것에 대한 윤리적 의무에 적용되는 것처럼 항상 명확한 것은 아니다. 그러나 상담자와 법 제도 간에 관련성이 있을 것이라고 믿는 내담자에게 관련성이 부재하다는 정보를 제공하게 되면 불협화음을 감소시키고 상담에 솔직하게 임할 수 있게 도울 수 있다.

예시 : MI에 부합하는/부합하지 않는 정보 제공하기

내담자 : "지난 한 달 동안은 마리화나를 안 폈는데 어째서 약물 반응 검사에서 양성이라고 나왔는지 모르겠네요."

MI에 부합하지 않는 정보 제공하기 : "보호관찰 기간 동안에 마리화나 복용은 명백히 위법 행위예요. 치료받는 것에 대해 진지하게 고민해보실 필요가 있네요. 그리고 저희에게 마리화나 복용에 대해서 거짓말하시면 안 되고요, 담당 보호관찰관에게 이 사실을 보고하려고 해요. 담당 보호관찰관이 당신을 다시 교도소에 수감할 거예요."

이 반응은 내담자에게 상담자와 법 제도 간의 관계에 대해 정보를 제공했지만, 객관적이지 않은 방식으로 정보를 전달했기 때문에 동기강화적이지 않다. 이 반응에서 상담자는 내담자에게 영향력을 행사하기 위해서 정보를 밝혔으며, 내담자가 솔직하게 말하지 않은 점에 대해 직면했다.

MI에 다소 부합하는 정보 제공하기 : "상담을 시작하기에 앞서서, 이 사실을 담당 보호관찰관에게 보고할 필요가 있다는 사실을 먼저 알려드려야 할 것 같아요."

이 반응은 MI에 다소 부합한다. 상담자는 내담자에게 객관적인 방식으로 정보를 전달했다. "알려드려야 할 것 같아요."와 같은 표현은 내담자가 보호관찰 과정과 관련한 모든 정보에 대해 알 권리가 있음을 존중한다는 표현이다. 이는 내담자의 자율성을 미세하게 지지하는 표현이다. 하지만 상담자는 내담자의 현재 상태에 대해 공감하지 않았고 자율성을 분명하게 지지하지 않았다.

MI에 부합하는 정보 제공하기 : "예상치 못한 결과에 당황스러우실 것 같고 또 이 일이 어떻게 발생할 수 있게 됐는지도 얘기해보고 싶어요. 그에 앞서 당신의 법적인 상태와 관련해서 이 일이 어떤 의미를 갖는지, 혹은 의미 없는 것인지 함께 검토해보고 싶어요. 괜찮을까요? [내담자의 응답을 기다림] 담당 보호관찰관이 치료 참석과 관련한 보고서뿐만 아니라 치료 진행내용, 소변검사 결과까지 필요하다고 하셨어요."

이러한 반응은 MI에 부합한다. 상담자는 객관적인 방식으로 정보를 제공했다. 또한 정보를 제공하기에 앞서 내담자의 허락을 구함으로써 내담자의 자율성을 지지하고 협동정신을 강화했다. 또한 약물 양성 반응에 대해 내담자가 느낄 만한 감정을 반영함으로써 공감을 전달했다.

가능한 전략 2 : 자율성 강조하기

2장에서 언급했듯이 동기강화상담의 기본 정신인 '수용'에서의 핵심 요소는 내담자의 자율성을 존중하는 것이다. 상담자의 입장에서 내담자가 하기를 바라는 것이 있다고 할지라도 어떤 행동을 할 것인지를 궁극적으로 결정하는 주체는 내담자이다. 변화가 가능하다고 믿고 또 변화에 대한 주체의식을 갖고 있는 내담자들은 긍정적인 삶의 변화를 만드는 데 더 성공적인 경향이 있다(Bandura, 2004). 법에 연루되어 있는 내담자들은 대부분 삶의 많은 측면에서 통제감을 상실해 있다. 이들이 수감되어 있고 또 물리적 자유를 상실했다고 할지라도, 이들의 자율성을 인식하고 존중해주는 것은 매우 중요한 일이다(Farbing & Johnson, 2008). 내담자의 법적 지위가 어떠하든 간에, 내담자는 자신의 생각과 감정을 상담자와 나눌 것인가 말 것인가에 대해, 또 상담자의 생각이나 제안을 고려할 것인가 말 것인가에 대해 자율권을 갖고 있다.

그럼에도 불구하고 자율성의 상실 혹은 자율성 상실에 대한 염려는 변화 과정에 대한 내담자의 적극적인 참여를 어렵게 만든다. 내담자는 자신을 완전히 무력한 존재로 바라보기 때문에 상담자와의 만남에서 수동적인 역할을 맡게 된다. 이는 내담자를 더 다루기 쉽게 만들 수 있고 또 어떤 세팅에서는 이것이 바람직하게 보일 수 있겠지만, 궁극적으로는 긍정적인 변화를 만들려는 내담자의 노력을 약화시키는 일이 될 수 있다(Bandura, 2004). 변화 과정에 협동적이지 않은 내담자는 변화를 실행하려는 동기가 충분하지 않거나, 또는 자신의 독특한 경험이나 강점, 선호에 맞지 않는 변화를 만들 수 있다. 예를 들어 취업과 관련된 논의에 수동적으로 참여한 내담자의 경우, 내담자의 관심과 거리가 먼 곳에 배정이 되어 내담자가 가진 기술과 경험을 극대화하여 활용할 수 없게 된다. 삶의 한 영역에서의 자율성 상실(또는 상실에 대한 염려)은 삶의 다른 영역에서의 자율성을 주장하고 발휘하는 것을 어렵게 만든다(Ryan & Deci, 2000). 예를 들어 법에 연루되어 있어 무력함을 느끼는 내담자는 아직 정해지지 않거나 제한되지 않은 삶의 다른 영역에 대해서도 소극적으로 반응할 수 있다.

따라서 상담자는 법에 연루된 내담자를 도울 때 상실된 자율성이 미치는 영향에 대해 인지하고 있어야 하며, 이들의 자율감을 회복할 수 있도록 돕는 것이 매우 중요하다. 내담자의 자율성 강조하기는 동기강화상담이 이루어지는 곳이라면 어디에서든 적용될 수 있는 전략이지만 특히 법에 연루된 내담자를 대상으로 할 경우 가장 효과적일 것이다. 동기강화적인 자율성 강조하기 전략에는, 내담자의 통제 안에 있는 삶의 여러 영역을 강조함으로써 내담자를 지지하는 것, 그리고 이러한 통제를 발휘할 수 있도록 적극적으로 돕는 것 등이 있다.

예시 : MI에 부합하는/부합하지 않는 자율성 강조하기

내담자 : 한 번 검사 결과가 안 좋았을 뿐인데 교도소에 돌아갈 거라고 말씀하시는 거예요?"

MI에 부합하지 않는 자율성 강조하기 : "잘못된 선택을 하셨기 때문에 그에 합당한 결과를 받게 되실 거예요."

이 반응에서 상담자가 '선택'이라는 말을 사용했기 때문에 표면적으로는 내담자의 자율성을 지지한 것처럼 보인다. 그러나 이는 MI에 부합하지 않는다. 상담자는 내담자의 선택에 대해 '잘못된'이라는 말을 사용함으로써 낙인을 찍었다. 상담자는 내담자의 선택에 대해 '잘못된' 것이라고 낙인찍었으며, 내담자가 바라지 않고 통제할 수 없는 결과와 내담자의 선택을 연결시킴으로써 사실은 내담자의 자율성을 무시하였다.

MI에 다소 부합하는 자율성 강조하기 : "제가 검사를 받게 해드릴 수 있다면 그렇게 하겠어요. 하지만 제게는 그럴 만한 권한이 없어요. 당신에게만 그 권한이 있죠."

이 반응은 어느 정도 동기강화적이다. 상담자는 검사 회기에 참여하는 것과 관련된 결정은 내담자의 권한임을 분명하게 언급함으로써 내담자의 자율성을 강조하였다. 또한 "제가 검사를 받게 해드릴 수 있다면 그렇게 하겠어요"라고 말함으로써 공감도 표현하였다. 그러나 주로 이미 발생한 사실에 초점을 맞춤으로써 긍정적인 변화로 나아가지 못하도록 했다. 게다가 검사의 결과에 대해 내담자가 불쾌해한다는 사실을 고려할 때 이러한 상황에서 내담자의 자율성을 강조하는 것은 약속 회기에 불참한 내담자를 비난하려는 것으로 해석될 수 있다.

MI에 부합하는 자율성 강조하기 : "당신의 보호관찰에 대한 조건은 법원에서 정했기 때문에, 어떤 결과를 받으실지에 대해서 제가 도와드릴 수 있는 부분이 없어요. 이러한 사실이 당신에게는 실망스러울 것 같아요. 여태까지, 오랜 기간 동안 당신이 잘 해오셨기 때문에요. 당신도 아시다시피 여기에서부터 당신의 행동은 이 다음에 발생할 일에 지대한 영향을 미칠 수 있어요. 그래서 법원이 관대한 결정을 내릴 수 있도록 행동을 하실 것인지 말 것인지는 정말 당신의 선택에 달려있어요."

이 반응은 MI에 부합한다. 상담자는 법원의 판결에 영향을 미칠 만한 행동을 할 것인지에 대해 내담자의 자율성을 강조하였다. 또한 객관적인 방식으로 결과에 대한 정보를 제공했으며, 다시 수감될 가능성에 대한 내담자의 감정을 추론하여 반영함으로써 공감을 전달하였다.

가능한 전략 3 : 불협화음에 반응하기

Stasiewicz, Herman, Nochajski, Dermen(2006)에 따르면 법적으로 연루된 내담자를 상담할 때 유용한 동기강화 전략으로 불협화음에 반응하기가 있다. 이 전략은 법적으로 연루된 내담자들을 상대할 때 흔히 접하는 문제를 다룰 수 있다. 그 예로, 상담 초반에 느낄 수 있는 강한 불협화음이 있다(심지어는 대화를 시작하기도 전에 불협화음이 나타나기도 한다). 이런 불협화음은 내담자가 상담자 개인에 대해 느끼는 것보다는 자신을 부당하게 취급한 법 제도의 일부로서의 상담자에 대해 느끼는 감정이다. 상담자는 이러한 불협화음을 다루는 데 어려움을 느끼는데, 이는 상담 초반에 내담자가 자신의 분노나 적개심을 표현하는 것이 불편하기 때문이다. 내담자는 자신을 괴롭게 하는 것이 있냐는 상담자의 질문에 대해 부인할 수 있다. 그러나 불협화음 속에서 내담자가 자신의 생각과 감정을 표현할 기회를 얻을 때까지는 상담자와 내담자가 의미 있는 방식으로 나아가기 어려울 것이다.

Stasiewicz와 그의 동료들(2006)은 불협화음을 다루는 전략을 이름 지을 때, 불협화음을 기술하는 용어와 일치하는 방향으로(Miller & Rollnick, 2002) '저항과 함께 구르기'라고 이름 지었다. 이름이 함축하고 있듯 이 전략은 회기 초반부에 내담자의 화나 분함의 감정을 표현할 수 있는 기회를 마련해주는 것을 포함한다. 이는 내담자와 상담자가 불협화음의 과정을 잘 통과하게 만들고, 내담자가 만들고자 하는 변화에 보다 빨리 초점 맞출 수 있게 해준다. Stasiewicz와 그의 동료들은 음주운전자를 상담할 때 불협화음이 매우 흔하게 발생하기 때문에 가능한 이들에게 공감이 될 수 있는 주제들로 상담을 시작하는 것이 좋다고 기술했다. 이러한 주제에는 음주운전에 따른 상당한 액수의 금전적 비용(예 : 변호비용, 치료비용, 압류비용, 임금 유실)이나 법 제도가 다른 교통 위반 행위(운전 중에 문자를 보내는 행동)에 비해 처벌이 가혹하다는 생각 등이 포함될 수 있다. 이러한 전략은 초반 회기에 내담자의 부정적인 감정을 속 시원히 털어낼 수 있는 기회를 제공하며, 내담자에게 공감을 표현할 수 있는 기회를 제공할 수 있어서 상담자가 자신의 경험을 이해한다는 인식을 내담자에게 줄 수 있다.

이러한 전략은 상담자의 경험에 근거해야 할 뿐만 아니라, 불협화음이 있음을 나타내는 내담자의 지표(예 : 긴장감이 느껴지는 분위기, 내담자의 적대적인 말투나 빈정대는 말, 조용하고 수동적인 반응)에 근거해야 한다. 초반 회기에 분노나 불만, 분개 등의 반응을 자주 나타내는 내담자들을 대상으로 상담을 할 경우에, 상담자는 이들이 가장 우려하는 바들을 정리한 목록을 개발하여 회기 초반에 불협화음을 다루는 것이 유용하다. 이 전략은 불협화음의 원인이 법적인 연루와 무관한 세팅에서도 가능하다. 예를 들면 대기 시간이 길거나, 상담 장소가 오래된 시설이거나, 대기 장소가 붐비거나, 상담 시간이 내담자에게 편하지 않은 시간이거나 하는 등의 요소들은 내담자에게 불만이나 분개심을 유발할 수 있기 때문에, 이러한 경우에서도 이 전략이 유용하다.

예시 : MI에 부합하는/부합하지 않는 불협화음에 반응하기

내담자 : "여기까지 왔네요. 그다음은 뭐죠?"

MI에 부합하지 않는 불협화음에 반응하기 : "자, 앞으로 12주간 당신과 제가 함께 작업을 해 나갈 거예요. 태도가 나쁘다면 더 오래 만나게 될 거예요."

이 진술은 상담자와 내담자 간에 불협화음이 증가할 가능성이 높다. 상담자와 작업하는 것에 대해 내담자가 느낄 만한 부정적인 생각과 감정을 다룰 수 있도록 공감적이고 지지적인 기회를 제공하기보다, 내담자의 생각과 감정을 '나쁜 태도'로 낙인을 찍고 또 내담자가 부정적인 감정과 생각을 표현하는 것에 대해 은근한 위협으로 해석될 수 있는 말을 내비침에 따라 이러한 감정과 생각을 다룰 수 있는 대화를 사전에 차단하였다. 이는 교정 반사에 저항하지 않는 예가 된다(2장 참조).

MI에 다소 부합하는 불협화음에 반응하기 : "자, 오늘은 당시 체포 상황에 대해서 함께 살펴볼 거예요. 그리고 이 프로그램의 목표에 대해서 상의해볼 거예요. 괜찮나요?"

이 진술은 MI에 다소 부합한다. "그다음은 뭐죠?"라는 내담자의 질문에 대해 회기 계획을 제시하고 그 계획에 대해 동의할 기회를 내담자에게 제공했다는 점에서 협동적이었다. 그러나 내담자의 좌절감에 공감적으로 반응하지 않았으며, 이러한 좌절감을 솔직히 표현할 수 있는 기회를 제공하지도 않았다. 상담자는 내담자의 저항에도 불구하고 계획된 회기를 진행해 나가려고 했다.

MI에 부합하는 불협화음에 반응하기 : "오늘 몇 가지 다루어야 할 부분들이 있는데, 그 전에 당신에게 여쭤보고 싶은 것이 있어요. 이 치료에 의뢰된 많은 사람들은 많은 감정이 든다고 해요. 어떤 사람들은 법 제도가 자신에게만 불리하게 적용된다며 굉장히 속상해하기도 하고, 또 어떤 이들은 자신을 신고한 이웃이나 친구들에게 배신감을 느끼기도 하고, 또 어떤 이들은 여기에 참석하는 데 드는 비용과 시간을 소모하는 것 같다고 느끼기도 하고요, 혹은 예전에 이렇게 곤경에 처해 본 적이 없기 때문에 이것이 의미하는 바가 무엇인지, 이후에 그들에게 어떤 일이 벌어질지 굉장히 불안해하기도 하고요. 만약 당신에게도 이런 생각이나 염려가 있다면 그것은 무엇인가요?"

이 반응은 MI에 부합한다. 상담자는 '교정 반사'에 저항했으며, 내담자의 불쾌감이 담긴 어조와 단어를 공감적으로 알아차렸다. 그런 다음 내담자에게 지지적이고 공감적인 방식으로 정보를 제공했으며, 열린 질문을 통해 내담자가 감정과 염려를 표현할 수 있도록 이끌었다.

요약

회기 불참과 비협조적인 태도는 모든 전문 영역과 치료 장면에서 상담자가 경험할 수 있는 가장 흔한 난제일 것이다. 동기강화상담에는 이러한 회기 불참과 비협조적인 태도를 감소시키는 데 도움이 되는 다양한 전략이 있다. 법 제도에 연루되거나 상담에 의무(강제) 참여하는 내담자들의 경우 종종 변화 준비도가 낮은데, 동기강화적 전략은 내담자의 변화 준비도를 향상시킨다는 점에서 그 가치가 크다. 변화 준비도가 낮은 내담자를 대할 때 효과적인 방법은, 변화에 대한 내담자의 준비도를 고정된 것이 아닌 여러 변화 단계를 거쳐가는 하나의 과정으로 보는 것이다(예 : 그는 변화를

표 4.2 ●● 임상적 난제(변화 준비도가 낮은 내담자)를 다루기 위한 동기강화상담 전략 요약

임상적 난제	동기강화상담 전략
불참 : 상담 약속을 자주 변경하거나 (약속된 상담 시간 직전에) 약속된 회기에 나타나지 않는 경우	동기강화적 의뢰 : 협동적인 방식에서 의뢰를 할 것, 그런 다음 내담자에게 적합한 의뢰가 이루어질 수 있도록 내담자의 선호와 동기에 대해 충분한 정보를 가질 것
	정보 제공하기 : 관계를 형성한 뒤 객관적인 방식으로 의뢰의 특성 및 상담 규정에 대한 정보를 제공할 것
	계획하기 : 내담자가 자신의 목표를 어떻게 성취할 수 있을지에 대해 협동적으로 대화할 수 있게 할 것
	자율성 강조하기 : 상담 참여에 대한 결정은 궁극적으로 내담자에게 있음을 명시적으로 전달할 것
비협조적인 태도 : 상담 시간에 지각하거나, 나타나지 않거나, 치료 계획에 협조적이지 않은 경우	유발 질문 : 변화에 대한 내담자의 관심, 동기, 가능한 접근 방법 등을 진심으로 이해하기 위해 열린 질문을 사용할 것
	척도 질문 : 0~10점의 척도를 사용하여 변화에 대해 내담자가 느끼는 중요도와 자신감을 이끌어낼 것
	미래 예상하기 : 변화했을 때 혹은 변화하지 않았을 때 미래에 나타나는 가능한 결과와 삶을 예상해보도록 안내할 것
	변화 계획 수정하기 : 변화에 대한 다양한 선택안을 토의해볼 수 있도록 변화 계획을 재검토하고 재협상해볼 것
	내적 통제감 강조하기 : 내담자가 생각하기에 가장 최선의 선택을 할 권리는 내담자에게 있음을 명시적이고 진심으로 강조할 것
법적 연루 : 법원 명령, 의뢰 또는 변호사의 제안에 의해 서비스를 찾는 경우	정보 제공하기 : 법 제도와 비밀보장 및 한계와 관련한 상담자의 역할에 대한 정보를 명시적이고 분명하며 객관적으로 전달하되, 사전에 정보 제공에 대해 내담자에게 허락을 구할 것
	자율성 강조하기 : 내담자가 통제감을 상실했다고 인식할 때 내담자의 통제를 강조할 것
	불협화음에 반응하기 : 의뢰에 대한 내담자의 분노, 분개, 염려 등의 감정을 표현할 기회를 사전에 제공할 것

준비할지 아직 확실히 결정하지 않았어."). 이 관점에 따르면 내담자는 고정된 어떤 특정한 인격("그는 고집이 센 사람이야.")이기보다는 진전해 가고 있는 과정에 있다. 그럼으로써 내담자의 변화에 대해 더 이해할 수 있으며, 내담자의 변화 수준에 맞는 개입 방향을 맞추고 전달할 수 있다. 중요한 사실은 내담자는 다양한 이유 때문에 준비가 덜 된 것이며, 이 장에서 제시한 여러 동기강화 전략을 사용함으로써 내담자가 현재 속한 변화 단계(과정)에서 내담자를 만나고 변화에 보다 준비되도록 도울 수 있다는 점이다. 표 4.2에 임상적 난제와 이에 대한 동기강화 전략이 요약되어 있다.

05

추진력의 상실

변화하는 사람들은 종종 변화 목표를 향해 빠르기도, 느리기도 한 진전을 보이게 된다. 추진력이 증가하기도 하고 감소하기도 하며 문제 행동으로 역행하거나 잠시 동안 재발하기도 하고 심지어 문제행동으로 완전히 되돌아가기도 한다. 2장과 4장에서 Prochaska와 DiClemente(1983)의 변화 단계와 관련한 논의에 대해 자세히 기술한 것과 같이, 내담자들은 그러한 변화 준비도의 단계들을 따라 순환하게 된다. 이러한 순환 과정과 재발이 변화 준비도에서 특정 단계에 포함되어 있지는 않지만, 이 과정에 대해 논의하는 것은 필요하다(Connors, DiClemente, Velasquez, & Donovan, 2013).

빠른 참조

재발

재발과 순환 : 내담자들이 이전의 변화 단계로 되돌아가고 문제 행동에 다시 관여하게 되는 변화의 한 부분

내담자들이 변화하는 과정에서 성공과 실패를 좌우하는 다양한 이유가 존재한다. 중요도와 자신감의 변화에서부터 가족으로부터 지지를 받지 못하는 것과 같은 외부적인 장애물, 비현실적인 기대들을 가지고 변화 과정에 들어가고자 하는 것과 같은 다양한 이유가 있다. 이러한 이유 중 몇 가지는 내담자들에게 감당할 만하며 또 어떤

것들은 감당하기 어려운 것이다. 감당할 만하거나 그렇지 않거나 변화 목표를 향한 추진력의 변화를 인식하는 것은 중요하다. 더 나아가, 내담자가 적극적으로 변화하고 있더라도 추진력의 상실은 내담자에게 어떤 변화가 있었으며 MI 상담자 또한 변화해야 하는 신호임을 알아차려야 한다. 일반적으로 이 변화는 더 지시적인 접근에서 MI에 부합하는 안내적인 방식으로의 전환을 말한다. 변화 과정의 준비도와 MI에 부합하는 방식에 적응하는 것을 따라 관계를 재형성하거나 재순환하는 기회로 추진력의 변화를 보는 것을 통해 상담자는 변화를 향한 추진력을 다시 얻도록 내담자를 도울 수 있다. 내담자가 적극적인 변화 과정 중 추진력을 상실했을 때 MI에 부합하는 방식으로 통합할 수 있는 능력은 이 접근의 중요한 이점 중 하나인 것으로 보인다.

임상적 난제 1 : 느린 진전

설명

우리가 자주 훈련시켰던 상담자들은 변화에 동기가 있는 것처럼 보이긴 하지만 아직까지 변화를 위한 노력에는 느린 진전을 보이는 내담자들에 대한 걱정을 토로하곤 한다. 이러한 경험은 혼란스러울 수 있으며 내담자들의 변화를 향한 열망과 이유, 심지어 변화 의도를 고려해보았을 때 내담자들이 왜 빠르게 진전을 보이지 않는지 정확한 이유를 알기가 어렵다. 변화대화, 특별히 변화의도와 관련한 진술은 긍정적인 변화를 예측하는 요인으로 확인되었다는 것을 2장을 통해 기억하고 있을 것이다 (Amrhein, Miller, Yahne, Palmer, & Fulcher, 2003). 우리의 경험에서 봤을 때 상담자(때때로 우리도 포함된다)들은 내담자가 변화의도를 표현한 후에 내담자들이 변화를 위해 무엇을 해야 하는지 알려줄 수 있고 적극적으로 전문가 역할을 할 수 있는 동의를 얻었다고 생각하는 경향이 있다. 마치 이것이 내담자들이 우리를 찾는 이유인 것처럼 여겨진다. 이러한 생각은 우리로 하여금 내담자들을 위한 행동과 개입을 계획하게 하고 그것을 내담자들에게 제시하는 입장을 취하도록 만든다. 그러나 이렇게 하면서 우리는 내담자들의 자율성을 존중하지 못하게 되고 우리를 도와 최선의 행동계획을 결정할 수 있는 그들의 전문성을 이끌어내지 못하게 된다. 그렇게 되면 내담자들의 진전에 대해 모든 책임을 상담자들이 갖게 되고 내담자들의 책임은 줄어

들어 우리는 걱정과 좌절, 심지어 내담자들의 느린 진전에 대한 환멸까지 느끼게 된다.

우리의 경험이 이 주제를 설명하는 예시로서 도움이 될 수 있을 것이다. 나(MM)는 정기적으로 심리적인 서비스를 제공하는 전문적인 박사과정 학생들을 지도한다. 2회기 동안 내담자들의 고민과 치료 목표를 이해하기 위해 내담자들을 만나고 있는 학생들을 자주 보게 된다. 2회기 후에 이 학생들은 병원 업무를 보듯이 치료 계획을 작성하고 3회기 때 그것을 내담자들에게 제시한다. 몇 회기 후에 이 학생들은 내담자들이 치료 계획에 따라 진전을 보이지 않는다며 좌절하듯 나에게 찾아온다. 이러한 상황에 대해 나는 단순한 질문으로 반응을 해주곤 한다. "이 계획에서 내담자들이 관여한 부분은 얼마나 되고 네가 관여한 부분은 얼마나 되니?" 이 이야기와 이 질문의 요점은 MI에 부합하는 관점에서 변화 계획을 설정할 때 내담자와 함께 협력하고 유발하는 것이 필요하다는 것을 강조하고 있다.

느린 진전을 내담자의 동기와 변화 계획을 재평가해야 하는 근거로 보는 관점은 상담자가 이러한 상황에서 MI에 부합하는 방식을 적용하는 데 도움이 된다. Miller와 Rollick(2013)을 포함한 여러 사람들(예 : Westra, 2012)은 동기가 변화하는 것에 집중하는 것과 심지어 치료 과정 동안에 나타나는 양가감정 또한 내담자의 변화로 보는 것이 필요함을 상기시켜준다. 잘못된 계획 설정뿐만 아니라, 변화 계획이 다양한 측면에서 예상하지 못한 어려움들, 그리고 변화로 인해 겪게 되는 일상의 사건들이나 장애물들과 같이 변화를 느리게 하는 다양한 이유가 있다.

예시 : 조엘은 40세의 남자로 최근에 해고를 당해 직업상담을 원하고 있다. 그는 지역은행에서 회계사로 근무했었고 공인된 자격이 있는 회계사이다. 직업상담 과정에서 상담사는 그에게 적합한 직업 목록을 제시하였고 각 직업에 지원을 해보고 일주일 뒤에 만나자고 하였다. 다시 상담에 왔을 때 조엘은 상담사에게 다른 직업들은 그의 필요와 관심과 맞지 않아 단 한 군데만 지원했다고 말을 하였다. 이러한 얘기를 들은 직업상담사는 조엘에게 직업을 갖기를 원했었는지 질문을 하였다. 이 질문에 조엘은 "이것이 나의 가장 중요한 우선순위예요!"라고 강하게 주장하며 반응하였다. 상담사는 자신이 생각하기에 적절하다고 생각되는 세 가지 직업을 그 목록에 다시 추가하였고 2주 뒤에 보자고 말하여 조엘을 보냈다. 다시 상담으로 돌아왔을 때 조엘은 새로 추가된 직업 중 한 군데만 지원했다고 말을 했고 다른 직업들은 그의 필요와 관심을 충족시키지 못한 것처럼 보였다. 이러한 이

야기를 들은 상담자는 눈에 띄게 낙심하였고 조엘에게 직업을 원하는지 다시 질문하였다.

조엘의 경험은 상담자가 강조하고 결정한 계획과 내담자의 목표, 필요, 또는 선호도 사이에 차이가 있을 때 일반적으로 나타날 수 있는 것이다. 조엘의 상황을 보는 한 가지 관점은 그가 실제로는 직업을 원하지 않았고 부차적인 어떤 이득을 위해 하는 시늉만 했다는 것이다. 또는 상담자가 생각하는 것처럼 직업을 구하는 것이 그에게 급한 것이 아니었을 수도 있다. 우리는 이 관점을 주의 깊게 보았는데, 우리가 훈련시키는 의료 전문가들은 환자들의 저조한 변화로 인해 좌절한 경험들을 이야기한다. 그들은 종종 "만약 환자들이 한시라도 빨리 체중을 감량하는 것이 그들의 건강을 위해 얼마나 중요하고 급한 일인지 알았으면 어땠을까요."라고 말하곤 한다. 변화가 중요하다는 것을 믿는 것이 변화를 확실히 촉진시킴에도 불구하고 느린 진전을 보이는 내담자를 이해할 때 반드시 고려해야 하는 요인은 아니다. 이러한 상황을 MI적인 방식으로 이해해보자면 현재 변화 계획이 최선의 전략이 아닐 수 있다는 것이다. 또는 특정 변화 전략에 대해 내담자가 더 불안하게 되는 어떤 일이 일어났다고 보는 것이다. 따라서 느린 진전을 보이는 내담자를 대할 때 MI에 부합하는 접근은 변화를 느리게 하는 요인들에 대해 내담자로부터 정보들을 이끌어내는 것이다.

가능한 전략 1 : 유발 질문

내담자와 함께 느린 진전에 대해 논의하는 MI적인 좋은 방법은 지시적인 입장(예 : 충고하기, 제안하기, 해답 주기)에서 물러나 유발 질문을 사용하는 것이다. 이러한 상황에서 유발 질문을 사용하는 것은 현재 변화 과정과 그 과정에서 얻을 수 있는 것이 무엇인지 스스로에 대한 평가를 내담자로부터 이끌어내도록 상담자를 도와준다. 이 접근을 적용하는 것은 협력적인 관계를 유지하고 전문가 함정과 교정 반사를 피하는 데 도움을 준다. 또한 상담자는 내담자의 상황에 대해 진실하게 이해하고 싶어 한다는 것을 전달해준다.

예시 : MI에 부합하는/부합하지 않는 유발하기

내담자 : "저는 저번 주에 선생님이 제시한 다섯 개의 직업 중 한 곳에 지원을 했어요. 직업을 갖는 것은 저에게 정말 중요해요."

MI에 부합하지 않는 진술 : "안정된 직업은 당신에게 중요한데 오직 한 곳에만 지원했어요. 이 문제가 중요하다면 제가 당신에게 제시한 모든 직업에 지원을 했어야 하지 않나요?"

상담자는 내담자의 반응에 반영을 해주면서 시작을 했음에도 불구하고 MI에 부합하지 않았다. 상담자의 반영은 다소 판단적인 톤이었는데, 이는 '오직'이라는 단어 때문인 것이 주요하다. '오직'이라는 단어를 사용함으로 인해 상담자는 내담자가 하나 이상의 직업에 지원을 했어야 한다고 말하고 있는 것이다. 추가적으로, 그 질문은 닫힌 질문이었고 대화를 촉진하기보다는 내담자와 불협화음을 일으킬 가능성이 있는 수사적 질문이었다.

다소 MI에 부합하는 진술 : "당신에게 직업을 구하는 것이 정말 중요하다는 얘기를 들었어요. 그렇게 말하면서, 당신은 그 목록에 있는 다섯 개의 직업 중 한 곳만 지원을 했어요. 다른 직업들에 무슨 문제라도 있는 건가요?"

이 진술은 다소 MI에 부합하는 유발하기라고 할 수 있다. 상담자는 내담자가 경험하고 있는 양가감정에 대한 공감을 표현하는 반영을 해주었다. 그러나 한 발자국 물러나 내담자에 대해 더 알려고 하기보다는 상담자는 왜 그 직업들이 내담자에게 효과가 없었는지 파악하기 위해 그 직업들에만 계속 초점을 맞추었다. 이러한 접근은 불협화음을 일으키며 내담자의 동기를 이해하기 어렵게 만들어 유지대화를 이끌어내게 된다.

MI에 부합하는 유발하기 : "당신에게 직업을 구하는 것이 정말 중요하다고 들었어요. 그렇게 말하면서, 그 목록에 있는 다섯 개의 직업 중 한 곳만 지원을 했어요. 그 목록을 당신에게 제가 제시하면서 너무 앞서가려고 했던 것 같네요. 그리고 당신의 목표와 기대에 대해서는 충분한 이야기를 나누지 못했던 것 같아요. 만약 당신이 괜찮다면 직업을 구하는 데 무엇이 더 당신에게 더 효과적일지에 대해 이야기하고 싶어요. 그리고 우리가 설정한 계획들 중 무엇이 효과가 없었는지에 대해서도 알아보고 싶네요."

이 진술은 몇 가지 이유로 인해 MI에 부합한다고 할 수 있다. 상담자는 내담자가 열망하는 목표를 강조하면서 그 목표를 현재 상태와 비교하는 양면 반영으로 시작하였다. 이 반영에는 판단이 없으며 상담자는 단순하게 내담자의 말을 강조하고 있다. 그리고 상담자는 전문가 역할을 했던 것과 계획 과정에서 내담자보다 앞서 간 것에 대해 인정하고 있다. 이것은 계획이 잘 진행되고 있는지에 대한 내담자의 인식을 이끌어내는 것으로 상담자가 다시 전환할 수 있도록 해준다. 이를 통해 상담자는 계획을 실행하는 것에 대한 내담자의 생각을 이해하고 협력하고 싶다는 것을 전달하게 된다.

가능한 전략 2 : 중요도와 자신감 평가하기

변화 계획을 따라 내담자가 진전을 보일 때, 변화의 중요도와 자신감은 새로운 목표와 과업, 장애물을 직면하게 되면서 증가하기도 하고 감소하기도 한다. 예를 들어 강박장애를 가지고 있는 내담자를 치료할 때 나(MM)는 이러한 내담자들의 치료 진전에 대한 중요도와 자신감이 감소한다는 것을 주의 깊게 보았다. 6장에 강조되어 있듯이 강박장애와 이와 관련된 장애를 위한 노출기반치료들은 내담자들에게 매우 효과적임에도 불구하고 그들로 하여금 순간적으로 강한 불안과 다른 부정적인 감정들을 일으키는 활동을 하도록 요구한다. 따라서 치료 과정에서 새롭게 진행되는 노출치료에 대해 내담자가 양가감정을 표현하는 것은 일반적이다. 심지어 비슷한 노출치료를 성공적으로 완료했을 때조차도 그럴 수 있다. 어떤 부분은 그들의 불안과 회피하고 싶은 욕구로 인한 것으로 보여 치료 후 중요성을 감소시키게 된다(예 : "저는 치료를 받기보다는 그냥 이 병을 가지고 사는 게 더 좋을 것 같아요."). 또한 나는 노출치료를 위한 능력에 대한 자신감이 부족한 것처럼 보이는 점에 대해서도 주목하고자 한다(예 : "저는 치료를 받고 싶은데 오늘은 왠지 못할 것만 같아요.") '그냥 노출치료를 받으면 괜찮아질 것이다'라는 치료 시설의 슬로건은 일반적인 행동치료에서의 반응이다. 그 진술이 사실임에도 불구하고 이 접근은 변화를 느리게 하며 치료를 받지 못하게 한다. 변화가 느릴 때 중요도와 자신감을 평가함으로써 상담자는 내담자와의 논의를 통해 느린 변화 상태 이면에 있는 것에 대해 알아볼 수 있고 낮은 중요도와 자신감 같은 장애물을 내담자가 해결하도록 도와줄 수도 있다. 양가감정은 사람들이 적극적으로 변화할 때 발생할 수 있음을 기억해야 한다. 내담자가 느린 진전을 보이는 것을 통해 이때가 양가감정이 드러나고 적극적으로 변화할 때임을 알아차리게 된다.

예시 : MI에 부합하는/부합하지 않는 중요도와 자신감 평가하기

내담자 : "저는 저번 주에 선생님이 제시한 다섯 개의 직업 중 한 곳에 지원을 했어요. 직업을 갖는 것은 저에게 정말 중요해요."

MI에 부합하지 않는 중요도와 자신감 평가하기 : "그래서 당신에게 직업을 구하는 것이 정말 중요하단 건가요?"

이 상담자의 진술은 두 가지 이유로 MI에 부합하지 않는다고 할 수 있다. 상담자는 '정말'을 강조하며 중요도에 대한 내담자의 진술을 믿지 않는다는 것을 전하고 있다. 이 질문은 비난하는 것처럼 들릴 수도 있으며 직업을 구하는 것이 얼마나 중요한지에 대해 평가하지 못할 수도 있다. 이 상담자의 진술은 내담자에게 언성을 높이며 도전함으로써 내담자로부터 방어적인 반응을 유발할 가능성이 있다. 이러한 방식으로 질문하게 되면 상담자는 변화를 지연시키는 요인들에 대해 알게 될 가능성이 적다.

MI에 다소 부합하는 중요도와 자신감 평가하기 : "1점에서 10점까지의 척도 중 직업을 구하는 당신의 능력에 대해 얼마나 자신감을 가지고 있나요?"

이 반응은 다소 MI에 부합한다고 할 수 있다. 상담자는 내담자에게 직업을 구하는 것이 중요함을 이해하고 있기 때문에 직업을 구하는 능력에 대한 내담자의 자신감을 평가하기 위한 척도 질문을 사용하고 있다. 그러나 상담자는 내담자가 말한 것에 대해 먼저 반영해주기보다는 다른 주제(자신감 대 중요도)에 대한 척도 질문으로 건너뛰고 있다. 이것은 공감을 표현할 수 있는 기회를 잃는 것이다. 만약 이것을 반복하게 된다면 내담자는 상담자가 자신이 말한 것에 대해 관심이 없다고 믿게 되거나 상담자의 질문에 수동적으로 반응하게 되는 질문-대답 함정에 빠지게 된다.

MI에 부합하는 중요도와 자신감 평가하기 : "직업을 구하는 것은 당신에겐 중요한 일입니다. 이번 주에 당신은 목록에 있는 다섯 개의 직업 중 한 곳에 지원을 했어요. 저는 당신이 0점에서 10점 중 직업을 구하는 당신에 능력에 대해 얼마나 자신감을 가지고 있는지 당신의 이야기를 들어보고 싶네요. [**내담자 반응 :** "5점 정도예요."] 그렇다면 당신은 직업을 구하는 것에 대해 어느 정도 자신감이 있으시네요. 무엇이 당신의 자신감을 3점이 아니라 5점으로 만들었나요?"

MI에 부합하는 중요도와 자신감 평가하기 : "직업을 구하는 것이 중요하기 때문에 당신은 목록에 있는 다섯 개의 직업 중 한 곳에 지원을 했어요. 혹시 저에게 0점에서 10점 중 현재 당신에게 직업을 구하는 것이 얼마나 중요한지에 대해 말해줄 수 있나요? [**내담자**

반응 : "7점 정도예요."] 그렇다면 현재 직업을 구하는 것이 가장 중요한 것은 아니지만 어느 정도 중요하다고 생각하시는군요. 7점이 아니라 9점이나 10점이 되기 위해 필요한 것이 무엇이라고 생각하시나요?"

이 진술들은 몇 가지 이유로 MI에 부합한다고 할 수 있다. 상담자는 다섯 개의 직업 중 한 곳이라고 말하며 직업 목록에 있는 한 곳에 지원할 수 있었음을 강조하는 반영을 해주고 있다. 이 반영 안에는 판단이 없으며 내담자가 말한 것에 대해 재진술해주고 있다. 상담자의 진술은 내담자에게 초점을 맞추고 있으며 상황에 대한 자신만의 해석을 말하고 있지는 않다. 그 계획에 대한 내담자의 중요도와 자신감이 얼마나 되는지 추측하지도 않는다. 더 나아가, 이 질문들은 내담자가 거짓말을 하거나 상담자가 내담자를 믿지 못한다는 것을 암시하지 않는 방식으로 제시되고 있다.

가능한 전략 3 : 변화 계획 수정하기

때때로 느린 진전은 내담자와 함께 설정했던 변화 계획이 최선이 아니었을 수 있음을 나타내는 지표가 되기도 한다. 이것은 몇 가지 이유로 인해 그럴 수 있다. 아마도 상담자는 협력적이지 않았을 수 있다. 또는 모든 가능한 선택안과 장애물이 고려되지 않았을 수 있으며 내담자는 그 계획을 실천했을 때의 모습을 상상하지 못할 수도 있다. 하지만 그러한 이유가 무엇이든 상관없이 내담자의 느린 진전은 변화를 촉진하기 위해 계획의 어떤 부분에 수정이 필요한지 확인하고 다시 변화 계획의 과정을 시작해야 한다는 신호이다. 진전이 느릴 때 변화 계획을 재검토함으로써 상담자와 내담자는 '이 과정에서 협력'하고 있고 내담자가 최선의 실천 계획을 세울 수 있도록 상담자가 진심으로 헌신하고 있음을 전달하게 된다. 이 접근은 "왜 이 계획대로 하지 않나요? 당신은 이것에 대해 동의했어요."라고 질문하는 것보다 더 MI에 부합한다. 2장에서 보았듯이 우리는 내담자의 전문성과 자율성을 존중해주어야 한다. 그리고 우리는 각각의 내담자들에게 어떤 변화가 최선이고 어떻게 최선이 되게 할 것인지 확인하기 위해 그들과 협력하기를 원한다.

예시 : MI에 부합하는/부합하지 않는 변화 계획 수정하기

내담자 : "저는 저번 주에 선생님이 제시한 다섯 개의 직업 중 한 곳에 지원을 했어요. 직업을 갖는 것은 저에게 정말 중요해요."

MI에 부합하지 않는 변화 계획 수정하기 : "이 계획은 당신에게 별로 효과가 없는 것처럼 보이네요. 이 계획에 무슨 문제라도 있나요?"

상담자는 이 계획이 내담자에게 효과가 없을 수도 있음을 인정하고 있다. 이 진술이 MI에 부합하지 않는 이유는 상담자가 닫힌 질문을 사용했기 때문이다. MI에 부합하는 상담자는 더 관계적이고 유발하는 질문들을 사용하길 원하다는 것을 기억해야 한다. 닫힌 질문은 이러한 목표를 성취하지 못한다. 추가적으로, 이 질문은 내담자의 방어를 일으킬 가능성이 있다.

MI에 다소 부합하는 변화 계획 수정하기 : "당신은 당신 계획의 일정 부분을 성취하셨어요. 그리고 어떤 부분에 대해서는 힘들어하셨죠. 그 계획이 당신에게 더 효과적이게 만들려면 무엇이 변화해야 될까요?"

상담자는 MI에 부합하도록 계획에서 내담자가 일정 부분 성취한 것에 대해 인정하고 있다. 그러나 상담자는 반영을 끝내면서 변화 계획에서 내담자가 어려웠던 부분을 강조하고 있다. 질문과 합쳐진 반영은 내담자의 노력에 대해 미묘하긴 하지만 판단적인 분위기를 전달할 수 있으며 이는 불협화음을 일으키게 된다.

MI에 부합하는 변화 계획 수정하기 : "당신은 이번 주에 몇몇 계획에 대해 성취를 하셨어요. 변화 계획을 더 강화하기 위해 추가되거나 삭제되어야 하는 부분 또는 수정되어야 하는 부분이 있는지 그 계획을 다시 점검하는 것이 변화 과정 중에 있는 당신에게 도움이 될 수도 있어요."

이 상담자의 진술을 MI에 부합하게 만드는 몇 가지 측면이 있다. 상담자는 계획 중 진전에 대한 내담자의 진술을 반영하고 있다. 추가적으로, 강점 강조하기가 있다(예 : "당신은 성취하셨어요."). 잠재적인 성취에 대해 강조점을 두는 것은 내담자의 방어를 일으킬 수 있는 기회를 감소시킨다. 게다가 상담자는 판단하지 않고 변화가 필요한 부분을 알아보기 위해 계획을 다시 점검하고 내담자의 생각을 이끌어내고 있다. 이 진술은 또한 계획을 점검하는 과정에서 내담자와 관계를 형성하는 시도를 하게 한다. 변화 계획을 재평가하는 데 사용할 수 있는 '현재 계획 평가하기'의 질문들을 참고하라.

현재 계획 평가하기

이 계획을 실행하는 것을 통해 당신이 배운 것은 무엇인가?
이 계획의 어느 부분이 효과적이었는가?
이 계획의 어느 부분이 효과가 없었는가?
당신의 목표를 성취하는 데 어떻게 이 계획이 도움을 주었는가?
이 계획에서 무엇이 추가되고 삭제되어야 하는가?
이 계획에서 무엇을 수정해야 하는가?

가능한 전략 4 : 내적 통제감 강조하기

최종적으로 내담자들이 그들의 변화 계획에 대해 결정하는 것은 그들의 선택에 달려 있다. 이 책에서 여러 번 언급했듯이 우리는 사람들이 원하지 않는 것을 하게끔 만들 수 없다. 이런 사실은 내담자의 변화 계획에서 각자가 진전을 보이는 속도에도 적용된다. 따라서 MI에 부합하는 방식을 고수하며 내담자의 변화와 변화하는 속도는 그들이 주도한다는 사실을 기억해야 한다. 다시 말해 이것은 내담자의 변화 계획표이지 우리의 계획표가 아니라는 사실을 인정하는 것이 필요하다. 최종적으로 얼마나 빠르고 느리게 변화할 것인지는 내담자의 문제인 것이다. 따라서 내담자가 느리게 진전을 보일 때 그들을 압박하지 않도록 우리는 내담자의 자율성과 개인의 주도권이 중요함을 유념하고 있어야 한다. 또한 이것은 내담자들도 스스로 느린 진전에 직면했을 때 유념해야 하는 것이다.

예시 : MI에 부합하는/부합하지 않는 내적 통제감 강조하기

내담자 : "저는 저번 주에 선생님이 제시한 다섯 개의 직업 중 한 곳에 지원을 했어요. 직업을 갖는 것은 저에게 정말 중요해요."

MI에 부합하지 않는 내적 통제감 강조하기 : "얼마나 많은 직업에 지원하는지는 당신의 선택입니다. 하지만 우리는 당신에게 직업을 구해줘야만 합니다."

내적 통제감을 강조하는 시도는 상담자의 "하지만 우리는 당신에게 직업을 구해줘야만 합니다"라는 마지막 진술로 인해 좌절되었다. 이러한 진술은 어떤 일이 일어나야만 한다는 표현으로 인해 내담자의 내적 통제감과 선택을 축소시킨다. 게다가 '당신은 직업을 구해야만 한다'는 메시지가 더해짐으로써 상담자는 내담자가 직업을 구하기 어려운 이유와 제시된 직업이나 전략이 효과가 없었던 것에 대해 대화할 기회를 증가시키게 된다. 다른 말로, 이러한 진술은 유지대화와 불협화음을 이끌어낼 가능성이 많다.

MI에 다소 부합하는 내적 통제감 강조하기 : "직업을 구하는 것이 당신에게 정말 중요하군요. 오직 당신만이 그것을 가능하게 할 수 있습니다."

상담자는 직업을 구하는 것의 중요성과 내적 통제감을 강조하는 반영으로 시작하였다. 그러나 내적 통제감을 강조하려 했던 상담자의 시도는 진술에 판단이 들어가 있어 유지대화나 불협화음을 이끌어낼 가능성이 있다.

MI에 부합하는 내적 통제감 강조하기 : "당신은 직업을 구하길 원하셨고 이 문제가 당신에게 정말 중요하기 때문에 이곳에 오셨어요. 어떤 직업이 당신에게 가장 잘 맞는지, 그리고 당신 자신에 대해서 그 누구도 당신보다 더 잘 알 수는 없어요. 또한 얼마나 많은 직업에 지원을 할지 대신 결정할 수도 없어요."

상담자는 직업을 구하는 것의 중요성에 대한 내담자의 진술을 반영해주면서 말을 시작하고 있다. 더 나아가, 상담자는 내담자가 자신에 대한 전문가이며 그의 삶에 스스로가 통제력을 가지고 있다는 것을 강조하고 있다. 이러한 진술은 직업을 구하는 것의 속도 또한 상담자가 아닌 온전히 내담자의 통제력에 달려있음을 내포하고 있다. 상담자는 내담자가 얼마나 많은 직업에 지원할지와 얼마나 빨리 기회들을 찾아야 하는지에 대한 자신의 관점을 내포하는 것을 지양하고 있다.

임상적 난제 2 : 실수와 재발

설명

변화하고 있는 내담자가 변화를 위한 노력과 반대되는 이전 행동으로 돌아가게 될 때 초기의 역행을 의미하는 실수나 재발을 경험하는 것이 일반적이다(Marlatt &

Witkiewitz, 2005). 내담자들이 역행을 경험하게 되면 대부분 그들이 변화를 시도하려 했던 문제 패턴으로 완전히 돌아가게 되거나 재발을 경험한다(Connors et al., 2013). 새해의 다짐(resolution)에 대해 잠시 생각해보자. 새해가 시작할 때마다 많은 사람들은 운동을 해서 건강해져야겠다는 목표를 가지고 피트니스 센터에 모인다. 몇몇 사람은 이 목표를 실행하지만 많은 사람들은 몇 주 또는 몇 달 후에 대부분 실패하게 되며 또 다른 새해에 다시 시작하게 된다. 따라서 역행, 실수, 재발은 변화에서 매우 일반적인 현상이다. 이러한 사실에도 불구하고 상담을 하는 우리는 내담자의 실수나 재발로 인해 자주 좌절하게 된다. 그 결과 특히 재발 시에 일반적인 상황에서 MI에 부합하지 않는 방식으로 반응하게 된다. Miller, Forcehimes, Zweben(2011)은 변화 과정에서의 역행이 보편적인 상황임에도 많은 치료 프로그램과 상담자들이 실수와 재발에 처벌적인 방식으로 반응하며, 이것이 얼마나 이상한 것인지 언급하였다. 그들의 요점은 이 부분에 대해 잘 설명해주고 있다. 우리가 실수와 재발을 변화 과정의 한 부분으로 본다면 내담자가 변화 과정에 다시 참여하도록 지지하는 방식으로 반응하지 않겠는가? 분명 우리는 어떤 사람의 암이 재발하였을 때 처벌적인 방식으로 반응하지 않는다.

예시 : 엘라이나는 35세 여성으로 기혼이며 슬하에 세 명의 자녀를 두고 있다. 그녀는 3년 전 세 번째 아이를 임신 중일 때 몸무게가 34kg 정도 증가했었다. 그 후 그녀는 자신이 고혈압이 있다는 것을 알게 되었고 그녀의 의사는 생활습관을 바꾸고 몸무게를 줄여야 한다고 권고하였다. 1년 정도 전에 그녀는 영양사, 개인 트레이너, 행동치료 전문가와 함께 건강한 생활습관을 만들기 시작했다. 7개월 동안 엘라이나는 운동량이 증가하였고 식습관을 고치는 데 성공하였으며 이는 11kg의 몸무게를 감량할 수 있게 해주었다. 그러나 그녀는 최근 공휴일 기간에 운동을 그만두었으며 과거 식습관으로 돌아가게 되었다. 또한 그녀의 팀과 함께 진행되는 상담회기를 피하기 시작했다. 그녀는 결국 행동치료 전문가와 대화하였고 재발에 대해 그녀의 팀이 화를 내 기분이 불쾌했음을 드러냈다.

엘라이나의 경험은 사람들이 변화를 유지하려 할 때 볼 수 있는 일반적인 상황이다. 이러한 상황을 절제위반효과(abstinence violation effect)로 설명할 수 있다. 이는 문제 행동을 다시 시작하면서 스스로 절제를 잃었다고 생각하게 만든다(Gaughf & Madson, 2008). 상담자로서 처벌적인 태도를 취하는 것은 절제위반효과를 강화할 수 있고 내담자가 상담자와의 관계를 끊게 하고 심지어 변화를 다시 고려하지 않게 만든다. 그러나 변화 준비도 단계를 기억하고 MI에 부합하는 방식에 초점을 맞추는 것은 상담자가 내담자의 이러한 역행에 적절하게 반응하도록 확실하게 도와줄 수 있으며 내담자들이 다시 변화를 시도하도록 돕는다. 문제 행동에 다시 빠지게 된 내담자들과 함께 작업하기 위한 몇몇 전략을 소개하고자 한다.

가능한 전략 1 : 정보 제공하기

실수와 재발이 일어날 가능성에 대한 정보를 제공하는 것은 변화를 유지할 때 성공하기도 하고 실패하기도 한다는 것을 내담자가 인식하도록 도울 수 있다는 점에서 매우 유익하다. 고위험 상황에 대해 내담자를 교육하고 논의하는 것은 재발 예방에서 중요한 측면이다(Marlatt & Witkiewitz, 2005). 그러나 내담자들이 적극적으로 변화를 이루어 가거나 어느 기간 동안 변화를 유지했을 때 상담자들은 전문가 역할을 하게 되는 경향이 있으며 내담자가 고위험 상황에서 해야만 하는 행동에 적극적으로 처방하게 될 가능성이 있다. 이러한 접근은 MI에 부합하지 않을 수 있다. 3장에서 우리는 MI에 부합하도록 정보를 제공하는 방법으로 이끌어내기-제공하기-이끌어내기라 불리는 정보의 상호 순환 과정에 대해 논의했었다(Rollnick, Miller, & Butler, 2008). 이끌어내기-제공하기-이끌어내기를 사용함으로써 상담자는 실수 및 재발의 가능성과 그 과정에서 일어났던 일에 대해 논의할 수 있다. 이 접근은 상담자가 내담자들을 그들의 상황에 대한 전문적인 해설자로 조정하고 관계를 형성하게 하는 협력적인 방법으로 실수와 재발을 탐색하게 한다.

예시 : MI에 부합하는/부합하지 않는 정보 제공하기

내담자 : "저는 무슨 일이 일어났는지 잘 모르겠어요. 제가 정신을 차린 후엔 이미 2개월이 지났었고 저는 그동안 운동을 하지 않았어요. 그 후 저는 저의 식이계획을 무시하고 공휴일을 기념하는 음식을 모두 먹었어요."

MI에 부합하지 않는 정보 제공하기 : "공휴일은 많은 사람들에게 건강한 생활습관을 유지하는 데 어려운 시간이에요. 당신은 그러한 유혹들을 피하는 데 도움이 될 수 있는 방법과 계획을 유념하고 있어야 해요."

이 진술은 몇 가지 이유로 인해 MI에 부합하지 않는다고 할 수 있다. 첫째, 상담자 진술의 톤이 다소 판단적이며 내담자로부터 문제 행동으로 다시 역행하게 된 이유에 대해 이끌어내게 될 가능성이 있다. 둘째, 상담자는 전문가 역할을 취하고 있으며 재발에 대한 정보 제공하기로 건너뛰었다. 여기에서 상담자는 내담자가 협력자로서 무엇이 운동을 하지 못하게 하였고 과거의 식이 습관으로 돌아가게 하였는지 파악하도록 하는 기회를 놓치고 있다. 결국 상담자는 내담자가 재발을 피하기 위해 무엇을 해야 하는지에 대해서는 처방을 하였지만, 제공된 정보에 대한 내담자의 해석과 반응을 평가하는 기회는 놓치고 있다.

MI에 다소 부합하는 정보 제공하기 : "공휴일 동안 당신은 계획을 실천하는 것에 어려움을 겪었고 역행했다고 보고 있어요. 고위험 상황이라고 우리가 이름붙인 공휴일이 어려운 시간이 될 수도 있다는 것을 과거의 경험을 통해 기억할 수 있어요. 이러한 기간에 건강을 위한 계획은 특히 중요해요. 이러한 정보가 당신의 경험에 어떻게 부합하고 있나요?"

이 진술은 다소 MI에 부합한다고 할 수 있다. 상담자는 반영으로 시작하면서 공감과 내담자에 대한 이해를 전달하고 있다. 상담자는 정보 제공하기 이후 내담자의 생각을 확인하고 있다. 그러나 상담자는 정보 제공하기 이전에 내담자로부터 이끌어내기를 하지 않고 있으며 변화에 대한 과거 노력과 관련한 경험으로부터 이미 내담자가 무엇을 알고 있는지에 대해 먼저 확인해보지 않고 어떤 정보를 제공할지 결정하고 있다. 이는 내담자가 유지대화로 반응할 수 있는 가능성이 있다.

MI에 부합하는 정보 제공하기 : "공휴일 동안 당신의 계획에 대해 어려움을 겪었고 당신은 역행했다고 보고 있어요. 변화를 시도하려 했던 과거 경험들을 통해 변화의 어려움에 대해 이미 알고 있는 것이 무엇인가요? [내담자의 반응을 기다린다.] 음식에 대한 유혹으로 인한 스트레스와 매우 바쁜 상태 같은 다양한 이유로 인해 식이계획과 운동 습관을 변화시키려고 시도하고 있는 사람들에게 공휴일은 특히 위험한 시간이 될 수 있다고 이야기한다는 가정을 해볼게요. 이러한 정보가 당신의 경험에 어떻게 부합하고 있나요?

이 진술은 몇 가지 이유로 인해 MI에 부합한다고 할 수 있다. 첫째, 이 진술은 문제에 대한 내담자의 생각을 반영하는 것으로 시작하고 있으며 이는 그녀의 경험을 타당화해준다. 또한 판단적인 톤 없이 내담자가 인식하고 있는 사실을 단순하게 반복해서 말하도록 하고 있다. 그다음, 상담자는 공휴일 기간 동안 어떻게 많은 사람들이 어려움을 겪을 수 있는지에 대해 몇 가지 정보와 타당한 이유들을 제공해주고 있다. 마지막으로 내담자에게 무엇을 해야 하는지 말해주기보다는 제공된 정보들에 대한 내담자의 해석을 이끌어내고 있다. 이러한 접근을 사용하게 되면 상황에 대한 정서중심적인 반응은 줄이고 사실중심적인 사고방식으로 의사소통함으로써 앞으로 나아가야 할 방향에 대해 초점을 맞출 수 있게 된다.

가능한 전략 2 : 중요도와 자신감 재평가하기

실수와 재발을 변화 과정의 자연스러운 부분으로 인정하는 것은 내담자의 동기를 강화하여 다시 적극적인 행동 변화를 시도하도록 초점 맞출 수 있다. 따라서 내담자의 변화동기에 대해 다시 논의하는 것이 필요할 수 있다(Miller et al., 2011). 이러한 논의를 시작하는 한 가지 방법은 내담자에게 변화가 얼마나 중요한지, 실수와 재발 후에 변화를 위한 그들의 능력에 대해 얼마나 자신감을 가지는지 재평가하는 것이다. 다른 말로, 상담자는 내담자의 어떤 것이 변화하여 문제 패턴을 다시 일으켰는지 평가하기 위해 중요도, 자신감 척도 질문을 사용할 수 있다.

예시 : MI에 부합하는/부합하지 않는 중요도와 자신감 재평가하기

내담자 : "저는 무슨 일이 일어났는지 잘 모르겠어요. 제가 정신을 차린 후엔 이미 2개월이 지났었고 그동안 저는 운동을 하지 않았어요. 그 후 저는 저의 식이계획을 무시하고 공휴일을 기념하는 음식을 모두 먹었어요."

MI에 부합하지 않는 중요도와 자신감 재평가하기 : "당신의 식이조절과 운동이 여전히 중요하단 말씀이신가요?"

이 상담자의 진술이 MI에 부합하지 않는 두 가지 이유가 있다. 첫째, 이러한 유형의 질문을 사용하는 것은 특히 재발한 상황에서 다소 판단적일 수 있으며 내담자에게 변화를 다시 일으키는 것이 얼마나 중요한지 평가하는 것으로 인식되기보다는 비난으로 여겨지고 불협화음을 조장할 가능성이 있다. 둘째, 닫힌 질문을 사용했기 때문이다. 이러한 질문의 톤은 내담자로부터 긴 대답을 이끌어내기보다는 단답형의 반응을 이끌어낼 가능성이 있다. 따라서 상담자는 이러한 질문을 사용함으로써 왜 변화의 중요도가 감소하였고 변화를 꺼리게 되었는지 내담자로 하여금 스스로 탐색하게 하는 기회를 놓치고 있다.

MI에 다소 부합하는 중요도와 자신감 재평가하기 : "지금 당신에게 변화하는 것이 얼마나 중요한가요?"

이 진술은 다소 MI에 부합한다고 할 수 있다. 상담자는 내담자가 자신의 관점을 나눌 수 있게 초청하는 열린 질문을 사용하였다. 그러나 질문으로 바로 넘어가 상담자는 공감을 표현하고 지지를 제공하고 스스로에 대해 실망감을 느낄 수 있는 내담자를 인정해줄 수 있는 기회를 놓치고 있다. 이 열린 질문은 꼭 '나쁜' 질문은 아니다. 하지만 이러한 상황에서는 내담자가 변화를 중요하게 생각하지 않고 있다는 상담자의 신념을 암시할 수 있다. 이는 내담자로 하여금 방어를 일으킬 수 있다.

MI에 부합하는 중요도와 자신감 재평가하기 : "변화 계획에 방해가 되는 공휴일을 포함하여 지난 몇 달 동안 많은 일들이 있었네요. 0점(전혀 중요하지 않음)에서 10점(가장 중요함) 척도에서 변화를 다시 일으키는 것이 당신에게 얼마나 중요한지 궁금하네요. [내담자 대답 : "8점 정도인 것 같아요."] 그렇다면 변화를 다시 시도하는 것이 당신에게 꽤 중요하군요. 무엇이 중요도를 6점이 아닌 8점으로 만들었을까요?"

MI에 부합하는 중요도와 자신감 재평가하기 : "변화 계획에 방해가 되는 공휴일을 포함하여 지난 몇 달 동안 많은 일들이 있었고 당신에게 좌절을 줬네요. 0점(전혀 자신 있지 않음)에서 10점(매우 자신 있음) 척도에서 변화를 다시 시도하기 위한 당신의 능력에 대해 당신은 얼마나 자신이 있나요? [내담자 대답 : "4점 정도인 것 같아요."] 그렇다면 변화를 하는 것이 당신에게 중요한 반면, 최근의 경험으로 인해 당신은 변화를 다시 일으키는 것에 대해서는 자신감이 없으시군요. 4점에서 7점으로 자신감을 높이기 위해서는 어떤 상황이 일어나야 할까요?"

이러한 진술은 몇 가지 이유로 MI에 부합한다고 할 수 있다. 첫째, 이 진술은 내담자의 재발과 관련한 경험을 타당화하는 반영으로 시작하고 있다. 이것은 실제로 판단적이지 않고 단순하게 내담자가 경험한 것에 감정을 더하여 재진술해주고 있다. 그다음, 상담자의 진술은 변화가 얼마나 중요하고 변화를 다시 일으키는 것에 얼마나 자신감이 있는지 내담자의 관점을 재평가하는 것에 초점을 맞추고 있다. 변화를 다시 시도하는 것에 대해 내담자가 준비되어 있고 자신감이 있는지 가정도 하지 않는다. 행동의 중요도에 초점을 맞추고 있는 척도 질문을 사용해 상담자는 내담자가 변화를 다시 시도할 것인지 아닌지에 대한 이해를 높일 수 있다. 마지막으로, 이후의 질문은 변화를 일으키는 것이 왜 중요하고 어떻게 자신감을 가질 수 있는지 논의함으로써 내담자가 변화대화를 말하도록 안내한다.

가능한 전략 3 : 과거 회상하기

내담자들이 재발하게 되면 무엇으로 인해 다시 문제 행동으로 돌아가게 되었는지 자꾸 생각하게 된다. 그들이 적극적으로 변화하는 동안의 모습이 어떠했는지 기억하지 못하기 때문에 동기가 변화하게 된다. 따라서 재발 후 변화를 다시 시도할 수 있게 동기를 강화하기 위해서, 내담자가 적극적으로 변화하던 때를 다시 회상하고 현재 상태와 비교하는 것은 중요하다.

예시 : MI에 부합하는/부합하지 않는 과거 회상하기

내담자 : "저는 무슨 일이 일어났는지 잘 모르겠어요. 제가 정신을 차린 후엔 이미 2개월이 지났었고 저는 운동을 하지 않았어요. 그 후 저는 저의 식이계획을 무시하고 공휴일을 기념하는 음식을 모두 먹었어요."

MI에 부합하지 않는 과거 회상하기 : "재발하기 전 당신이 적극적으로 변화하던 때의 모습이 어떠했는지 기억하시나요?"

상담자는 닫힌 질문을 사용하고 있기 때문에 이 진술은 MI에 부합하지 않는다. 또한 이 질문은 내담자에게 판단적으로 여겨질 수 있다. 게다가 상담자는 '재발'이라는 단어를 사용함으로 낙인찍기 함정에 빠졌다. 낙인감을 주는 단어는 판단받았다고 느끼는 내담자로부터 불협화음을 이끌어낼 수 있다.

MI에 다소 부합하는 과거 회상하기 : "당신은 어느 정도 진전을 이룬 후 다시 이전 행동으로 되돌아간 것에 대해 낙심하고 있어요. 아마 우리는 당신의 계획에서 무엇이 역행을 하도록 만들었는지 잠시 회상해볼 수 있을 거예요."

상담자는 반영을 해줌으로써 공감을 전달하고 있다. 그러나 전통적으로 MI에서 과거 회상하기 전략은 내담자가 문제 행동에 관여하지 않았던 때에 초점을 맞추고 있다. 따라서 내담자의 동기를 다시 강화할 수 있도록 내담자가 변화하고 있을 때의 모습에 초점을 맞추기보다 문제에 초점을 맞추어 이야기하도록 만들기 때문에 이러한 방식으로 과거 회상하기를 적용하는 것은 다소 MI에 부합한다고 할 수 있다.

MI에 부합하는 과거 회상하기 : "당신은 많은 진전을 이룬 후 운동을 그만두게 된 것과 공휴일을 기념하는 음식들을 먹었던 것에 대해 낙심하고 있어요. 잠시 동안 운동과 식이계획을 실천했던 때를 회상해보는 시간을 가져서 당신이 현재 원하고 있는 변화의 방향으로 다시 돌아갈 최선의 방법들을 알아보는 건 어떨지 궁금하네요."

이 상담자의 진술을 MI에 부합하도록 만드는 몇 가지 측면이 있다. 상담자는 재발에 대한 내담자의 감정을 반영해주고 있다. 이 반영에서 상담자는 내담자의 언어를 사용하였고 내담자가 했던 행동에 대해 낙인찍는 것을 피하고 있다. 상담자는 내담자의 현재 상태와 비교하여 문제를 경험하지 않고 있을 때를 회상해봄으로써 MI에 부합하는 과거 회상하기를 사용하고 있다.

가능한 전략 4 : 결정저울

실수나 재발이 내담자의 변화 준비도가 어느 정도 변화했다는 신호라고 할 때, 문제패턴을 유지하는 것과 변화시키는 것 사이의 장점과 단점을 탐색하는 것이 중요할 수 있다. 3장에서 언급한 MI에 부합하는 결정저울은 양가감정에서 변화를 지지하는 부분에만 초점을 맞추기보다 변화의 모든 측면을 탐색한다. 상담자에 의해 변화와 부합하는 부분이 지지받는 것은 내담자로 하여금 현상유지를 옹호하는 위치에 서게 한다. 따라서 내담자가 변화를 성공적으로 유지하고 있더라도, 어떤 것이 문제 패턴을 다시 일으키도록 작용하여 저울을 기울였을 수 있다는 인식이 필요하다. 예를 들어 Miller와 동료들(2011)은 내담자의 어떤 한 문제에 대한 성공적인 변화는 다른 문제에 대한 인식으로 이어질 수 있다고 제안하였다. 이 인식은 문제 패턴으로 다시 물러나게 할 수 있다. 따라서 변화하는 것이나 변화하지 않는 것에 대해 재평가함으로써 내담자를 안내하는 것이 필요하다.

예시 : MI에 부합하는/부합하지 않는 결정저울

내담자 : "저는 무슨 일이 일어났는지 잘 모르겠어요. 제가 정신을 차린 후엔 이미 2개월이 지났었고 저는 운동을 하지 않았어요. 그 후 저는 저의 식이계획을 무시하고 공휴일을

기념하는 음식을 모두 먹었어요."

MI에 부합하지 않는 결정저울 : "그로 인해 당신은 재발하게 되었고 몸무게를 감량하고 혈압도 유지하기 위해서는 다시 당신의 계획으로 돌아가는 것이 중요하겠군요. 다시 변화하지 않으면 당신의 건강을 악화시키기만 할 거예요."

분명히 이 진술은 변화의 이득과 변화하지 않는 것의 손실에 대한 논의를 시도하고 있다. 그러나 이것은 MI에 부합하지 않는다. 상담자는 전문가 역할을 취하면서 변화하는 것의 이득과 변화하지 않는 것이 문제라는 이유들을 제시하고 있다. 이런 반응은 변화하는 것의 손실과 현상유지의 이득을 표현하게 함으로써 내담자가 변화에 저항하는 입장에 서게 할 가능성이 있다. 다른 말로 하자면, 상담자는 MI에 부합하지 않게 변화해야 한다는 논쟁을 하고 있는 것이다.

MI에 다소 부합하는 결정저울 : "변화를 시도했던 어떤 행동을 다시 시작한 것에 대해 걱정하고 있군요. 그런 행동을 다시 시작한 것의 장점과 단점은 어떤 것들이 있을까요?"

이 반응은 다소 MI에 부합하는 결정저울이라고 할 수 있다. 상담자는 이해와 공감을 표현하는 반영으로 시작하고 있다. 그러나 결정저울에 대해 탐색하면서 상담자는 변화를 다시 시작하는 장점과 단점은 무시하고 단지 문제 행동을 다시 시작한 것의 장점과 단점에 대해서만 이끌어내고 있다. 이런 접근은 내담자로 하여금 문제 행동에 대해서만 이야기하도록 하고 변화를 다루는 것은 피하도록 이끈다.

MI에 부합하는 결정저울 : "당신은 잠시 변화를 시도했던 이전 행동으로 돌아갔었어요. 그것이 당신을 걱정하게 만들고 있어요. 지금 현재 상태를 유지하는 것의 장점과 단점은 어떤 것들이 있을까요? 변화를 위한 노력들을 다시 시작하는 것의 장점과 단점에는 어떤 것들이 있을까요?"

이 반응은 몇 가지 이유로 MI에 부합한다고 할 수 있다. 이 진술은 내담자가 말한 것을 재진술하면서 시작하고 있다. 또한 내담자의 진술에서 말하지 않은 감정을 강조하면서 현재 상황에 대해 내담자가 걱정하고 있다는 것을 덧붙였다. 상담자는 먼저 내담자가 변화를 위해 노력하는 과정에서 현재 상태를 유지하는 것에 대해 질문함으로써 결정저울을 촉진하고 있다. 다음으로, 상담자는 내담자의 변화를 위한 노력을 다시 시작하는 것에 대해 질문하고 있다. 상담자는 한쪽 측면(변화하기 또는 현상유지하기)만 지지하고 있지 않다. 이것은 결정저울에서 중요한 특징이다.

가능한 전략 5 : 강점 이끌어내기와 인정하기

내담자들이 실수나 재발을 경험할 때 그들을 역행하도록 만든 실수에 초점을 맞추게 되는 경향이 있다. 이는 부정적인 효과를 나타내며 회피적으로 만든다(DiClemente, 2003). 그러나 실수나 재발이 일어나기 전에 그들은 적극적으로 변화를 만들어내고 있었다. 따라서 강점이 나타나고 이루어낸 성취가 있을 가능성이 있다. 상담자가 결국에 실수나 재발을 일으킨 상황에 대해 논의하는 것이 필요하긴 하지만 성공과 변화를 위해 노력하는 과정에서 어떤 강점이 그들을 도와주었고 어떤 것이 성공적이었는지 이끌어내는 것 또한 중요하다.

예시 : MI에 부합하는/부합하지 않는 강점 이끌어내기와 인정하기

내담자 : "저는 무슨 일이 일어났는지 잘 모르겠어요. 제가 정신을 차린 후엔 이미 2개월이 지났었고 저는 운동을 하지 않았어요. 그 후 저는 저의 식이계획을 무시하고 공휴일을 기념하는 음식을 모두 먹었어요."

MI에 부합하지 않는 강점 이끌어내기와 인정하기 : "당신은 계획을 따르지 않았어요. 무슨 일이 있었던 거죠?"

이런 유형의 반응은 재발을 더 잘 이해하기 위한 시도로 상담자들에 의해 흔하게 사용된다. 그러나 상담자는 내담자의 성공에 대해 언급하지 않고 내담자의 강점을 이끌어내고 있지도 않다. 게다가 그 의도가 지지적이긴 하지만 이런 유형의 반응은 내담자를 더 낙심시킬 수 있다. 변화 과정 중 실패감을 명확하게 전달하고 있으며 성공에 대한 상담자의 언급은 내담자가 문제 행동으로 역행한 것에 초점을 맞추게 할 가능성이 있다. 마지막으로 어떤 일이 있었는지에 초점을 맞추는 것은 강점을 이끌어내기보다는 약점과 함께 재발을 일으킨 문제에 내담자가 더 초점을 맞추게 한다.

MI에 다소 부합하는 강점 이끌어내기와 인정하기 : "당신은 몇 달 동안의 행동들로 인해 조금 낙심한 것처럼 보이네요. 이것은 누구에게나 일어날 수 있는 일이에요. 스스로를 너무 엄하게 대하지 마세요. 저는 당신이 제자리로 돌아가서 다시 시작할 수 있을 것이라는 걸 알고 있어요."

이 진술은 다소 MI에 부합한다. 상담자는 공감을 표현하는 반영으로 시작하고 있다. 그리고 내담자를 인정하려고 시도하고 있다. 그러나 상담자는 내담자의 강점이나 과거 성공에 대해 언급하기보다는 내담자의 능력에 대한 자신의 생각에 초점을 맞추고 있다. 이런 종류의 응원은 교정 반사의 예이다. 이런 반응은 내담자로부터 상담자가 교정하려고 하는 변화대화의 반대쪽을 이끌어낼 가능성이 있다.

MI에 부합하는 강점 이끌어내기와 인정하기 : "당신은 몇 달 동안의 행동들로 인해 조금 낙심한 것처럼 보이네요. 그런 상황에서 당신은 이곳에 다시 돌아오기로 결심했고 이것은 당신이 변화를 지속하고 있다는 것을 말해주고 있어요. 혹시 7개월 동안 당신의 계획에서 성공적이었을 때 스스로에 대해 무엇을 배웠는지 저에게 이야기해줄 수 있나요?"

이 진술은 몇 가지 이유로 MI에 부합한다고 할 수 있다. 첫째, 재발로 인해 내담자가 느꼈던 감정에 대해 반영해주고 있다. 다음으로, 상담자는 내담자가 돌아온 것에 대해 인정해주고 있다. 마지막으로 상담자는 내담자의 강점과 재발하기 전 변화를 이루어낸 성공으로부터 배운 것들을 이끌어내려 하고 있다.

가능한 전략 6 : 재구조화하기

문제 패턴으로 되돌아가는 것은 내담자와 어떤 상담자들에겐 변화 과정 중의 실패로 보일 수 있다. 이러한 관점은 다양한 정서적, 인지적, 행동적 반응을 유발할 수 있다. 정서적으로 내담자들은 죄책감, 우울감, 불안감을 느낄 수도 있다. 행동적으로 내담자들은 변화 계획에 개입하고 있는 전문가들을 회피하게 될 수도 있다. 유감스럽게도 이러한 정서적, 인지적, 행동적 반응들은 내담자의 변화를 어렵게 할 가능성이 많다. 실수나 재발이 무엇인지 재구조화하는 것은 정서적, 인지적, 행동적으로 변화에 도움이 되는 다른 반응을 촉진하도록 도와줄 수 있다. 사실 Miller와 동료들(2011)은 실수나 재발을 행동 또는 선택으로 간주하는 것을 제안하였다. 앞에서 언급하였듯이 문제 행동으로 되돌아가는 것을 변화 과정의 자연스러운 한 부분으로 생각하는 것은 상담자와 내담자가 변화로부터 역행하는 것을 재구조화하는 데 도움이 되며 이는 상담자가 역행과 문제를 더 잘 이해하고 다음에 무엇을 해결해야 하는지 파악하도록 도와줄 수 있다.

예시 : MI에 부합하는/부합하지 않는 재구조화하기

내담자 : "저는 무슨 일이 일어났는지 잘 모르겠어요. 제가 정신을 차린 후엔 이미 2개월이 지났었고 저는 운동을 하지 않았어요. 그 후 저는 저의 식이계획을 무시하고 공휴일을 기념하는 음식을 모두 먹었어요."

MI에 부합하지 않는 재구조화하기 : "당신은 재발하였군요. 이것은 변화 과정 중에 일어날 수 있는 정상적인 부분입니다."

상담자는 재발이 변화의 한 부분이라고 말하고 있기 때문에 이 진술은 재구조화를 시도하고 있다는 것을 보여주고 있다. 그러나 낙인감을 주는 '재발'이라는 용어를 사용함으로써 낙인찍기 함정에 빠지게 되어 이 진술은 MI에 부합하지 않는다. 재발이라고 명명하는 것은 내담자로부터 불화를 유발할 수 있다. 게다가 상담자는 내담자가 왜 변화 계획으로부터 일탈하게 되었고 어떻게 그렇게 되었는지에 대한 추가적인 정보를 이끌어내려 하지 않고 내담자가 문제를 가지고 있는 이유에 대해 완전히 이해하고 있다는 가정을 드러냄으로써 전문가 역할을 취하고 있다.

MI에 다소 부합하는 재구조화하기 : "제 경험으로 봤을 때 변화로부터의 역행은 변화의 자연스러운 부분이에요. 그리고 저는 오늘 당신이 돌아온 것이 좋다고 생각해요. 이것은 당신이 변화를 유지하기 위해 얼마나 결심을 하였는지 보여주고 있어요. 저는 이러한 부분에 대해 자랑스럽게 생각해요."

이 반응은 지지적이고 재발에 대해 재구조화하고 있어서 MI에 부합하는 것으로 보일 수 있다. 그러나 몇 가지 이유로 인해 MI에 다소 부합하지 않는다. 첫째, 상담자는 내담자 내적 통제감을 강조하지 않고 정보를 나누는 것에 대해 알리거나 초청하는 것 없이 정보를 제공하는 전문가 함정에 빠졌다. 게다가 상담자는 '저는(I)'이라는 단어를 사용함으로써 '당신은 저를 기쁘게 했어요'라는 메시지를 전달하면서 인정하기의 규칙을 위반하고 있다.

MI에 부합하는 재구조화하기 : "오늘 이곳에 와주셔서 감사해요. 최근에 당신은 변화 계획으로부터 물러나 있기를 선택하고 있어요. 그리고 7개월 동안의 성취와 비교하며 낙심하고 있어요. 당신의 상황은 좋은 배움의 기회를 우리에게 제공해주고 있는 것 같아요. 이것에 대한 당신의 생각은 어떤가요?"

이 진술은 몇 가지 이유로 인해 MI에 부합한다. 첫째, 재발을 고려하는 내담자가 방문해준 것을 긍정적으로 재구조화하며 인정해줌으로써 진술을 시작하고 있다. 다음으로, 상담자는 낙인찍기를 피하고 있으며 내담자가 선택했다는 것에 대해 강조하고 있다. 이는 내적 통제감에 힘을 실어준다. 마지막으로 상담자와 내담자는 배움의 기회를 얻었다는 것을 제안하며 그들이 배울 수 있는 변화 과정의 한 부분으로 재발을 재구조화하고 있다.

임상적 난제 3 : 과도한 기대감

설명

추진력에 영향을 줄 수 있는 유형 중 상당히 힘든 난제는 과도한 기대를 가지고 있는 내담자이다. 내담자들은 적은 노력으로 이룰 수 있는 변화나 신비적 치유 또는 변화를 위해 사용할 수 있는 기술에 대한 기대를 가지고 있을 수 있다. TV에서 당신은 빠르게 변하는 다양한 도구에 대한 광고들을 볼 수 있다. 그러한 도구는 '지방을 녹이는' 옷, 에너지를 증가시키거나 체중을 감량시키는 약, '고등학교 때의 몸'으로 돌아가기 위해 최소한의 신체 활동을 요구하는 운동기구까지 다양하다. 다른 이유들과 더불어 이러한 이유로 인해 많은 사람들은 적은 노력을 필요로 하는 변화 계획을 찾는다. 따라서 "비현실적이거나 성취 불가능한 목표를 가지고 있는 내담자들과 무엇을 해야 하나요?"라는 질문을 자주 받는 것은 놀라운 일이 아니다.

과도한 기대감을 가지고 있는 내담자들은 많은 상담자들에게 흥미로운 딜레마를 제기하게 되며 상담자들은 내담자를 교육시켜야 한다는 강한 압박을 느낄 수 있다. 그리고 그들의 지식, 경험, 특정 문제를 변화시키는 것에 관한 연구들을 근거로 더 현실적인 목표를 제안해야 한다고 느낄 수도 있다. 우리는 변화목표를 설정하는 임상적 훈련과 규칙들, 특히 성공을 촉진할 수 있도록 현실적이고 다루기 쉬운 목표를 유지해야 한다는 규칙을 기억하고 있다. 그러나 이런 전문가 역할은 MI에 부합하지 않는다. 사실 내담자들에게 그들의 목표가 비현실적이거나 성취할 가능성이 낮다고 알려주는 것과 대안적 목표를 처방해주는 것은 좀 더 성취 가능한 변화목표를 설정할 수 있도록 그들을 도와주기보다는 실제로는 내담자의 동기를 감소시킬 수 있다. 따라서 내담자들이 과도하고 비현실적인 기대를 가질 때 어떻게 MI에 부합하도록 내담자들의 기대를 다룰 수 있는지는 딜레마이다.

예시 : 브랜디는 기혼여성으로 결혼생활과 남편과의 대화 부족에 대한 걱정으로 개인상담을 시작하였다. 그녀는 결혼 10년 차이며 세 아이를 가진 이후 남편과의 관계는 점점 악화되고 있다고 하였다. 특히 브랜디는 남편과 대화를 시작하려 하면 남편이 반응하지 않으며 그녀로부터 더 떨어져 있으려고 한다고 말했다. 그녀는 관계와 관련한 몇몇 책들을 읽었지만 완벽한 해결책을 찾을 수는 없었다. 그래서 그녀는 남편이 자신과 관계를 맺을 수 있도록 하는 최선의 방법을 배우기 위해 상담을 받게 되었다. 그녀는 자신의 관계 문제를 해결할 수 있는 방법을 상담자로부터 제공받기를 원하고 있다.

심리학자로서 우리는 스스로의 변화를 위해 우리가 도움을 제공할 수 있다는 특정한 기대를 가진 내담자들을 종종 만나게 된다. 그러한 기대들은 '상담자가 내담자들을 변화시켜야만 한다'는 생각과 관련이 있다. 우리는 이러한 기대가 많은 의료적 개입들로부터 왔다는 것을 알 수 있다. 특히 급성 질환으로 인한 환자들의 경우 문제를 고치기 위해 무엇인가 해줄 수 있는 건강돌봄 전문가에게 주로 의지하게 된다. 그러나 이 모델은 만성질환과 그보다 더 심각한 문제들의 관리나 예방에는 일반적으로 적합하지 않다. 이러한 유형의 문제들에 대한 최선의 해결책은 내담자에게 단지 '무엇을 해주는' 식의 상담자에 의해서는 거의 성취되기 어렵다. 그 대신에 그 해결책은 변화를 위해 내담자에게 '무엇을 하게끔' 요구하는 것이다.

예시 : 얼은 3년 전 천식을 진단받은 크레이그(10세)의 편부이다. 크레이그는 천식을 잘 관리하지 못해 천식과 관련한 문제로 인해 6개월 동안 세 번이나 병원에 입원하게 되면서 주치의로부터 의뢰를 받아 상담에 오게 되었다. 얼은 크레이그가 천식 관리를 위한 의료 권고사항을 따르지 않는다고 말하였고 자신도 크레이그가 무엇을 해야 하는지 잘 모르겠다고 하였다. 얼은 하루에 10~12시간 동안 일을 하기 때문에 크레이그의 행동을 옆에서 관찰할 수 없고 약을 잘 먹도록 도와줄 수 있는 상황이 안 된다고 하였다. 얼은 상담을 통해 아들이 '힘을 얻고' 약물치료를 잘 받을 수 있게 될 것이라 생각했다.

마지막으로, '빠른 조치'에 대한 우리의 사회적 초점에 근거하자면, 내담자들은 그들의 변화와 관련된 결과와 얼마나 빠르게 긍정적인 변화가 일어날지에 대한 비현실적인 기대들을 가질 수 있다. 그들은 체중을 감량하는 것을 통해 관계가 향상될 것이라고 생각할 수 있다. 또는 단순하게 영양 관련 상담에 참석하는 것이 그들의 당뇨병을 치료할 것이라고 생각할 수 있다.

예시 : 스티브는 비만, 고혈압, 당뇨를 진단받았다. 어렸을 적부터 체중관리에 어려움을 겪었으며 지난 5년 동안 그의 주치의로부터 치료를 받았다. 스티브는 다른 사람들과 마찬가지로 평생 불규칙한 다이어트를 해 왔다. 어느 정도 체중을 감량하고 난 후, 체중은 더 많이 증가했다. 스티브는 최근에 경미한 심장마비를 겪으며 건강과 체중에 대해 점점 더 걱정하게 되었다. 사실 그는 체중 감량에 대한 자신의 결심을 표현했었다. 그러나 그는 그의 생일에 맞춰 3개월 안에 68kg을 감량하기 원했기 때문에 다음 달까지 50kg을 감량하는 것이 목표라고 말했다. 그는 이 목표를 달성하기 위한 최선의 방법에 대해 체중 감량 전문가로부터 지도를 받고 싶어 한다.

이와 유사하게, 변화하는 중에 어떤 진전을 이룬 사람들은 그들의 진전이 의미하는 것을 과대평가하기도 하며 완벽하게 변화했고 치료받았다고 확신하기도 한다. 작은 성취를 완벽한 치료로 여기는 기대감은 사람들의 변화 계획을 어렵게 할 수 있다.

예시 : 셸리아는 7년 동안 고통 받았던 약물중독에서 벗어난 회복 초기에 있었다. 그녀는 약물남용 주거치료 프로그램에 참여하고 있었고 3주 동안 약물을 사용하지 않았었다. 프로그램에 들어온 이후 셸리아는 치료에 참여하였고 신체적으로 회복하고 있는 신호들을 보였다. 셸리아는 치료에서 좋은 진전을 이루었고 얼마나 나아지고 있는지 인식할 수 있었다. 최근 대화에서 그녀는 이제 자신의 중독을 통제할 수 있다는 생각을 말했다(일반적으로 '핑크 구름 효과'라고 불린다). 그녀는 자신이 나아지면서 치료 시설이 아닌 곳에서 더 시간을 보내고 싶다고 말하였다.

내담자가 변화에 대해 과도한 기대감을 갖는 이유가 무엇이든지, MI에 부합하는 상담을 고수하는 것은 특별한 도전을 일으킨다. 이 도전은 MI에 부합하는 상담을 지속하면서 동시에 변화 계획에 대해 좀 더 현실적인 기대를 갖도록 내담자를 돕는 것을 포함한다. 부분적으로 이 도전은 상담자에게 내담자를 고치려고 하는 자연스러운 경향성을 일으키는 교정 반사로부터 나타난다(2장 참조). 따라서 비현실적인 기대에 대해 작업할 때 MI에 부합하는 상담을 유지하기 위해 상담자가 할 수 있는 중요한

한 가지는 교정 반사를 지양하는 것이다. 다음의 내용은 비현실적 목표에 대해 다룰 때 교정 반사를 지양하고 MI에 부합하는 상담을 유지하도록 도와주는 몇 가지 전략이다.

가능한 전략 1 : 염려를 전달할 때 허락 구하기

MI에 부합하도록 비현실적인 목표에 대해 논의할 때, 상담자는 내담자의 비현실적인 목표에 반대하거나 새로운 목표를 제공하며 직접적으로 자신의 전문적인 지위를 강하게 드러내지 않아야 한다. 많은 상담자들은 변화에 대한 사실과 내담자들이 그들의 기대를 수정할 수 있도록 돕는 전략으로써 변화 과정에 대해 교육하고 싶은 충동을 느낄 수 있다. 사실 어떤 접근들은 변화 계획이나 목표 설정의 초기에 이러한 교육을 필요로 한다. 반면, MI는 내담자들이 자신들의 변화를 절충해 가는 중에 자율성을 유지하도록 촉진한다. 내담자들을 직접적으로 교육하는 것은 내담자–상담자 상호작용에서 수동적인 분위기를 조장한다. 그러나 상담자는 확실하게 정보를 제공할 수 있으며 심지어 MI에 부합하게 염려 또한 나눌 수 있다.

3장에서 논의하였듯이 MI에 부합하는 방식으로 내담자와 정보를 나눌 수 있다. 첫째, 상담자는 어떤 정보를 제공할 때 허락을 구하거나 자신이 나누고 싶은 어떤 정보가 있다는 것을 알려줌으로써 MI에 부합하도록 상담할 수 있다. 상담자가 어떤 정보를 나누는 것에 대해 허락을 구하거나 미리 양해를 구할 때 상담자는 내담자와의 협력적인 관계를 중요하게 생각한다는 것과 변화 과정에 대한 내담자들의 생각을 수용한다는 것을 전달하게 된다. 또한 변화 과정에서 내담자와 동료로서 관계하길 원한다는 것을 전달하게 된다. 정보를 제공하는 또 다른 MI적 접근은 제공된 정보를 토대로 내담자가 선택하도록 내적 통제감을 강조하는 것이다. 협동정신에 더하여 내적 통제감을 강조하는 것은 상담자가 내담자를 수용하고 있다는 것과 그들이 생각하기에 최선인 것을 선택하게 하여 자율성을 존중하고 있다는 것을 전달한다.

예시 : MI에 부합하는/부합하지 않는 정보 또는 염려 나누기

내담자 : "저는 치료에서 진전을 이루었다고 진짜 그렇게 생각합니다. 시설이 아닌 다른 곳에서 더 시간을 보낼 준비가 되어 있어요. 저는 이제 이 중독을 통제할 수 있어요."

MI에 부합하지 않는 정보 또는 염려 나누기 : "당신은 이곳에 3주 정도 있었고 어느 정도 진전을 이루었어요. 신체적으로 약물은 마침내 당신의 몸에서 없어졌어요. 그리고 정서적으로도 더 나아졌습니다. 하지만 중독으로부터 완전히 회복하기 위해 당신이 해야 하는 많은 일들이 더 있습니다. 그리고 시설에서 떨어져 있는 시간을 더 보내게 되면 당신은 재발의 위험에 노출될 거예요."

이 진술은 회복의 심리사회적 측면에 대한 정보와 회복은 시간을 필요로 하며 아직 진행 중인 과정이라는 것을 전달하고 있다. 이러한 진술이 과도한 직면은 아니라고 하더라도, MI에 부합하지 않는다고 할 수 있으며 불협화음을 일으킬 가능성이 있다. 특히 상담자는 그 상황에 대해 '정확한' 지식을 전달하는 전문가 역할을 취하고 있어서 이 진술에 내담자는 저항하게 될 가능성이 높다.

MI에 다소 부합하는 정보 또는 염려 나누기 : "당신은 어느 정도 진전을 이루었고 치료에서의 성취에 대해서도 좋은 감정을 느끼고 있습니다. 한 가지 염려되는 것은 치료 초기에 자신의 중독에 대해 통제력을 갖게 되었다고 느끼는 것과 더 많은 시간을 시설 밖에서 보내길 원하는 것은 일반적인 일이라는 것입니다. 이러한 내용이 당신의 경험과 잘 맞는다고 생각하시나요?"

이 진술은 다소 MI에 부합한다. 그리고 상담자는 지지적으로 내담자를 반영해주고 있다. 그러나 온전히 MI에 부합한다고는 할 수 없다. 왜냐하면 상담자는 정보를 제공하려는 것에 대해 알려주고 있지도 않고 허락을 구하고 있지도 않기 때문이다. 이와 유사하게, 상담자는 닫힌 질문으로 이 정보에 대한 내담자의 반응을 이끌어내려 하고 있다.

MI에 부합하는 정보 또는 염려 나누기 : "당신은 치료적인 부분과 정서적인 부분에서 어떤 진전을 이루었다고 인지하고 있어요. 정말 그렇게 느끼고 있기 때문에 시설 밖에서 더 많은 시간을 보낼 준비가 되어 있다고 생각하고 있어요. 만약 당신이 괜찮다면, 좀 더 깊이 생각해볼 수 있도록 회복 과정에 대한 몇몇 정보를 나누고 싶어요. [내담자의 대답을 기다린다] 초기 회복에서 일반적인 것 중 하나는 내담자가 신체적으로 괜찮아졌다고 느낄 때 자신이 중독에 대해 통제력을 가지게 되었다고 생각하는 것입니다. 이것을 증상이 호전되었다는 신호로 볼 수도 있지만 동시에 이러한 감정이 치료 종결과 같은 결정으로 이어질 수도 있기 때문에 우려되기도 합니다. 이렇게 종결하는 것은 내담자를 다시 중독에 빠지게 할 위험성을 높이게 됩니다."

이 진술은 MI에 부합한다고 할 수 있다. 왜냐하면 상담자는 내담자의 진술을 반영해주고 있으며 이는 공감을 전달하게 되기 때문이다. 다음으로 상담자는 정보를 제공하는 것에 대해 허락을 구하고 있으며 전문가로서 단순히 정보를 제공하지 않고 선택에 대한 내담자의 내적 통제감을 강조하고 있다. 마지막으로 상담자는 비판단적인 자세로 정보를 제공하고 있고 그 상황에 대한 염려는 자신의 것임을 인정하고 있으며 이는 내담자에 대한 연민을 전달해주고 있다.

가능한 전략 2 : 유발 질문 사용하기

내담자의 전문성을 활용하고 그들로부터 좀 더 현실적인 기대를 갖도록 도와주는 정보를 이끌어내는 것은 MI에 부합하는 상담을 유지하는 데 중요한 도구가 될 수 있다. 2장에서 언급되었듯이, 내담자들은 자신의 삶에 대해 전문가이며 자신들의 과거 경험에 대해 더 잘 이해하고 있다. 질문을 선택적으로 사용함으로써 상담자는 내담자들의 경험이 현재의 기대와 어떻게 연관되어 있는지 이끌어낼 수 있다. 유발 질문을 통해 상담자는 교정 반사를 피할 수 있고 내담자의 자율성을 존중해주며 전문가의 자세를 취하지 않고 내담자와 협력할 수 있다. 내담자들은 과거에 유사한 변화 계획을 시도했을 수 있으며 어떤 것이 효과가 있었는지 혹은 없었는지 알고 있을지도 모른다. 또한 그들의 현재 기대가 어떤 점에서 현실적이고 비현실적인지에 대해서도 알고 있을 수 있다. 따라서 유발 질문을 함으로써 상담자는 내담자의 기대를 좀 더 현실적으로 생각하도록 그들의 경험과 전문성을 활용할 수 있다.

예시 : MI에 부합하는/부합하지 않는 유발하기

내담자 : "저는 치료에서 진전을 이루었다고 진짜 그렇게 생각합니다. 시설이 아닌 다른 곳에서 더 시간을 보낼 준비가 되어 있어요. 저는 이제 이 중독을 통제할 수 있어요."

MI에 부합하지 않는 유발하기 : "당신은 정말 중독에 대해 통제력을 가지고 있다고 생각하시나요?"

이 질문은 두 가지 이유로 인해 MI에 부합하지 않는다. 첫째, 상담자는 닫힌 질문을 사용하였다. 유발 질문은 개방적으로 내담자가 충분하고 자유롭게 대답할 수 있도록 안내하는 경향이 있다. 둘째, 이 질문은 수사적 질문으로 가치판단을 내포하고 있다. 따라서 불협화음을 일으킬 가능성이 높다.

MI에 다소 부합하는 유발하기 : "당신은 진심으로 회복을 위한 결심을 하였군요. 그리고 당신이 이룬 성취들에 대해 인지하고 있어요. 이 프로그램에서 당신이 회복에 대해 배운 것들을 토대로, 당신이 회복하기 위해 필요한 것에는 무엇이 더 있을까요?"

이 진술은 다소 MI에 부합한다. 상담자는 내담자가 치료에서 그들이 이룬 진전에 대한 느낌이 어떠했는지 반영해주고 있다. 다음으로, 상담자는 목표와 관련하여 회복 과정에 대한 정보를 내담자로부터 이끌어내는 열린 질문을 사용하였다. 그러나 회복하려고 시도했던 과거 경험으로부터 내담자가 배운 것이 무엇인지에 대해 탐색하기보다, 상담자는 치료 시설에서 내담자가 배운 것에 대해 질문하고 있다. 이러한 접근은 상담자와 시설을 위한 전문가로서의 역할을 조장하며 내담자가 아닌 자신이 전문성을 가지고 있다는 것을 전달하게 된다.

MI에 부합하는 유발하기 : "당신은 진심으로 회복을 위한 결심을 하였군요. 그리고 당신이 이룬 성취들에 대해 인지하고 있어요. 회복에 대한 당신의 과거 경험들에 대해 이야기해 주세요. 그리고 어떻게 회복이 효과가 있었는지 당신이 알고 있는 것에 대해서도요. 그러한 정보가 지금 현재 당신의 선택에 어떤 도움을 줄 수 있을까요?"

이 진술은 MI에 부합한다. 상담자는 내담자의 진술을 반영해주는 것을 통해 공감을 전달하고 있다. 다음으로, 적절한 회복에 대한 정보를 제공하기보다, 내담자들을 자신의 경험에 대한 전문가로 초청하기 위해 회복에 대한 그들의 과거 경험을 활용하고 있다. 마지막으로 상담자는 현재 선택에 대한 내담자의 과거 경험과 지식을 연결시키는 유발하기를 사용하고 있다.

가능한 전략 3 : 이끌어내기-제공하기-이끌어내기

MI에 부합하는 접근은 이끌어내기-제공하기-이끌어내기 전략으로 첫 번째와 두 번째 전략을 합친 것이다. 3장에서 논의하였듯이, 이끌어내기-제공하기-이끌어내기 전략은 정보를 나누는 것에 대해 내담자도 함께 참여하도록 촉진하며 내담자로부터 정보와 반응들을 이끌어낸다. 이끌어내기-제공하기-이끌어내기는 내담자들이 알고 있는 것들에 대해 나누도록 하며 함께 나눈 정보와 염려들을 해석해보도록 초청한다. 또한 이 전략은 상담자로 하여금 내담자가 변화 계획에 대해 이미 믿고 있는 사실과 오해에 대한 이해를 도와주며 모자란 부분을 채워주거나 틀린 정보를 교정해 한층 더 잘 이해하도록 도와준다. 즉 상담자는 내담자들이 이미 알고 있는 것과 모르고 있는 것이 무엇인지 알게 되어 제공된 정보에 더 초점을 맞추도록 도와준다.

예시 : MI에 부합하는/부합하지 않는 이끌어내기-제공하기-이끌어내기

내담자 : "저는 치료에서 진전을 이루었다고 진짜 그렇게 생각합니다. 시설이 아닌 다른 곳에서 더 시간을 보낼 준비가 되어 있어요. 저는 이제 이 중독을 통제할 수 있어요."

MI에 부합하지 않는 이끌어내기-제공하기-이끌어내기 : "연구에서 우리가 발견한 것은 고위험 상황을 어떻게 더 잘 대처할 수 있는지 배우도록 돕는 게 중요하다는 것입니다. 그리고 이것은 시간을 필요로 합니다."

이 상담자의 진술은 두 가지 이유로 인해 MI에 부합하지 않는다. 첫째, 상담자는 내담자로부터 이끌어내기를 하지 않고 바로 정보 제공하기로 건너뛰었다. 둘째, 상담자는 정보에 대한 내담자의 반응과 해석을 이끌어내고 있지 않다. 마지막으로 이 진술은 판단적으로 인식될 수 있어 불협화음을 일으킬 가능성이 높다.

MI에 다소 부합하는 이끌어내기-제공하기-이끌어내기 : "당신은 정말 회복을 이루고 싶어 하는군요. 성공적인 회복에 대해 이미 알고 있는 것이 있다면 저에게 말씀해주세요. [내담자의 대답을 기다린다] 만약 제가 당신이 이해하고 있는 것에 좀 더 추가해보자면, 우리가 종종 발견하는 한 가지는 고위험 상황을 관찰하고 도움을 줄 수 있는 새로운 전략들을 배우는 것이 유용하다는 점이에요. 그러한 전략은 내담자들이 회복하면서 점차적으로 그러한 상황에 노출되도록 반복하는 것도 포함됩니다. 이해가 되시나요?"

이 진술은 다소 MI에 부합하는 이끌어내기-제공하기-이끌어내기를 활용한 것으로 볼 수 있다. 그러나 온전히 MI에 부합한다고는 할 수 없다. 왜냐하면 상담자는 정보를 제공한 후에 닫힌 질문을 사용했기 때문이다. 이러한 유형의 질문은 단답형의 대답만을 하게 만든다. 또한 "저에게 동의하시나요?"라는 메시지를 미묘하게 전달할 수 있으며 내담자로부터 정보에 대한 반응과 해석을 덜 나누게 하며 수동적으로 만든다.

MI에 부합하는 이끌어내기-제공하기-이끌어내기 : "당신은 정말 회복을 이루고 싶어 하는군요. 성공적인 회복에 대해 이미 알고 있는 것이 있다면 저에게 말씀해주세요. [내담자의 대답을 기다린다] 만약 제가 당신이 이해하고 있는 것에 좀 더 추가해보자면, 우리가 종종 발견하는 한 가지는 고위험 상황을 관찰하고 도움을 줄 수 있는 새로운 전략들을 배우는 것이 유용하다는 점이에요. 그러한 전략에는 내담자들이 회복하면서 점차적으로 그러한 상황에 노출되도록 반복하는 것도 포함돼요. 이것에 대해 어떻게 생각하시나요?"

이 진술은 MI에 부합한다고 할 수 있다. 상담자는 공감해주며 회복을 원하는 내담자를 강화해주고 있다. 다음으로, 정보를 제공하기 전에 회복에 대해 내담자가 현재 알고 있는 것들을 이끌어내고 있다. 상담자는 정보 제공하기로 바로 건너뛰기보다는 어떤 정보를 나누고 싶다고 알려주고 있다. 마지막으로, 그 정보에 대한 내담자의 반응을 이끌어내고 있다.

요약

느린 진전, 실수, 재발, 비현실적인 기대감은 내담자가 행동 변화에 관여하고 있을 때 종종 마주치게 되는 난제들이다. 내담자들은 각자 다른 속도로 변화하며 내담자가 느리게 진전을 보이는 이유는 다양하다. MI는 내담자의 느린 진전과 이와 관련된 변화 과정을 자연스러운 부분으로 바라보며 변화하고자 하는 동기는 계속 바뀔 수 있음을 인정한다. 이런 관점은 위의 난제들에 당면했을 때 좌절하지 않도록 도와준다. 우리가 제안한 많은 MI 전략은 상담자와 내담자들이 잠시 물러나 내담자가 변화를 촉신하는 동기 수준으로 다시 돌아가기 위해 어떤 변화가 필요하고 무엇이 변화하였는지 평가하며 더 잘 이해하도록 도와준다. 우리의 목표는 이 장에서 논의된 몇몇 MI 전략을 활용하는 방법에 대해 당신이 숙지하게 되는 것이다. 이를 통해 당신이 내담자들의 변화 과정에 맞게 그들을 도와주며 느린 진전에 대해 더 탐색하여 그들이 변화에 더 준비될 수 있도록 도와주고자 하는 것이다. 표 5.1은 임상적 난제들과 그에 맞는 MI 전략을 요약하여 제시해주고 있다.

표 5.1 ●● 추진력 상실에 대한 임상적 난제를 위한 동기강화상담 전략 요약

임상적 난제	MI 전략 제시
느린 진전 : 표현했던 변화 의도와 불일치하는 속도로 치료 과업, 과제, 목표를 완료하는 것	유발 질문하기 : 내담자들이 자신의 진전을 어떻게 생각하는지 평가하거나 진전에 영향을 미치는 변화들을 확인하는 것
	중요도와 자신감 평가하기 : 변화 중요도 또는 변화 자신감에 변화가 있는지 평가하는 척도 질문을 하는 것
	변화 계획 수정하기 : 뒤로 물러나 변화 계획이 효과가 있었는지 평가하고 검토하는 것
	내적 통제감 강조하기 : 내담자들이 스스로 통제력을 잃었다고 생각할 때 그들의 통제력 아래 있는 삶의 측면들을 강조하는 것
실수와 재발 : 변화를 유지했던 기간 후에 잠시 동안 또는 긴 기간 동안 문제 행동으로 다시 돌아가는 것	정보 제공하기 : 허락을 구한 후 실수와 재발의 자연스러운 과정에 대한 객관적이고 명확한 정보를 제공하고 변화 과정에 어떻게 관련지을 수 있는지 이끌어내는 것
	중요도와 자신감 재평가하기 : 변화에 대한 중요도와 자신감에 실수/재발이 어떻게 영향을 미쳤는지 이끌어내는 것
	과거 회상하기 : 변화를 어떻게 성취했고 이를 유지했는가를 알아보기 위해 최근의 변화노력들을 검토하는 것. 내담자가 이러한 정보를 어떻게 사용할 것인지 논의하는 것
	결정저울 : 문제 행동을 지속하는 것 또는 변화를 다시 시작하는 것의 장점과 단점에 대해 질문하는 것
	강점 이끌어내기와 인정하기 : 실수/재발 전 내담자의 긍정적인 행동들과 강점을 확인하는 것
	재구조화하기 : 변화에 대한 실패라기보다는 배움의 기회로 실수 또는 재발에 대해 보는 관점을 바꾸는 것
과도한 기대감 : 변화 과정에 대해 기대하는 결과가 성취 가능성이 매우 낮거나 불가능한 것	염려를 전달할 때 허락 구하기 : 허락을 구한 후 내담자들의 기대가 변화에 어떻게 영향을 미칠지 상담자의 염려를 표현하는 것
	유발 질문 : 내담자들의 기대와 비교하여 과거에 변화를 시도했던 내담자들의 전문성을 이끌어내는 것
	이끌어내기-제공하기-이끌어내기 : 변화에 대한 내담자들의 기대와 관련해서 스스로에 대해 알고 있는 것들을 이끌어내고, 객관적인 정보를 제공한 후 그 정보에 대한 내담자의 해석과 반응을 이끌어내는 것

06

정신과적 증상들과 장애

미국정신장애자동맹(The National Alliance for the Mentally Ill, 2013)에서는 정신 질환을 '사람의 생각, 감정, 기분, 다른 사람과 관계를 맺을 수 있는 능력과 일상생활 기능에 장애를 줄 수 있는 질환'이라고 정의하고 있다(p. 3). 또한 정신 질환은 정신장애(American Psychiatric Association, 2013), 신경정신장애(WHO, 2008), 그리고 정신증적 장애(Kessler et al., 1994)와 같은 용어들로도 언급되고 있다. 이와 같이 다양한 용어에 상관없이, 정신장애는 일반적인 사람들 사이에서 매우 흔한 증상이다. 세계보건기구(2008)에 따르면 실제로 한 해 동안 일어나는 세계 인구의 신체장애 중 3분의 1가량이 우울증, 조현병, 알코올 중독으로 인한 결과로 밝혀졌다. 미국에서 정신장애와 관련된 설문조사 분야에서 규모가 가장 큰 것으로 알려져 있는 미국 공병률 조사(National Comorbidity Survey Replication)에 따르면 18세 이상의 미국인들 중 4분의 1가량이 진단 가능한 정신 질환을 앓고 있다고 알려져 있다(Kessler, Chiu, Demler, & Walters, 2005). 따라서 이 같이 높은 수치로 인해 정신장애를 치료하지 않는 상담자들도 정신장애 증상을 보이고 있는 내담자들에게 의료 서비스를 제공하는 상황이 발생하고 있다. 이 장에서는 MI 관련 전략들에 대한 가이드를 제공하고 있으며 이 같은 정보는 우울, 특정불안, 트라우마 관련 증상, 강박장애, 정신증적 장애를 앓고 있는 내담자를 치료함에 있어서 직면할 수 있는 몇몇 어려움에 대한 해결책으로 활용될 수 있다.

이 장의 목적은 앞서 언급한 정신장애 치료를 위한 MI에 대해서만 지침을 제공하는 것이 아니다. 물론 이 책을 사용하고 있는 정신건강 전문가들이 그와 같은 목적을 달성하는 데 있어서 많은 도움이 될 수 있는 몇몇 전략을 찾을 수 있을 것이다. 그럼에도 불구하고, 이 장은 정신건강 전문가들뿐만 아니라 비전문가들도 충분히 활용할 수 있도록 쓰여졌다. 따라서 각 절은 정신장애와 그 증상에 대해서 일반적이고 쉽게 이해할 수 있는 정보들을 포함하고 있다. 의료 서비스 모니터링부터 약물남용 치료까지 각 정신장애를 치료함에 있어서 봉착할 수 있는 모든 어려움에 MI 기법들이 활용될 수 있다. 마찬가지로 정신장애가 있는 내담자의 금연을 돕거나 내담자가 보호관찰 조건을 충족하기 위해 정신장애 치료를 받을 수 있도록 도울 때 대부분의 MI 전략들이 다양하게 적용될 수 있다.

임상적 난제 1 : 우울증

설명

주요우울장애와 그 외 다른 우울장애들은 다양한 증세와 관련된 특징들에 따라 분류된다. 우리가 실시하는 MI 임상실습과 우리가 감독한 다른 실습에서 우울장애 증상들이 MI 전략을 직접 실천함에 있어서 무망감, 무가치감 혹은 죄책감, 집중력 저하, 그리고 활동에 대한 무관심과 같은 어려움을 야기할 수 있다는 사실을 발견하였다. 비록 일반 사람들도 때때로 절망감과 죄책감, 집중력 문제 혹은 무관심을 경험할 수 있지만, 우울장애를 겪는 사람의 경우 이와 같은 증상들이 더욱 강력하게 작용한다(American Psychiatric Association, 2013). 우리는 심리학자로서 이따금씩 우울장애를 갖고 있는 내담자의 가족이나 연인과 대화를 하게 된다. 대부분의 경우, 가족이나 연인은 주요우울장애를 가지고 있는 사람과 그렇지 않은 사람의 죄책감에 대한 경험이 어떻게 다른지 이해하지 못한다. 또한 그들은 왜 그녀가 나처럼 사과하지도 않고 행동을 고치지도 않는지 이해하지 못할 수 있다. 따라서 우울증을 겪고 있는 사람과 일을 할 때는 상담자들로 하여금 MI 정신을 토대로 치료를 하도록 하는 것이 매우 중요하다. 특히 자신의 내담자가 무망감과 죄책감, 집중력 저하 문제, 무관심 문제를 어떻게 겪고 있는지를 이해하려고 할 때 자신의 경험과 내담자의 경험을 동일하게 바라보려고 해서는 안 된다.

이 같은 우울증의 특징들은 당신이 정신건강 전문가든 그렇지 않든 상관없이 MI 전략을 필요로 하게 만든다. 예를 들어 미래에 대한 무망감을 가지고 있는 내담자의 경우 정신과 의사와 우울증 치료 계획에 대해 함께 협력하는 것을 어려워하는 것처럼 보호관찰관과 함께 보호관찰 조건들을 충족시키기 위해 반드시 밟아야 하는 절차들에 논의하는 것 또한 어렵게 느낄 수 있다. 따라서 이 절에서 MI에 반응하는 내담자의 능력에 영향을 주는 우울증과 여러 증상에 대해서 설명하고자 하며, 우리가 이러한 어려움에 대처하는 데 있어서 매우 유용하다고 생각되는 MI 전략들에 대해서도 중점적으로 다루고자 한다. 또한 우리는 이 같은 정보를 정신건강 전문가뿐만 아니라 그에 대한 배경지식이 전혀 없는 전문가들도 같이 참고할 수 있도록 제공하고자 하였다.

무망감

무망감은 미래에 대한 개인의 부정적인 생각, 즉 긍정성 부족 현상을 의미한다(Beck & Steer, 1998). 무망감을 느끼는 사람들은 그들의 삶에서 원하지 않거나 견딜 수 없는 어떤 것들이 있으며, 이같은 것들은 변하지 않는다고 생각한다. 무망감을 느끼는 사람들에게는 삶이 어떻게 개선되거나 바뀔 수 있는지에 대해 상상하는 것이 어렵게 느껴진다. 또한 이들에게는 미래 예상하기(예 : "만약 당신이 이러한 변화를 이끌어내는 데 성공한다면 5년 후 당신은 어떤 모습으로 있을까요?"), 계획하기(예 : "당신이 다이어트에 성공하기 위해서 해야 할 가장 첫 번째 단계는 무엇일까요?")와 같은 상상력을 요구하는 MI 과업들을 수행하는 데 있어서 어려움을 느낀다. 다음의 빠른 참조를 통해 당신이 치료하고 있는 내담자가 이와 같은 절망감을 느끼고 있다는 것을 확인할 수 있다.

빠른 참조

본인이 느끼고 있는 무망감을 말로 표현하는 내담자

저는 제가 왜 초조함을 느끼는지 모르겠어요. 되는 일이 하나도 없어요.
제 아내가 그만두자고 말하기 전까진 제 스스로 그것을 결정할 힘이 없어요.

예시 : 무망감. 마리오는 36세이며 세 자녀를 둔 이혼남이다. 그는 상담자의 권고에 따라

금연 클리닉에 다니고 있다. 금연을 확실히 할 수 있겠냐는 질문을 받을 때 마리오는 자신이 20년 동안 담배를 피웠기 때문에 절대 금연을 할 수 없는데 왜 이제 와서 상담자가 그의 금연을 확신하는지 이해할 수 없다고 대답한다. 또한 그는 오로지 흡연만이 유일한 즐거움이기 때문에 금연을 하기 위한 이러한 노력이 무의미하다고 말한다.

가능한 전략 1 : 가상 질문

무망감은 내담자가 변화의 가능성을 바라보는 데 있어서 어려움을 주기 때문에 실제로 무망감을 느끼고 있는 내담자가 변화를 시도해야 할 때 어떠한 삶이 펼쳐질지에 대해 답변을 하기가 어려울 수 있다. 교정 반사(2장에서 설명함) 기법은 상담자로 하여금 내담자에게 변화의 가능성에 대해서 확신시키는 데 도움을 줄 것처럼 보이나, 실제로는 내담자로 하여금 무망감에 대해 더 말하게 함으로써 오히려 그 심각성을 증폭시킬 수 있다(예 : 내담자가 스스로는 절대로 변화를 이루어내지 못한다는 사실을 상담자에게 확신시키려고 하는 경우). 그와 반대로 상담자가 MI에 부합하는 가상 질문을 사용할 때에는 내담자는 스스로 준비되지 않은 상태에서 무리하게 절망감을 극복할 부담감이 없어 긍정적인 미래의 모습을 상상하는 것과 그것을 어떻게 하면 이룰 수 있는지 상상하는 데 도움을 받을 수 있다.

예시 : MI에 부합하는/부합하지 않는 가상 질문

내담자 : "내가 어떤 노력을 하는지는 중요하지 않아요. 저는 절대로 금연에 성공하지 못할 거예요."

MI에 부합하지 않는 가상 질문 : "저는 그렇게 생각하지 않아요. 만약 당신이 조금만 더 노력한다면, 금연 후의 당신이 어떤 모습으로 변할지 상상할 수 있다고 확신할 수 있어요."

이 같은 답변은 상담자가 직접적으로 내담자가 현재 겪고 있는 절망감을 직면하고 있으며 그가 미래를 상상하는 데 있어서 노력하지 않고 정직하지 못하게 행동한다고 직접적으로 비난하고 있기 때문에 MI에서 추구하는 전략이 아니라고 할 수 있다.

MI에 다소 부합하는 가상 질문 : "당신은 매우 위축되어 있는 것처럼 보이는군요. 금연을 위한 처방약이 당신에게 자신감을 줄 수 있을까요?"

이 같은 반응은 다소 MI에 부합한다. 여기서 상담자는 내담자의 어려움에 공감해주고 있으며 내담자가 언젠가 금연을 할 수 있을 것에 대한 가능성에 대해서 상상해보도록 돕고 있다. 하지만 여기서 상담자는 닫힌 질문을 사용하고 있으며, 이는 내담자가 단답으로 일관할 수 있는 여지를 제공한다. 또한 해당 질문은 내담자가 직접 변화를 이끌어내도록 유도하는 것이 아닌 상담자 본인의 해결책을 제시해주고 있다.

MI에 부합하는 가상 질문 : "현재 상태에서 당신은 금연에 성공할 것이라는 상상을 하기가 매우 어려울 거예요. 그럼에도 불구하고 당신이 어떠한 계기를 통해 금연에 성공하게 된 것을 상상해보았을 때, 지금과 비교해서 당신의 인생에는 어떠한 변화가 일어날까요?"

방금과 같은 상담자의 질문은 내담자의 무망감에 직면하기보다는 공감해주는 것으로 시작하고 있기 때문에 MI에 부합한다고 할 수 있다. 또한 상담자는 내담자의 무망감에 대한 조치로 그가 금연에 성공하면 그의 인생이 어떻게 바뀔 것인지에 대해서 상상해보도록 친절과 존중으로 이끌어내고 있다. 이는 가상 질문의 가장 기본적인 활용법이다.

MI에 부합하는 가상 질문 : "지금까지 매번 많은 시도를 해 왔지만 아직까지 성공을 못했다는 사실에 속상하시겠어요. 또 그 때문에 금연한 삶에 대해서 상상을 해보는 것도 매우 어려우시겠죠. 그렇다면 마리오, 만약에 말이죠. 당신이 원한다면 제가 당신으로 하여금 금연을 할 수 있도록 만들어주는 마법이 있다고 가정해볼게요. 금연에 성공했을 때 당신의 인생은 지금보다 나아졌나요? 무엇이 달라졌을까요?"

이러한 상담자의 진술은 언급된 예시문처럼 내담자에 대한 지지와 무망감에 대한 공감으로 시작하고 있기 때문에 온전히 MI에 부합한다고 할 수 있다. 이 외에도 상담자는 '기적 질문'이라고도 불리는 가상 질문을 사용하여 내담자로 하여금 곧바로 무망감에 다시 빠지기보다 변화에 대한 가능성을 고려해보도록 돕고 있다. 또한 상담자는 내담자에게 기적같은 치료를 상상하도록 요구하고 있지 않기 때문에 이와 같은 질문은 MI에 부합하는 가상 질문이라고 할 수 있다.

MI에 부합하는 가상 질문 : "당신은 금연을 할 수 있다는 사실에 대해 그렇게 크게 확신하고 있지 않군요. 그렇다면 어떠한 것이 당신으로 하여금 금연을 할 수 있다고 믿게 만들 수 있을까요?"

이 또한 내담자의 무망감을 공감해주고 반영하고 있기 때문에 MI에 부합하는 가상 질문이다. 이어서 상담자는 내담자 스스로가 변화의 가능성에 대한 관점을 어떻게 하면 바꿀 수 있는지에 대해서 생각해볼 수 있도록 이끌어내고 있다. 이와 같은 가상 질문을 할 때, 변화에 대한 가능성이 제한적이라고 생각하는 내담자를 치료하는 데 있어서 자신감 척도("0점부터 10점까지 당신은 금연에 대한 얼마만큼의 자신감을 가지고 있다고 생각합니까?" — 3장 참조)를 함께 사용할 수 있다.

가능한 전략 2 : 계획하기

앞에서 언급한 예시들이 보여주는 것처럼, 무망감을 느끼고 있는 내담자는 변화에 대한 가능성을 상상해보는 과정이 어려울 수 있다. 우울장애를 겪고 있는 사람이 문제 해결 과정에 참여하는 데 어려움을 겪을 수 있다는 연구 결과가 있다(D'Zurilla & Nezu, 2007). 삶과 관련된 중요한 문제들을 파악하고 해결하는 것과 관련된 이러한 어려움은 우울증을 겪고 있는 사람에게 절망감을 야기하여 MI 시간에 온전히 참여하는 것을 어렵게 만든다. 문제 해결 과정은 목표 설정하기, 해결책 제시, 결정하기를 포함한 동기강화상담의 계획하기 단계에서 사용하는 절차들을 필요로 한다(D'Zurilla & Golfriend, 1971). MI에서는 내담자가 직접 목표를 세우고 상담자와 같이 협력하여 그와 같은 목표를 달성하는 데 필요한 전략을 파악하는 과정을 포함하며 이러한 계획하기 과정에 내담자가 참여하도록 하는 것은 내담자로 하여금 변화가 가능하다는 것을 믿을 수 있도록 도움을 줄 수 있다.

예시 : MI에 부합하는/부합하지 않는 계획하기

내담자 : "제가 어떤 노력을 하는지는 중요하지 않아요. 저는 절대로 금연에 성공하지 못할 거예요."

MI에 부합하지 않는 계획하기 : "FDA가 얼마 전에 승인한 새로운 금연약이 나왔어요. 제가 그 처방전을 써줄게요. 대부분의 내담자들이 금연약을 처방받는 것이 그렇지 않은 것보다 더 낫다고 합니다."

여기서 상담자는 내담자가 전에 처방받았던 금연약을 먹고도 가졌던 어려움을 인정하고 새로운 약을 처방하여 새로운 가능성을 심어주려고 하고 있지만 이 방법은 내담자와의 협력을 이끌어내고 있지 않기 때문에 MI에 부합한다고 보기 어렵다. 여기서 상담자는 전문가로서 내담자가 그저 본인이 처방해준 약을 복용하도록 권고하고 있다.

MI에 다소 부합하는 계획하기 : "저에게 변화 전략을 세우기 위해 작성할 수 있는 변화 계획표가 있어요. 같이 해보는 건 어때요?"

이 같은 반응은 다소 MI에 부합한다고 할 수 있다. 여기서 상담자는 내담자에게 변화 계획표를 같이 채워 나가자고 제안하고 있고, 이러한 제안에 대해 내담자의 의견을 묻고 있다. 또한 다른 맥락에서 바라보았을 때 이러한 상담자의 전략은 내담자와의 협력을 도모할 수 있어 효과적이라고 할 수 있다. 하지만 내담자가 이미 무망감을 표현한 상황에서 이러한 제안이 갑자기 제시되는 것은 비협력적이며 공감적이지 못하다(예 : 변화할 수 없다는 내담자의 말에 대한 답변으로 상담자는 그저 처음부터 단도직입적으로 "어떻게 변화할 수 있는지에 대해서 얘기하자"라고 말하는 것과 동일하다).

MI에 부합하는 계획하기 : "지금 당장은 당신이 금연을 할 수 있다는 사실을 상상하기가 어려울 거예요. 물론 당신에게 도움을 줄 수도 있고 그렇지 않을 수도 있지만 많은 내담자들이 말하기를 자신들의 목표에 대해서 구체적으로 얘기하고 그 목표들을 이루기 위한 여러 가지 전략을 세워보는 것이 성공할 수 있다는 자신감을 준다고 해요. 우리도 충분히 그렇게 할 수 있다고 생각해요."

이러한 상담자의 대화는 내담자의 무망감을 직면하기보단 공감해주고 있기 때문에 MI에 부합하고 있다. 또한 상담자는 마리오에게 계획을 세우는 것이 금연에 성공할 수 있다는 희망과 자신감을 향상하는 데 있어서 잠재적인 전략이 될 수 있다는 정보를 제공하고 있다. 이러한 대화 방식을 통해 상담자는 이와 같은 방법이 도움이 될 수도, 되지 않을 수도 있다는 사실을 언급함으로써 마리오의 자율성과 협력적인 상호작용을 동시에 이끌어내고 있다(계획하기에 대한 보다 자세한 정보는 3장과 4장에, 그리고 표 6.4의 계획표 예시에서 확인할 수 있다).

무가치감 혹은 죄책감

내담자가 스스로에 대한 무가치감이나 죄책감을 느끼는 것은 우울증의 가장 기본적인 특성 중 하나이며 내담자가 특정 MI 전략들을 경험할 때 영향을 줄 수 있다. 스스로에 대해 무가치하다고 느끼거나 과도한 죄책감을 느끼는 사람들은 그들이 저지른 실수나 자신이 가지고 있다고 생각하는 결함들, 다른 사람에게 실망감을 안겨준 순간들에 대해서 생각하는 데 많은 시간을 소비한다. 따라서 MI에 부합하는 이끌어내기 과정에서 "이러한 변화를 만들어내고 싶은 이유는 뭐죠?"라는 질문을 받을 때 그들은 왜 변화가 필요한지에 대해서 매우 정확하고 잘 만들어진 대답을 한다. MI 슈퍼바이저로서 우리는 이러한 답변이 종종 상담자로 하여금 현재 MI가 잘 진행되고 있고, 내담자가 이 같은 과정에 적극적으로 참여하고 있다고 착각하게 만든다는 사실을 깨달았다. 보다 구체적으로, 우울증을 앓고 있는 내담자들의 말을 좀 더 면밀하게 살펴보면 대부분의 경우 상담자가 내담자로 하여금 변화가 필요한 이유를 파악하는 데 있어서 큰 도움을 주지 못하는 사실을 발견하였다. 오히려 내담자가 부정적인 생각을 하도록 촉진하는 경우도 발생한다. 즉 자책을 하고 있는 내담자에게 MI에 부합하는 이끌어내기를 사용하게 되면 더욱 증세가 악화되는 것이다. 당신의 내담자가 스스로에 대한 무가치감이나 과도한 죄책감을 느끼고 있다는 사실은 다음과 같은 일상적인 말들을 통해 추측할 수 있다 — "난 왜 이럴까?", "나는 그렇게 똑똑하지 않아.", "나는 더 잘 알고 있어야 해.", "나는 왜 다른 사람들이 내 곁에 있고 싶어 하는지 모르겠어." 보다 빈번하거나 공격적인 표현으로 "그녀에게 그렇게 못되게 대하지 말았어야 했어.", "내가 또 망쳤어.", "나는 만날 바보같은 행동을 해." 등이 있다.

예시 : 마리오는 36세이며 세 자녀를 둔 이혼남이다. 그는 금연을 하기 위해 지속적인 상담을 받고 있으며 상담자는 왜 그가 금연을 고려하고 있는지에 대해 묻는다. 이러한 질문에 마리오는 바닥을 쳐다보며 매우 낮은 목소리로 상담자에게 자신의 자녀들과 관련된 끔찍한 경험들을 나누며 이번 기회에 금연에 성공해서 아이들과 같이 살고 싶다고 말한다. 금연에 성공하지 못하면 아이들은 그와 떨어져서 지내는 것이 더 나을 수도 있다고도 말한다. 이에 따라 MI에 부합하는 전략들을 사용하는 상담자는 "금연이 당신의 아이들에게 안 좋은 영향을 미치는 이유에 대해 말씀해주세요."라고 말한다. 마리오는 이 같은 질문에 자신은 옳은 일을 한 적이 없으며 흡연을 할 뿐만 아니라 일자리도 잃었고, 이혼남

에다 심지어 비만이 되어가고 있기 때문에 그의 자녀들은 아버지를 절대로 존경하지 않는다고 대답한다.

가능한 전략 3 : 미래 예상하기

앞서 언급한 것처럼, 본인에 대해 무가치감과 과도한 죄책감을 느끼고 있는 내담자는 그들이 겪고 있는 문제나 부정적인 결과에 대해 상담자로부터 질문을 받을 때 자책하는 대답들을 할 수 있어 변화를 일으키기보다 오히려 상태를 더욱 악화시킬 수 있다. 따라서 상담자가 신경 써야 할 중요한 부분은 바로 내담자에게 변화는 필요한 것뿐만 아니라 가능하다는 사실도 알려주는 것이다. 특히 내담자가 과거 성공 사례들이나 강점들에 대해서 말하도록 이끌어내는 상담자의 질문들은 자기효능감을 강화해준다(예 : 내담자 스스로가 본인에게 과제를 완수하고 목표를 달성할 수 있는 능력이 있다고 믿는 것)(Bandura 1977). 그와 반대로 내담자의 과거 실패에 대한 경험담 혹은 단점에 대해 물어보는 질문은 자기효능감을 떨어뜨린다. 또한 무가치감과 과도한 죄책감을 느끼는 내담자들은 그들의 과거가 실수와 단점, 후회로 얼룩져 있고, 성공 사례가 없다고 생각할 수 있기 때문에 상담자가 과거보다는 미래에 초점을 맞추는 것이 효과적일 수도 있다. 즉 이미 지나간 과거보다는 많은 가능성을 가지고 있는 미래에 대해 집중하는 것이 보다 바람직하다고 할 수 있다. 이미 이 장 앞부분에서 언급된 것처럼 절망감을 느끼고 있는 내담자는 미래 예상하기 과정에 어려움을 느낄 수 있기 때문에 가상 질문이 요구될 수도 있다.

예시 : MI에 부합하는/부합하지 않는 미래 예상하기

다음의 예시들은 상담자가 미래 예상하기(Miller & Rollnick, 2013)를 통해 어떻게 무가치감 혹은 죄책감에 대처할 수 있는지에 대해서 설명해주고 있다.

내담자 : "제가 아이들이 있는 집에서 흡연을 했다는 사실을 믿을 수 없어요. 저는 나쁜 부모예요. 만약 제 아이들이 천식이나 다른 병에 걸리게 된다면 그것은 전적으로 제 책임이에요. 왜 아내가 저를 떠났는지 알 수 있죠. 도대체 부모가 얼마나 쓰레기면 아이들이 옆에 있을 때 담배를 피울 수 있을까요? 더욱 용납할 수 없는 건 제가 그런 행동을 그만두지 못한다는 거예요."

MI에 부합하지 않는 미래 예상하기 : "이미 지나간 일은 잊고 당신이 지금 당장 할 수 있는 일에 대해서 집중하세요."

이 대화에서 상담자는 내담자를 진정시키기 위해 연민을 표하고 있지만, 상담자는 내담자가 생각하지 못하도록 명령하는 식으로 말하고 있기 때문에 MI에 부합한다고 보기 어렵다. 이는 내담자의 자율성을 존중해주는 것이 아니며 그와의 협력을 이끌어내고 있지 않다.

MI에 다소 부합하는 미래 예상하기 : "당신이 지금 이 자리에 있다는 것이 중요해요. 지금 이 시간에는 금연을 어떻게 해야 하는지에 대해서 같이 의논해보도록 해요."

위와 같은 대화는 MI에 다소 부합한다고 볼 수 있다. 이 대화를 통해 상담자는 내담자에게 긍정적인 지지를 표현하고 있고 금연에 집중할 수 있도록 이끌어내고 있다. 하지만 상담자는 내담자의 말에 귀를 기울이기보다는 금연 자체에만 초점을 맞추고 있다.

MI에 부합하는 미래 예상하기 : "당신이 흡연을 하는 것에 대해 오랫동안 많은 고민을 가지고 살아왔다는 사실을 잘 알고 있어요. 또한 당신에게 있어서 좋은 부모가 되는 것이 얼마나 중요한 것인지도 알겠어요. 저는 이러한 당신의 마음이 굉장히 귀하다고 생각해요. 그렇다면 마리오, 만약 당신이 금연에 성공하게 된다면 당신과 아이들의 관계에서 어떠한 변화들이 일어날까요?"

이 상담자의 진술은 MI에 부합하고 있다. 상담자는 내담자의 생각과 감정에 대해 공감하는 것부터 시작하고 있으며 내담자에게 좋은 부모가 되는 것이 매우 중요하다는 사실에 동의하고 있다. 또한 상담자는 열린 질문을 활용함으로써 내담자가 자책하기보다는 변화에 대해 긍정적인 말을 할 수 있도록 이끌어내고 있다.

가능한 전략 4 : 인정하기

자신의 가치를 부정하고 과도한 죄책감을 느끼는 내담자들은 그들이 가지고 있는 힘과 성공적인 경험에 대해 인지하거나 이해하는 데 있어서 어려움을 느낄 수 있다. 이러한 특징은 그들 스스로가 변화할 수 있는 능력이 없다고 믿게 만들 수 있다. 따라서 이러한 내담자들을 만나는 상담자는 내담자와의 대화에서 그들이 긍정적 역량, 능력 혹은 과거 성공 사례들에 대해 조금이라도 언급할 때 그것을 잘 알아차리도록 항상 주의를 기울여야 한다. 무가치감과 과도한 죄책감을 느끼는 내담자들에게 인정하기를 제공하는 과정에서는 내담자의 스스로에 대한 약점 혹은 실패 사례들을 보다 객관적이고 긍정적으로 바라볼 수 있도록 도와주는 것이 요구된다.

예시 : MI에 부합하는/부합하지 않는 인정하기

내담자 : "제가 아이들이 있는 집에서 흡연을 했다는 사실을 믿을 수 없어요. 저는 나쁜 부모예요. 만약 제 아이들이 천식이나 다른 병에 걸리게 된다면 그것은 전적으로 제 책임이에요. 왜 아내가 저를 떠났는지 알 수 있죠. 도대체 부모가 얼마나 쓰레기면 아이들이 옆에 있을 때 담배를 피울 수 있을까요? 더욱 용납할 수 없는 건 제가 그런 행동을 그만두지 못한다는 거예요."

MI에 부합하지 않는 인정하기 : "당신 말이 맞아요. 간접흡연은 아이들에게 매우 안 좋은 영향을 끼칠 수 있어요. 당신이 이러한 잘못을 고치기 전까지진 당신의 예전 아내 분이 아이들을 계속 데리고 있는 것이 바람직할 것 같네요."

위와 같은 대화 내용은 MI에 전혀 부합하지 않는다고 평가할 수 있다. 이 대화 내용에서 상담자는 내담자의 흡연을 직면하고 있다. 또한 이 대화에서는 상담자가 내담자보다는 그의 예전 아내와 아이들을 더 걱정하고 있기 때문에 서로 간의 협력과 연민이 부족해 보인다.

MI에 다소 부합하는 인정하기 : "당신이 지금 이 자리에 왔다는 사실이 제일 중요해요."

이러한 상담사의 대화는 MI에 다소 부합한다고 할 수 있다. 상담자는 내담자에게 인정하기를 해주려고 노력하고 있지만 너무 일반적인 표현은 내담자가 믿지 않거나 거부감을 느낄 수 있다. 또한 앞서 제시된 내담자의 말에 따르면 지금 그에게 있어서 제일 중요한 것은 흡연이 그의 가족에게 주는 영향이기 때문에 초점이 다소 벗어났다고 할 수 있다.

MI에 부합하는 인정하기 : "당신이 가장으로서 느끼는 책임감이 매우 인상적이에요. 물론 나는 당신이 지금까지 참여했던 금연 프로그램에서 아쉽게도 성공하지 못했다는 사실을 알고 있어요. 하지만 당신만큼 아이들의 간접흡연을 심각하게 받아들이는 사람은 본 적이 없군요."

이 상담의 진술은 MI에 부합하고 있다. 상담자는 마리오가 자책하지 않도록 그의 긍정적인 역량이나 가치관을 인정해주고 있기 때문이다. 이러한 인정하기는 마리오로 하여금 스스로를 '쓰레기'라고 바라보는 마음을 누그러뜨리게 도와주며 자신처럼 결함이 있는 사람도 충분히 변화할 수 있다는 확신을 심어주고 있다.

MI에 부합하는 인정하기 : "당신은 정말 좋은 부모가 되기 위해서 헌신적인 노력을 하고 있어요. 이러한 가족에 대한 헌신적인 사랑처럼 당신이 금연을 하는 데 있어서 도움이 될 만한 당신만의 강점은 또 어떤 것이 있을까요?"

이번 대화에서도 상담자는 MI에 부합하여 내담자의 강점에 대해 인정하기를 사용하고 있다. 또한 이러한 상담자의 말에는 내담자 스스로가 본인의 또 다른 강점에 대해서 알 수 있도록 긍정적으로 이끌어내고 있다.

집중력 저하 문제

집중력은 대개 특정 사물 및 활동에 대한 주의 혹은 집중을 유지하면서 이 같은 집중을 방해할 수 있는 다른 것에 관심을 갖지 않는 능력으로 정의된다. 이러한 집중력의 저하 문제는 개인이 새로운 정보를 배우는 데 방해를 한다. 그 예로, 당신이 이 책을 읽고 있는 와중에 다른 주제에 대해서 생각한 순간들이 몇 번 있었을 것이다(예 : "내일 메일을 보내야 한다는 사실을 절대로 잊으면 안 돼.") 혹은 갑자기 당신 주변 환경에 일어난 변화에 대해 관심을 가진 적이 있을 것이다(예 : "하늘이 점점 어두워지고 있고 태풍이 부는군."). 그리고 이러한 사색으로부터 벗어나 다시 처음부터 책의 내용에 집중할 때 지난 5분간 읽었던 내용이 무엇이었는지 기억이 나지 않은 적이 있을 것이다. 이 외에도 집중력 저하 문제는 삶에서 맞닥뜨리는 상황에 적절하고 효과적으로 대처하는 데 어려움을 느끼게 만든다. 예를 들어 이 책을 쓰고 있으면서 나는 내 남편으로부터 여러 번 전화를 받았다. 책을 쓰는 데 필요한 집중력을 잃고 싶지 않아 나는 남편과 대화를 하면서도 계속해서 이 책을 이어서 썼다. 물론 내 남편은 내가 자신과의 대화에 집중하고 있지 않다는 사실을 바로 알아차렸다. 대화를 하면서 나는 자주 말하기를 멈췄으며 때때로 남편의 질문에 전혀 관련이 없는 답변을 하기도 했다. 또한 그가 뭐라고 말했는지에 대해 다시 물어본 적도 여러 번 있었다. 비록 이러한 문제가 우울증을 앓고 있는 사람에게만 일어나는 것은 아니지만, 일반인에 비해 집중력 저하 문제가 더 많이 보고된다. 과도한 불안 증상(불안장애로 알려져 있다), 외상 후 스트레스장애, 주의력결핍 과잉행동장애와 다른 특정 정신 문제들을 경험하고 있는 사람들은 주의집중에 어려움을 느낄 수도 있다. 다음과 같은 빠른 참조를 통해 당신이 상담하고 있는 내담자가 이러한 집중력 저하 문제를 겪고 있다는 사실을 추측할 수 있다.

빠른 참조

내담자가 주의집중에 어려움을 느끼고 있다는 지표

정보 혹은 질문들을 빈번하게 반복해서 물어보는 행동
방금 논의한 내용에 근거하여 주어진 질문에 대답을 못하는 경우
헛된 공상을 자주 하는 경우
자기가 이야기하던 일이나 생각하던 것을 쉽게 잊어버리는 경우

예시 : 마리오는 36세이며 세 자녀를 둔 이혼남이다. 그는 상담자의 권고에 따라 금연 클리닉에 다니고 있다. 상담자는 그가 언제부터 흡연을 하게 되었는지에 대해 묻는다. 마리오는 어떻게 흡연을 시작하게 되었는지에 대해 16살 때 아버지의 담배를 훔치거나 나이를 확인하지 않고 담배를 파는 조그마한 구멍가게에서 담배를 구입하며 시작하게 되었다고 설명한다. 이때 마리오는 갑자기 말하는 것을 멈추더니 얼굴이 일그러지며 상담자에게 묻는다. "죄송한데 방금 질문이 뭐였죠?"

가능한 전략 5 : 요약하기

2장에 명시되어 있는 것처럼 MI의 가장 기본적인 기술에는 열린 질문, 인정하기, 반영하기, 요약하기(OARS)가 있다. Rosengren(2009)은 상담자와 내담자 간의 상호작용 과정에서 사용될 수 있으며 MI에 부합하는 요약하기 기법의 세 가지 활용성에 대해 설명하고 있다. 이는 내담자가 대화하면서 언급한 중요한 내용들(예 : 변화대화)을 수집하고, 현재 내담자의 진술과 과거 진술을 연결하고, 혹은 대화를 새로운 주제나 새로운 MI 단계로 전환하도록(예 : 유발하기에서 계획하기로의 전환) 한다. 우리는 여러 상담 경험을 통해 집중력의 어려움을 경험하고 있는 내담자가 상담자와의 대화에 보다 수월하게 참여할 수 있도록 하는 데 있어서 요약하기 방법이 효과적이라는 것을 발견하였다. 집중력 저하 문제를 갖고 있는 내담자에게 지금까지 나눴던 내용에

대해 요약해줌으로써 과거 언급했던 주제에 대한 기억력을 강화하는 것뿐만 아니라 집중력 저하 문제로 상담 과정에서 미처 파악하지 못한 내용을 이해할 수 있도록 돕는다. 또한 대화 내용을 서로 연결시키거나 다른 주제로 전환할 수 있도록 도와주는 요약하기는 내담자가 스스로 대화 내용의 결론을 제시하도록 이끌어내며 산만한 집중력으로 인해 발견하지 못했던 대화 내용 간의 연관성을 알 수 있도록 도와준다.

예시 : MI에 부합하는/부합하지 않는 요약하기

내담자 : "죄송해요. 방금 하신 질문이 뭐였죠?"

MI에 부합하지 않는 요약하기 : "마리오, 당신은 지금 우리가 하는 대화에 좀 더 집중할 필요가 있어요. 내 질문은 당신이 어떻게 흡연을 시작하게 되었는지에 대한 것이었어요."

방금과 같은 대화는 MI에 부합하지 않는 요약하기다. 이는 상담자가 질문을 다시 반복할 뿐만 아니라 내담자가 자신의 집중력 저하 문제에 대해 수치심을 느끼도록 하고 있다. 이 외에도 상담자는 권위주의적인 톤으로 말하고 있어 내담자가 위축될 수 있는 상황을 만들었다.

MI에 부합하지 않는 요약하기 : "전혀 신경 쓰지 마세요. 다음 질문으로 바로 넘어가죠."

상담자 본인이 내담자의 집중력 저하 문제에 공감은 하고 있는 것을 표현하고 있으나, 협력적이지는 못하다. 내담자는 먼저 질문을 다시 반복해줄 것을 요구하였지만 상담자는 이 요청을 무시하였고 대화의 주도권이 자신에게만 있다는 것을 암시하고 있다.

MI에 다소 부합하는 요약하기 : "당신이 어떻게 해서 흡연을 시작하게 되었는지에 대해서 얘기해주세요."

이러한 상담자의 대화는 다소 MI에 부합하는 요약하기라고 할 수 있다. 이 같은 대화를 통해 내담자는 질문을 하였고, 상담자는 이에 답변을 제시하였다. MI에서는 질문에 답하는 것이 정보를 주는 행동으로 간주되고 있다. 하지만 주어진 상황을 고려해보았을 때 이러한 상담자의 형식적인 대답은 마리오가 인터뷰를 진행하면서 겪는 어려움에 대해서는 충분한 관심을 표하지 못할 수 있다.

MI에 부합하는 요약하기 : "나는 당신이 어떻게 흡연을 시작하게 되었는지에 대해서 물어

봤고, 당신은 16살 때 아버지의 담배를 훔치고, 신분증을 확인하지 않는 가까운 구멍가게에서 담배를 사면서 시작했다고 말해주었어요."

위에서 언급된 상담자의 대화 태도는 MI에 부합하는 요약하기라고 할 수 있다. 이 대화는 내담자의 질문에 매우 협조적이며 이는 결과적으로 내담자가 대화에 온전히 참여할 수 있도록 도와준다.

가능한 전략 6 : MI에 부합하는 활동지 사용하기

비록 직접 작성할 수 있는 변화 계획표, 결정저울, 준비도 척도, 그리고 정보 관련 활동지들이 상담자와 내담자 간의 대화에 사용되는 MI적 도구들로 간주되고 있지만, 우리가 여러 상담 경험을 통해 깨달은 사실은 많은 내담자들이 집중력 문제와 별개로 이러한 도구들에 감사함을 느낀다는 것이다. 이러한 도구들이 내담자로 하여금 상담자와의 상담 내용을 다시 기억해보고 되짚어볼 수 있도록 도움을 줄 수 있다. 예를 들어 나는 지역 약물중독 치료 시설에서 진행되는 MI 실습 때, 심리학 인턴을 통해 동기강화상담을 받는 몇몇 내담자들이 변화 계획표를 침대 근처에 붙여놨다고 말하는 경우를 보았다. 그들은 계획표를 통해 자신이 직접 설정한 목표들과 그것들을 이루기 위해 세운 전략들을 확인하는 것이 즐겁다고 말했다. 이와 같은 도구들이 내담자들에게 효과적이라는 사실은 매우 특별하다고 할 수 있다. 왜냐하면 그들이 참여하는 동기강화상담의 총시간은 전체 심리치료의 100분의 1 수준밖에 되지 않기 때문이다. 마찬가지로, 변화 계획표 또한 그들이 센터에서 6주간 참여하는 상담에서 제공받는 여러 도구 중 일부분일 뿐이기 때문에 내담자들이 이러한 동기강화상담에 긍정적인 반응을 보인다는 사실이 굉장히 고무적이라 할 수 있다. 우리는 상담 경험을 통해 내담자에게 제공되는 이러한 지원들이 집중력 문제로 인해 상담 내용을 기억하는 데 어려움을 겪는 내담자들에게 특히 효과적이라는 사실을 발견하였다.

예시 : MI에 부합하는/부합하지 않는 활동지

MI에 부합하지 않는 활동지 사용하기

- 내담자의 상황, 상태 혹은 처해 있는 환경을 내담자가 인식하는 것과 다르게 판단하거나 낙인찍은 모든 활동지(예 : 술을 많이 마시기는 하지만 본인은 절대로

중독이 아니라고 말하는 내담자에게 '알코올 중독의 증상'이라는 자료를 주는 경우)

- 내담자의 의사와는 관계없이 치료 계획에 대해서 설명해주고 있거나 내담자의 동의 없이 조언을 주고 있는 활동지(예 : 내담자에게 먼저 어떠한 자료를 원하는지에 대해서 묻기보다 "당신에게 도움이 될 수도 있을 것 같아요"라는 말이나 내담자의 허락 없이 '다이어트 가이드'와 같은 자료를 주는 경우)

MI에 다소 부합하는 활동지 사용하기

- 객관적이고 낙인감을 주지 않는 정보를 제공해주며 내담자의 자기인식과도 일치하는 자료이지만 내담자가 요청한 것이 아니거나 내담자의 동의에 따라 읽지 않아도 된다는 사전 언급이 있었던 자료

MI에 부합하는 활동지 사용하기

- 회기/상담/의제에 대한 내용들은 서면이나 구두를 통해 논의될 수 있다. 상담 의제를 상담자와 내담자 간에 합의하여 작성한 후에 서면으로 작성된 의제를 내담자와 상담자 사이에 놓는 것은 집중력 저하 문제를 겪고 있는 내담자가 대화에 좀 더 집중할 수 있도록 도울 수 있다. 서면으로 된 의제 설정 활동지 예시들은 Mason과 Butler(2010)의 자료에서 찾을 수 있다.
- 준비도 척도는 평가와 변화대화 유발에 사용될 수 있다(Rollnick, Miller & Butler, 2008). 이러한 도구들은 구두 혹은 서면 형식으로 사용될 수 있다. 마찬가지로 집중력 저하 문제를 겪고 있는 내담자는 평가 과정과 평가가 왜 필요한지에 대한 이유들을 포함하고 있는 이러한 도구의 활용을 통해 대화에 참여하는 데 있어서 도움을 받을 수 있다(표 6.1 참조).
- 결정저울(Janis & Mann, 1977)은 MI 전략에서 내담자와의 변화대화를 이끌어내는 데 사용될 수 있는 전략으로 여겨졌으며(Miller & Rollnick, 2002) 현재 내담자가 변화를 원하는지 여부를 확인할 수 있는 중립적인 전략으로서(Miller & Rollnick, 2013) 내담자가 변화하고 싶은 이유 혹은 변화하고 싶지 않은 이유를 제시할 수 있도록 도와준다. 결정저울을 통한 활동들은 대부분 서면으로 진행되며 내담자가 변화를 원하도록(혹은 변화를 원하지 않도록) 하는 모든 요소에 대해 파악할 수 있도록 도와준다. 결정저울 작성의 예시는 표 6.2에서 확인할 수

표 6.1 ●● 준비도 척도 활동지 예시

내 목표는 : ______________________________

0부터 10까지 있다고 가정해보았을 때 0에 가까울수록 '전혀 중요하지 않다'이고 10에 가까울수록 '매우 중요하다'라는 것을 의미한다. 내가 설정한 목표를 달성하는 것은 어느 정도의 중요도를 가지고 있는가?(동그라미로 표시)

0 1 2 3 4 5 6 7 8 9 10

내 점수는 ____________이며 다음과 같은 이유들로 이 점수보다는 낮게 책정하지 않았다(이유들 명시).

1.

2.

3.

4.

5.

0부터 10까지 있다고 가정해보았을 때 0에 가까울수록 '전혀 확신하지 않는다'이고 10에 가까울수록 '매우 확신하고 있다'라는 것을 의미한다. 내가 설정한 목표를 달성하는 것에 어느 정도의 확신을 가지고 있는가?(동그라미로 표시)

0 1 2 3 4 5 6 7 8 9 10

내 점수는 ____________이며 다음과 같은 이유들로 이 점수보다는 낮게 책정하지 않았다(이유들 명시).

1.

2.

3.

4.

5.

표 6.2 ●● 결정저울 활동지 예시

금연을 해야 하는 이유	**흡연을 계속해야 하는 이유**
이 공간에는 행동(예 : 흡연)의 결과로서 내담자가 일반적으로 맞닥뜨릴 수 있는 부정적인 경험들에 대해서 적어본다. • "저의 주치의는 제 건강 상태에 대해서 걱정하고 있어요." • "제 아이들은 담배 냄새를 싫어해요." • "제 직장에서는 더 이상 흡연을 할 수 없게 되어 있어요." • "담배는 비싸요."	이 공간에는 행동(예 : 흡연)의 결과로서 내담자가 일반적으로 맞닥뜨릴 수 있는 긍정적인 경험들에 대해서 적어본다. • "흡연은 저의 긴장을 풀어줘요." • "저는 흡연을 즐겨요."
금연을 그만둬야 하는 이유	**흡연을 그만둬야 하는 이유**
이 공간에는 행동(예 : 흡연)에 변화를 줌으로써 내담자가 예상하고 있는 부정적인 결과들에 대해서 적어본다. • "저는 지금 안 좋은 상태에 있어요–지금 매우 많은 스트레스를 받고 있어요."	이 공간에는 행동(예 : 흡연)에 변화를 줌으로써 내담자가 예상하고 있는 긍정적인 결과들에 대해서 적어본다. • "저는 제 아이들이 결혼하는 모습을 보고 싶어요." • "저는 10년 이상 금연을 하고 싶어요." • "저는 제가 금연을 함으로써 모을 수 있는 돈으로 제 아이들과 같이 디즈니 월드로 놀러가고 싶어요."

있다. 여기서 한 가지 주목해야 할 점은 어떠한 양식을 사용하지 않고 이 기법을 사용하기로 한 경우 큰 '+'를 백지에다가 그려 각 꼭짓점마다 적절한 제목을 붙여주는 것이 바람직하다.

- MI의 계획하기 과정에서는 내담자가 변화 계획의 주요 사항들에 대해 잘 기억할 수 있도록 상담자와 내담자가 함께 협력하여 변화 계획표를 작성하게 된다. 이러한 변화 계획표에 당신이 포함시키고자 하는 것들은 내담자 스스로가 바라고 있는 변화들, 변화를 원하는 이유들, 변화를 이루기 위한 전략 그리고 내담자가 바꾸고 싶어 하는 지원들(사람, 치료 프로그램, 책 등)이 될 수 있다. 만약 계획표가 원했던 결과를 가져다주지 못한다면 계획에 대한 평가와 개선되어야 하는 사항들도 포함될 수 있다(Miller & Rollnick, 2002). 변화 계획표 예시는 4장과 7장, 표 6.4에서 확인할 수 있다.

활동에 대한 무관심

일상생활에서 이루어지는 활동들에 대해 무관심해지는 것은 우울증의 또 다른 증상이며 이는 상담자에게 큰 난제로 다가올 수 있다. 우울증으로 인해 발생할 수 있는 어려움은 바로 과거에 즐겨 했던 활동들이 더 이상 내담자에게 흥미를 일으키지 못하는 경우이다. 대부분의 일반적인 사람들은 단기적인 효과를 볼 수 없고 재밌지 않은 (그러나 목표를 달성하는 데 있어서 도움을 주는) 활동에 참여하거나 다이어트, 금연 혹은 구직과 같은 행동적 변화에 직면하게 되면 그와 같은 활동에 적극적인 관심을 갖고 참여하는 것에 어려움을 느낀다. 반면 단기적인 효과를 얻을 수 있고 흥미를 유발하는 활동들에 참여하는 것에는 큰 어려움을 겪지 않는다. 예를 들어 나는 이 책을 완성하는 것이 나의 가장 중요한 목표였음에도 불구하고 자리에 앉아 책을 집필하는 데 있어서 이따금씩 어려움을 느낄 때가 있었다. 그와 반대로 내가 가장 좋아하는 패스트푸드점에서 감자튀김을 먹을 때나 재미있는 소설, 혹은 문자 메시지를 보내거나 페디큐어를 받을 때는 절대로 싫증을 느끼지 않았다. 이러한 행동은 내가 중요하다고 생각하는 장기적인 인생 목표와는 큰 관련이 없었지만 난 그것들을 즐겼다. 하지만 이러한 경우와 비교했을 때 우울증을 앓고 있는 사람들은 일반적으로 흥미를 유발하는 활동에도 일관적으로 무관심하게 반응한다. 예를 들어 우울증 증상을 보이는 사람이 나보다 더 튀김 요리를 더 좋아함에도 불구하고 나와 함께 패스트푸드점에 가는 것을 달가워하지 않을 수 있다. 오히려 "저는 그것을 좋아하지 않아요"라고 말할 수 있다. 당신의 내담자가 이러한 무관심을 경험하고 있다는 사실은 그가 최근 모든 활동에 저조한 참여율을 보이고 있으며 어떠한 것을 하고 싶냐는 질문에 대답하지 못하거나, "저는 어떠한 것에도 흥미를 갖지 못해요."라고 말하는 것을 통해 추측해볼 수 있다.

예시 : 마리오는 36세이며 세 자녀를 둔 이혼남이다. 그는 상담자와의 상담을 통해 금연을 위한 계획을 세우고 있다. 상담자는 마리오에게 만약 그가 매일의 금연 목표를 달성하게 되면 자신에게 주고 싶은 선물이 무엇인지 한 번 생각해보라고 제안한다. 잠깐의 시간이 흐른 후 상담자는 많은 사람들이 실제로 매일매일의 목표를 달성함에 따라 스스로에게 주는 상으로 30분간 비디오 게임을 하거나 SNS 사용, 특별한 음식 먹기, 혹은 사랑하는 사람으로부터 칭찬을 받게 될 때 그와 같은 계획을 계속해서 이행하는 데 도움을 받았다고 말해준다. 마리오는 잠깐 고민해보지만 이내 본인은 스스로에게 어떠한 상을 주고 싶은지에 대해서 모르겠다고 대답한다.

비록 상담자는 내담자가 금연에 성공할 수 있도록 지지적으로 다양한 활동에 대해서 같이 고민해보고 있지만 이와 같은 대화는 결론에 이르지 못하고 계속해서 그 과정이 반복될 수 있다. 상담자가 이러한 방식으로 접근을 계속할 경우, 마리오 또한 계속해서 스스로 어떠한 상을 줘야 하는지에 대해 모른다는 식으로 대답할 것이다. 우울증을 앓고 있는 사람에게는 그가 우울증을 앓고 있지 않던 시절에 초점을 맞추어 그가 과거 좋아했던 것들을 토대로 보상 활동을 탐색해볼 수 있다.

가능한 전략 7 : 과거 회상하기

비록 우울증을 앓고 있는 내담자가 본인이 흥미로워할 만한 활동을 생각해내는 데 어려움을 겪을 수 있지만 과거 우울증에 걸리기 전 본인이 즐겨 했던 활동을 회상해보도록 이끌어내는 것은 상담 과정에 도움이 될 수 있다. 그런 의미에서 MI에 부합하는 과거 회상하기 전략은 목표 달성에 대한 보상을 내담자가 스스로 결정할 때 도움을 줄 수 있다(Miller & Rollnick, 2013).

예시 : MI에 부합하는/부합하지 않는 과거 회상하기

내담자 : "제가 어떤 것을 좋아하는지에 대해서 아무런 생각도 떠오르지 않아요."

MI에 부합하지 않는 과거 회상하기 : "마리오, 우리 모두 각자가 좋아하는 것들이 있어요. 당신의 경우는 어떤 것을 좋아하나요?"

이러한 상담자의 진술은 내담자의 진술을 인정하지 않고 있으며 현재 겪고 있는 문제를 중요시 여기지 않기 때문에 MI에 부합하지 않는다. 또한 상담자는 이러한 대화를 통해 자신이 돕고 있다고 착각할 수 있으며 결과적으로 잠재적인 해결책을 찾지 못하게 된다.

MI에 다소 부합하는 과거 회상하기 : "이혼하기 전 당신은 어떤 활동을 즐겨 했나요?"

이 같은 대화법에서는 상담자가 내담자로 하여금 그가 과거 즐겨 했던 활동이 무엇이었는지 생각해보도록 열린 질문을 통해 이끌어내고 있으므로 MI에 어느 정도 부합한다고 할 수 있다. 하지만 상담자는 여전히 내담자가 맨 처음에 언급한 내용에 대해서 제대로 파악하지 못했다. 따라서 내담자는 상담자로부터 충분한 공감을 받고 있지 않다는 느낌을 받을 수 있으며, 질문하기 전에 이러한 내담자의 어려운 상황을 미리 인지하지 못함으로써 상담자가 비협력적이라는 시선을 가질 수도 있다.

MI에 부합하는 과거 회상하기 : "마리오, 당신에게 즐거운 것을 찾는 일이 얼마나 어려운지 알고 있어요. 그리고 이러한 과정이 당신을 좌절하게 만든다는 것도 충분히 이해해요. 우리가 이번 기회에 과거 기억으로 돌아가 당신이 이혼하기 전에 어떤 특정 활동을 했을 때 즐거웠는지에 대해 생각해보는 것도 나쁘지 않다고 생각해요. 그 당시 당신은 어떤 것에 즐거움을 느꼈나요?"

이 상담자의 진술은 MI에 부합하고 있다. 상담자는 어떤 것에도 관심이 없는 내담자의 상황과 감정을 타당화하는 것으로 대화를 시작하고 있다. 이어서 상담자는 내담자가 과거에는 우울증이 없었다는 사실을 일깨워주고 있으며 그에 따라 내담자로 하여금 즐겨 했던 활동을 떠올릴 수 있도록 이끌어내고 있다.

임상적 난제 2 : 불안장애, 외상 관련 장애, 강박충동장애

설명

정신장애 진단 및 통계편람 제5판(DSM-5)에 따르면 불안장애는 '과도한 두려움, 불안 증세 그리고 그와 관련된 행동적 장애'를 의미한다(pp. 189, American Psychiatric Association, 2013). 불안장애를 갖고 있는 사람들의 공통적인 행동장애는 회피이다. 이러한 특징은 DSM에서 명시하고 있는 불안장애뿐만 아니라 강박장애, 외상 후 스트레스장애에서도 발견된다(American Psychiatric Association, 2000, 2013). 회피 증상은 대인관계, 상황, 자극, 생각 혹은 감정들을 회피하는 것을 의미하며 이는 대체적으로 이러한 것들이 두려움 혹은 불안과 같은 불쾌한 감정들을 야기하기 때문이다. 예를 들어 뱀 공포증이 있는 사람은 뱀의 사진을 보는 것조차도 싫어하며 이 외에도 뱀을 볼 수 있는 동물원, 자연과학 박물관 혹은 애완동물 가게를 가는 것도 꺼리게 된다. 심각한 경우에는 뱀을 만날까 두려워 밤에 밖에 나가는 것도 어려우며 낮에는 긴 부츠만 골라 신게 될 수 있다.

이러한 증상은 치료된다 하더라도 대부분 단기적인 효과만을 나타내고 시간이 지남에 따라 다시 심해질 수 있기 때문에 상담자들이 치료 과정에 관여함에 있어서 특히 더 어려움을 느낄 수 있다(예 : Clark, 1999). 예를 들어 앞서 언급된 예시처럼 뱀

공포증을 가지고 있는 사람은 만약 다른 이웃이 정원에서 뱀을 발견했다고 말하자마자 곧바로 집으로 들어가 문을 잠그고 과도한 두려움에 떨 것이며, 그와 같은 회피 행동을 통해 일시적으로 불안 증상이 완화되는 것을 느낄 것이다. 하지만 시간이 지남에 따라 집 근처 정원에 뱀이 있다는 공포심에 따른 불안 증세는 점점 더 증폭될 것이며 결과적으로 나중에는 밖에 나갈 때 긴 부츠를 신지 않고는 절대 정원 근처에도 가지 못하는 상황이 발생할 것이다.

특정공포증, 강박충동장애, 외상 후 스트레스장애에 효과적인 심리치료는 대부분 노출치료를 기반으로 한 개입을 포함하기 때문에 내담자의 회피 증상은 임상적 난제이다(Doyle & Pollack, 2003). 이 같은 방법은 내담자를 공포심에 떨게 하거나 불안하게 만드는 대상을 직접 대면하게 만들어 그들 스스로가 공포심을 극복할 수 있도록 돕는다(Hofmann & Smits, 2008). 만약 당신이 불안, 외상 관련 장애 혹은 강박충동장애를 겪고 있는 사람들을 상담해봤거나, TV 프로그램에서 노출치료에 대해서 설명하는 것을 본 적이 있거나, 친구 혹은 가족이 이와 같은 장애를 겪고 있거나, 당신 스스로가 이러한 장애를 겪어본 적이 있거나, 심지어 불안장애 또는 이와 관련된 장애를 직접 경험한 적이 없다 해도 노출치료를 완료하도록 동기를 강화하는 것이 얼마나 어려운 문제인지 생각해볼 수 있을 것이다. 우리는 오랜 시간 동안 노출치료를 받아 온 내담자들의 용기에 존경을 표한다. 우리는 경험을 통해 MI 전략들이 내담자로 하여금 이러한 노출치료를 받을 수 있도록 장려하여 결과적으로 삶을 개선하고자 하는 동기가 강화되고 자신감을 얻을 수 있다는 사실을 발견하였다.

예시 : 자말은 과거에 겪었던 교통사고로 인해 외상 후 스트레스장애를 앓고 있는 32세 성인 남성이다. 이 사고로 인해 그는 심각하게 다쳤으며, 자동차 운전자는 사망하였다. 이 사고 이후 자말은 고속도로나 어두운 밤길 혹은 친숙하지 않은 이웃 동네에선 더 이상 차를 운전할 수 없게 되었다. 또한 그가 사고를 당했을 때 타고 있었던 검은색 세단 차종을 보거나 운전 중에 듣고 있었던 재즈 음악을 듣기만 하면 심하게 우울해지는 기분을 느낀다. 그의 두 번째 방문 때 상담자는 자말에게 그의 상태에 대한 진단 내용을 말해주었으며 그에게 노출치료를 받을 것을 제안한다. 자말은 외상 후 스트레스장애 증상들이 그의 인생을 망쳤으며 이것을 치료하기 위해선 어떠한 노력도 마다하지 않겠다고 말한다. 하지만 실제로 노출치료가 시작되자 자말은 이 같은 치료를 계속할 수 있는지에 대한 확신이 사라지고 상담자에게 외상 후 스트레스장애를 갖는 것이 그렇게 고통스러운 것만은

아니라고 설득하게 된다.

이와 같은 예시에서 나타난 것처럼, 회피 증상으로 인해 내담자가 초기에는 치료에 대한 별다른 거부 반응을 보이지 않았어도 나중에 과정이 심화되면 점점 노출 기반 치료를 받는 데 있어서 어려움을 느끼게 된다. 우리는 여러 상담 경험을 통해 모든 내담자들이 노출 기반 치료를 처음부터 꺼리는 것이 아니라는 사실을 발견하였다. 실제로 몇몇 내담자는 자신이 큰 어려움 없이 이러한 치료를 거뜬히 받을 수 있다고 지나치게 확신하는 것을 볼 수 있었다. 물론 따뜻한 연민과 전문가적인 노련함을 바탕으로 노출 기반 치료를 사용하지 않아도 되는 몇몇 상황이 있다(예 : vanMinnen, Harned, Zoellner, & Mills, 2012). 그럼에도 불구하고 노출 기반 치료와 불안, 외상 관련, 그리고 강박장애의 특성들을 고려해보았을 때 고통과 회피 증상이 없는 치료 과정에 대한 기대감은 비현실적인 것이다. 따라서 우리는 내담자들이 노출치료에 대한 현실적인 기대감을 가질 수 있도록 돕는 MI 전략들을 기술하였다(5장 참조).

회피 증상과 관련된 불안장애는 노출 기반 치료뿐만 아니라 모든 종류의 상담 기법의 효과성을 감소시킨다(Westra, 2012). 사회불안을 느끼는 사람들은 다른 사람들이 그들을 평가하게 만드는 환경에 노출되는 것을 매우 두려워한다. 이러한 두려움과 불안의 싹은 다른 사람에세 부정적으로 평가될 것이라는 믿음을 심어주는 특정 상황에서부터 자라난다. 따라서 그들이 극한의 두려움 및 불안감과 함께 이러한 상황들을 회피하려고 하는 것이다(American Psychiatric Association, 2013). 예를 들어 사회불안장애를 갖고 있는 사람들은 다른 사람에게 전화를 하거나, 약속 장소에 가거나, 여러 사람이 있는 그룹에서 말을 꺼내거나 혹은 적극적인 참여를 요구하는 일대일 만남을 회피한다. 결과적으로 이러한 두려움, 불안감 그리고 회피 증상은 MI 전략이 대부분 활용될 수 있는 상황은 물론이고 보호관찰자와의 만남부터 가족 돌봄 전문가와의 약속을 잡는 것, 약물중독 치료 그룹에 참여하는 것까지 모든 과정에서 내담자의 참여를 방해할 수 있다. 우리가 직접 진행하는 MI 임상실습과 다른 곳의 MI 실습 과정에서 슈퍼비전을 하면서 사회불안장애로 인해 치료를 회피하는 내담자를 치료하는 데 도움이 될 수 있는 MI 전략들을 파악하였다.

예시 : 산자이는 사회불안장애를 앓고 있는 18세 청년이다. 그는 학교에서 근무하고 있는

상담자로부터 결석과 저조한 성적 문제에 대해 상담을 받게 되었다. 산자이를 가르치고 있는 교사들은 그가 수업에 집중하지 않고 책상이나 펜을 가지고 딴짓을 하며 교내 활동에도 참여하지 않고, 수업에서 가르치고 있는 내용에 대한 질문을 받을 때 대답을 하지 못한다고 말한다. 상담자는 산자이와의 상담에서 올해 여러 수업에 발표 과제들이 주어졌으며, 이 외에도 법학을 가르치고 있는 선생님이 학생들을 무작위로 호출해 문제를 풀게 만든다는 사실을 발견하였다. 산자이는 이러한 과제들이나 문제들을 풀도록 요구받을 때마다 심장이 매우 빨리 뛰면서 긴장하게 되어 혹여나 자신이 문제를 틀려 다른 학생들로부터 자신이 멍청하다는 평가를 받게 될까봐 겁난다고 말했다.

가능한 전략 1 : 공감적 경청하기

정신건강에 대한 전문적인 지식이 없는 (때로는 전문지식이 있는) 지역 상담자와 일한 경험에 근거해봤을 때, 많은 사람들이 사회불안장애로 인해 사회 활동에 참여하지 못하는 문제를 순전히 동기가 부족해서 혹은 개인의 약점으로 인한 결과라고 단정짓는다. 마찬가지로 당신 또한 이 책에서 설명하고 있는 내용을 읽을 때 "여러 사람 앞에서 발표할 때 긴장하지 않는 사람이 어디 있어" 혹은 "어느 누가 징그럽게 생긴 뱀이나 거미를 보고 놀라지 않겠어"라는 생각이 잠깐이라도 들었을 것이다. 하지만 여기서 주목해야 할 점은 일반 사람들도 똑같이 특정 상황에서 공포감을 느끼긴 하지만 우울증과 마찬가지로 불안장애와 같은 증상을 통해 이러한 경험들이 더욱 강하게 작용한다는 사실이다(APA, 2013). 따라서 불안에 대한 상담자 자신의 개인적 경험으로 내담자의 경험을 판단하는 전문가적 입장이 아닌 공감적 경청을 통해 내담자의 입장에서 그 경험을 이해하려고 노력하는 것이 매우 중요하다. 또한 이 같은 요구 조건은 당신이 내담자와 동일한 장애를 겪은 경험이 있어도 변함없이 적용된다(본인과 비슷한 경험을 하거나 장애를 앓고 있는 내담자와 상담할 때 겪을 수 있는 문제들에 대한 정보는 8장에서 확인할 수 있다).

예시 : MI에 부합하는/부합하지 않는 공감적 경청하기

내담자 : "제가 발표를 하게 되면 분명히 바보같은 말만 하게 될 거예요. 다른 친구들은 저를 비웃겠죠."

MI에 부합하지 않는 공감적 경청하기 : "산자이, 누구나 다 긴장할 수 있어요. 당신 자신을 좀 더 믿을 필요가 있어요. 좀 더 확신을 갖고 자신감 있게 말해보세요."

이번 대화를 통해 상담자는 내담자에게 따뜻한 연민을 표현하기 위해 노력하고 있지만 MI에 부합한다고 보기 어렵다. 상담자는 산자이의 걱정에 대해 공감하기보다는 정보를 제공하면서 그 걱정을 무시해 버렸다. 또한 상담자는 내담자에게 명령하는 식으로 상담을 진행하고 있기 때문에 내담자의 자율성이 보장되지 않았으며 두 사람 간의 협력도 찾아보기 어렵다.

MI에 다소 부합하는 공감적 경청하기 : "어떤 것이 수업 시간에 발표할 때 덜 긴장하게 만들어줄 수 있겠나요?"

방금과 같은 상담자의 말은 반응은 다소 MI에 부합한다고 할 수 있다. 그러나 상담자는 질문을 하기 전에 먼저 산자이의 불안에 대한 경험이 어떠했는지, 그 불안을 줄이기 위해 왜 그러한 전략을 사용했는지에 대해서는 충분한 정보를 이끌어내지 못했다.

MI에 부합하는 공감적 경청하기 : "수업시간에 발표를 하게 된다면 친구들이 당신에 대해서 좋지 않게 생각을 할까 봐 걱정을 하고 있군요."

이 상담자의 진술은 MI에 부합하고 있다. 그 이유는 상담자가 내담자의 감정과 염려를 과소평가하지 않고 내담자가 새로운 시각을 가지도록 강요하지 않으면서도 공감적으로 반영하고 있기 때문이다.

MI에 부합하는 공감적 경청하기 : "만약 다른 친구들이 당신이 발표할 때 절대로 웃지 않는다는 확신이 있으면 수업에 좀 더 적극적으로 참여할 수 있을까요?"

상담자의 진술은 MI에 부합하며 공감적으로 경청하고 있다. 또한 상담자가 내담자의 걱정을 재구조화해줌으로써 앞서 제시된 대화 내용에 비해 보다 심층적으로 내담자의 고민을 하나의 개입 목표로 반영하고 있다. 이러한 반영하기를 통해 상담자는 내담자가 변화의 가능성에 대해 고려해볼 수 있도록 도와줄 수 있다.

가능한 전략 2 : 평가 피드백 제공하기

불안장애, 강박충동장애, 그리고 외상 관련 장애를 겪었던 사람들을 상담하면서 많은 내담자들이 그들의 상태에 대한 진단 평가와 함께 MI에 부합하는 피드백을 제공받을 때 도움을 받는다는 사실을 발견하였다(예 : Miller, Zweben, DiClemente, & Rychtarik, 1992). 이에 대한 예시는 최근 임상실험에 알코올 사용장애와 외상 후 스트레스장애의 공존질환을 치료하기 위해 찾아온 내담자를 상담하기 전 준비 단계로 MI 기반 개입을 포함한 임상실험 사례에서 찾아볼 수 있다(Coffey et al., 2013). 이 연구에서 해당 실험에 참가한 내담자들은 본인이 겪었던 외상 후 스트레스장애로 인한 고통스러운 경험들을 전문적 진단을 통해 온전히 파악할 수 있다는 사실을 신뢰하지 못했기 때문에 치료의 효과성을 납득하는 데 여러 번 어려움을 겪었다. 하지만 진단평가에 대한 피드백과 함께 진단에 대한 객관적인 정보를 제공하였을 때 참가자들은 (1) 외상 후 스트레스장애가 어떤 증상이나 장애를 통해 자신의 삶에 지장을 주었는지에 대해 그리고 (2) 치료에 성공하게 되어 더 이상 그런 증상을 겪지 않게 될 때 자신의 삶이 얼마나 개선될지에 대해서 말할 수 있게 되었다.

예시 : MI에 부합하는/부합하지 않는 평가 피드백하기

앞서 언급된 교통사고로 인해 외상 후 스트레스장애를 갖게 된 자말의 사례들을 통해 내담자가 자신이 가지고 있는 불안, 외상 관련 혹은 강박장애를 치료하기 위해 상담 과정에 적극적으로 참여하려는 동기를 강화하는 데 있어 상담자가 어떻게 평가 피드백을 활용할 수 있는지 확인할 수 있다.

내담자 : "제 인생은 교통사고 이후로 완전히 산산조각 났어요."

MI에 부합하지 않는 평가 피드백하기 : "만약 당신이 인생을 다시 시작하고 싶다면, 저는 당신에게 노출 기반 치료라는 과정에 참여하는 것을 추천해요."

이러한 상담자의 말은 내담자의 의사를 묻지도 않고 바로 조언을 하고 있어 두 사람 간의 협력을 약화시키고 내담자의 자율성을 침범하고 있기 때문에 MI에 부합하지 않는다. 또한 상담자는 자말의 분노에 대해 충분한 공감을 표현하지 않고 있다.

MI에 다소 부합하는 평가 피드백하기 : "당신은 PTSD라고도 불리는 외상 후 스트레스장애를 앓고 있고, 그래서 당신이 사고 이후에 이렇게 고통을 받고 있는 거죠. 하지만 노출 치료를 통해 당신은 충분히 이러한 어려움을 극복할 수 있어요."

이 반응은 다소 MI에 부합한다고 할 수 있다. 상담자는 자말에게 그의 상태에 대한

표 6.3 ●● PTSD 평가에 대한 객관적인 서면 피드백 예시

외상 후 스트레스장애 평가 결과

당신의 삶에서 일어났던 충격적인 사건들

_________________ _________________ _________________

_________________ _________________ _________________

_________________ _________________ _________________

이러한 충격적인 사건들로 인해 당신이 겪고 있는 증상들

외상 후 스트레스장애(PTSD) 예_____ 아니요______

회피 증상

____

재경험 증상_______________________________________

과다각성 증상_____________________________________

전반적인 외상 후 증상의 심각한 정도 : 조금/보통/심각/매우 심각

객관적인 정보를 제공하고 있다. 하지만 상담자는 이 같은 정보를 제시하는 데 있어서 내담자에게 허락을 구하지 않았고, 제시된 정보에 대한 내담자의 반응을 이끌어내지 못했다. 또한 상담자는 제시된 치료법에 대해 자말이 적극적으로 참여할 수 있는 동기를 이끌어내는 단계를 배제한 채 바로 계획을 세우려고 하고 있다(치료법을 제시하면서).

MI에 부합하는 평가 피드백하기 : "자말, 당신이 교통사고를 당한 이후부터 왜 이러한 어려움을 겪는지 이해하는 데 도움을 줄 수 있는 심리검사 결과에 대해 피드백을 해드려도 될까요?"

이와 같은 상담자의 접근법은 정보를 제공하기 전에 내담자에게 허락을 먼저 구함으로써 자율성을 지지하고 있고, 내담자가 외상 후 스트레스장애로 인해 겪는 어려움에 대한 충분한 연민과 공감을 표현하고 있기 때문에 MI에 부합하고 있다. 표 6.3은 PTSD 평가에 대한 MI적 피드백이 어떻게 작성될 수 있는지에 대한 예시를

제공해주고 있다. 이러한 서면으로 된 피드백은 내담자들이 객관적인 정보를 이해하는 데 도움을 줄 수 있다(예 : Miller et al., 1992).

가능한 전략 3 : 유발하기

불안, 외상 관련 혹은 강박장애로 인해 노출 기반 치료가 권장된 내담자들에게 MI에 부합하는 유발 질문을 활용하여 스스로 변화해야 하는 이유를 말하도록 돕는 것은 치료를 회피하지 않고 잘 따라 가도록 동기와 강점을 촉진할 수 있어 매우 중요하다(Westra, 2012). 유발 질문들은 내담자들이 평가 피드백을 제공받거나 그들에게 객관적인 진단이 그동안 삶에서 겪었던 증상들과 얼마나 연관되어 있는지에 대해 정보를 제공받은 이후 사용될 수 있다.

예시 : MI에 부합하는/부합하지 않는 유발하기

내담자 : "제 인생은 교통사고 이후로 완전히 산산조각 났어요."

MI에 부합하지 않는 유발하기 : "자말, 당신에게 좋은 소식이 있어요. 교통사고와 같은 충격적인 사건으로 인해 발생한 외상 후 스트레스장애를 치료하는 데 있어서 매우 효과적인 치료 방법을 당신에게 제공해줄 수 있어요."

이 상담자의 표현은 MI에 부합하지 않는다. 그 이유는 상담자가 내담자의 변화를 위한 욕구, 능력, 이유, 필요, 결심을 유발하고 있지 않기 때문이다. 이 외에도 내담자가 스스로 본인의 인생이 산산조각 났다고 말하고 있기 때문에 상담자는 변화에 대한 동기가 충분히 있다고 착각하고 바로 계획하기 단계로 건너뛰었다. 또한 이와 같은 대화 방식은 비협력적이며 내담자가 직접 본인에게 적합한 치료를 결정하도록 하는 것이 아니라 상담자가 전적으로 자신의 결정으로 내담자에게 치료법을 제시하고 있기 때문에 MI에 부합하지 않는다.

MI에 다소 부합하는 유발하기 : "당신이 보다 나은 삶을 살 수 있도록 도움을 줄 수 있는 치료법들에 대해 알고 싶나요?"

이 같은 상담자의 대화는 다소 MI에 부합한다고 할 수 있다. 상담자는 내담자에게 먼저 치료법에 대해 알고 싶은지 의사를 묻고 있다. 이처럼 내담자의 사전 의사를 파악함으로써 서로 간의 협력을 향상시킬 수 있으며 내담자의 자율성 또한 존중된다. 하지만 상담자는 치료를 계획하기 전에 꼭 필요한 과정인 내담자의 변화에 대한 욕구, 능력, 이유, 필요, 결심을 유발하고 있지 않다. 또한 상담자는 닫힌 질문을 사용하고 있어 내담자로부터 단답형의 대답만을 이끌어내게 된다.

MI에 부합하는 유발하기 : "이러한 경험이 당신에게 매우 힘들게 다가왔을 것 같아요. 그 사고 이후 당신의 삶이 어떻게 악화되었는지 조금 말해줄 수 있나요?"

방금과 같은 경우에는 상담자가 대화를 통해 내담자가 앞서 언급한 자신의 삶이 무너졌다는 내용에 대한 공감적 반영으로 시작하고 있기 때문에 MI에 부합한다. 이 외에도 상담자는 내담자로 하여금 교통사고가 그의 인생에 어떤 영향을 끼쳤는지에 대해 설명하도록 유발하고 있다. 이처럼 내담자가 직접 설명하도록 유발하는 것을 통해 치료 과정에 대한 그의 참여도를 향상시키는 데 도움을 줄 수 있다(Amrhein, Miller, Yahne, Palmer, & Fulcher, 2003).

가능한 전략 4 : 선택지 제공하기

2장에 명시된 것처럼, MI의 근본이 되는 정신은 내담자의 '자율성'을 지지해주는 수용성이며, 이를 통해 상담자는 내담자 스스로가 본인의 치료 과정에 대해 여러 선택지 중 본인이 원하는 것을 결정할 수 있도록 도울 수 있다(Miller & Rollnick, 2013 참조). 따라서 치료 과정에서는 상담자가 내담자에게 MI에 부합하는 최대한 객관적인 선택지를 제공해야 하며, 각 선택에 따른 장점과 단점의 양면성에 대해서도 충분히 설명해주어야 한다. 이후 상담자는 내담자와 협력하여 어떠한 치료 과정이 가장 적합한지에 대해 논의하여 내담자로 하여금 본인이 어떠한 활동들을 할 것인지 판단하는 최종 결정자임을 인지하도록 도와야 한다. 매년 의과대학 학생들을 대상으로 MI의 원리와 실제에 대한 단기강의를 진행하게 되는데, 치료 결과에 대한 문헌과 실습 안내서들이 뭐라고 하든 간에 내담자가 따르지 않는 치료는 최선의 방법이 될 수 없을 것이다.

불안, 외상 관련, 그리고 강박장애의 경우 내담자는 치료 거부, 약물치료, 인지치료 또는 행동치료, 지지치료까지 매우 다양한 선택사항들을 제공받는다. 따라서 상담자는 각 상담치료의 결과 데이터와 실습 안내서에 대한 정보를 잘 숙지하여 특정 개입을 결정하는 것, 각 회기 사이에 주어지는 과제를 완료하는 것, 종결되기 전에 치료를 중단하는 것에 대해 예상되는 결과와 정확하고 객관적인 정보를 제공해줄 수 있어야 한다. MI가 상담자로 하여금 내담자에게 가장 좋은 선택지를 제공하고 그에 따른 상담자의 전문가적인 의견을 공유하는 것을 포함하고 있는 만큼(예 : "모든 과정에 대한 결정은 전적으로 당신에게 달려있어요. 저의 전문가적인 견해로는 당신은 약물치료보다는 인지행동치료가 더 좋은 선택 같아요.") 상담자는 내담자가 치료 과정을 선택하도록 강요해서는 안 된다(예 : "인지행동치료가 당신에게 가장 적합한 치료예요.").

예시 : MI에 부합하는/부합하지 않는 선택지 제공하기

내담자 : "저는 왜 제가 고등학교를 졸업해야 하는지 모르겠어요. 제 아버지는 졸업을 하지 않았지만 현재 건설업을 통해 많은 돈을 벌고 계세요."

MI에 부합하지 않는 선택지 제공하기 : "현재와 과거는 달라요 산자이. 이전과 달리 고등학교를 졸업하지 않으면 나중에 사회에서 살아가기 어려울 거예요."

이 진술은 MI에 부합하지 않는다. 내담자의 관점을 공감적으로 인정해줌으로써 또 다른 관점을 이끌어내고 있지 못하며 내담자의 관점을 직접적으로 직면하여 상담자의 관점을 강요하고 있다.

MI에 다소 부합하는 선택지 제공하기 : "학교를 그만두는 것 또한 당신의 선택이에요."

이 진술은 다소 MI에 부합한다고 볼 수 있다. 상담자는 학교를 자퇴하는 것 또한 내담자가 선택할 수 있음을 언급하면서 내담자의 자율성을 존중해주고 있다. 하지만 상담자는 산자이가 원하는 변화방향으로 나아가는 데 도움이 될 만한 다른 선택지에 대해서는 제시하지 않았다. 비록 산자이가 현재는 학업을 그만두고 싶다고 말하고 있지만 이러한 욕구는 순전히 그러한 방법을 통해 본인의 불안감을 해소할 수 있다는 막연한 믿음으로부터 나오는 것일 가능성이 높다. Miller와 Rollnick(2013)이 말하고 있는 것처럼 상담자는 MI를 활용하여 내담자가 초기에는 그 목표들을 수용하지 않더라도 그가 스스로 자신의 관심사에 기반 한 목표들을 세우도록 도울 수 있는 순간들이 상담 과정에서 찾아온다.

MI에 부합하는 선택지 제공하기 : "산자이, 이 문제가 당신에게 감당하기 어려울 수 있다는 것을 잘 알고 있어요. 그리고 당신은 이것을 해결하기 위해 뭐라도 해야 한다고 생각하고 있어요. 이 문제를 다룰 수 있는 여러 가지 선택지가 있어요. 자퇴하는 방법 또한 그중 하나일 거예요. 학교 상담자로서 나의 일은 모든 사항을 고려하여 당신이 가장 좋은 선택을 할 수 있도록 돕는 거예요. 당신이 생각하기에 도움이 될 수도 있고 그렇지 않을 수도 있지만 나에게 몇 가지 아이디어가 있어요. 먼저 나와 같은 상담자와 혼자 또는 부모님과 같이 불안한 감정 없이 수업에 참여할 수 있는 전략과 기술들을 배우는 것이에요. 또 당신이 불안을 통제할 수 있도록 도와주는 약물치료에 대해 의사에게 진료를 받을 수도 있고, 이 문제에 대해 선생님들과 면담시간을 잡아서 도움을 구할 수도 있어요. 그리고 당신과 비슷한 경험이 있는 다른 학생들과 이야기를 같이 나눠볼 수도 있을 것 같아요. 이러한 각각의 선택지들에 대한 장단점과 관련하여 나의 생각을 알려줄 거예요. 그러기 전에 먼저 혹시 우리가 같이 고려해볼 만한 다른 아이디어가 있는지 그리고 이 아이디어들에 대해 당신은 어떻게 생각하는지 들어보고 싶어요."

이러한 상담자의 표현은 내담자의 감정에 대한 공감적 반영으로 시작하였고 문제에 대한 내담자 자신만의 해결책을 선택하도록 자율성을 지지하고 있어 MI에 부합하고 있다. 이 외에도 상담자는 본인이 생각하고 있는 가장 적합한 방법을 제시하기에 앞서 가능성 있는 선택지들을 제시하고 있고 그 선택지들에 대한 내담자의 관점을 요청하고 있다.

가능한 전략 5 : 내적 통제감 강조하기

불안장애, 외상 관련 그리고 강박장애를 치료하고 있는 많은 상담자들은 회피 증상이 내담자가 앓고 있는 장애의 증상이라고 인지하고 있으며 그에 따라 내담자가 그것을 직면하여 극복하도록 요구하는 경우가 많다. 하지만 그럴 경우 내담자의 자율성을 존중해주고 있지 않기 때문에 MI 정신에 반대된다고 할 수 있다. 비록 치료 과정에서 주도권을 강조하는 것이 반직관적일 수 있지만 우리는 이러한 방법이 회피 증상으로 인해 참여에 어려움을 겪는 내담자의 문제를 해결하는 데 도움이 된다는 것을 발견하였다. 또한 우리는 여러 경험을 통해 본인이 치료를 받을 능력이 없다고 생각하는 내담자들이 대부분 모든 노출치료 회기마다 치료를 더 이상 못 받겠다고 말하는 경우를 확인하였다. 이는 사전에 상담자가 내담자의 자율성을 보장해주기 위해 그들 스스로가 무엇을 할 것인지 결정할 수 있다고 말한 결과다.

예시 : MI에 부합하는/부합하지 않는 내적 통제감 강조하기

내담자 : "오늘은 제가 노출치료를 받을 수 없을 것 같은 기분이 들어요."

MI에 부합하지 않는 내적 통제감 강조하기 : "자말, 계속해서 이러한 치료를 받는 것이 매우 중요해요."

이러한 상담자의 진술은 MI에 부합하지 않는다. 상담자는 상담 과정에서 내담자의 걱정에 공감해주고 있지 않으며 그의 자율성을 지지해주고 있지 않다. 또한 치료받는 것을 원치 않는 내담자의 요구에 직면하고 있다.

MI에 다소 부합하는 내적 통제감 강조하기 : "자말, 왜 치료를 받을 수 없을 것 같아요?"

이러한 질문은 다소 MI에 부합한다고 할 수 있으며 이는 상담자가 열린 질문을 통해 내담자의 관점을 이끌어내고 있기 때문이다. 하지만 이러한 질문은 오히려 내담자가 왜 본인이 이 치료를 더 이상 받을 수 없는지에 대해 말하도록 촉진하고 있기 때문에 상담의 결과를 악화시킬 수 있다. 추가적으로 "왜 치료를 받을 수 없을 것…"과 같은 특정 어휘의 사용은 내담자에게 직면적으로 들릴 수 있다. 이는 내담자가 이 문제를 해결해야 한다는 상담자의 생각을 암시하게 된다.

MI에 부합하는 내적 통제감 강조하기 : "자말, 당신은 여기에서 모든 것을 결정할 수 있어요. 오늘 노출치료를 할지 여부는 전적으로 당신의 선택이에요. 우리가 저번에 논의했던 것처럼 제가 권하는 것은 당신이 치료에 참여하는 것이에요. 당신이 두려움에 직면할수록 두려움은 더 줄어들게 될 거예요. 하지만 당신이 오늘은 치료를 안 받겠다고 하면 그렇게 할게요."

방금과 같은 상담자의 표현은 MI에 부합한다. 그 이유는 상담자가 이전에 논의한 노출치료의 중요성을 내담자에게 상기시켜 주고 있음에도 불구하고 지속적으로 내담자의 자율성과 치료를 받지 않아도 된다는 결정을 존중해주고 있기 때문이다.

가능한 전략 6 : 계획하기

'가능한 전략 7 : 미래 예상하기'에 대해서 설명한 것처럼 많은 내담자들은 회피 행동이 본인들의 불안, 외상 관련 혹은 강박장애를 치료하는 과정에 방해가 된다는 사실을 과소평가하고 있다. 따라서 내담자로 하여금 회피 행동이 전반적인 치료 과정에 어려움을 야기할 수 있다는 사실을 인지하도록 돕는 것이 MI 전략 중 하나이다. 3장에서 설명하고 있는 것처럼 MI에 부합하는 계획하기를 통해 상담자는 내담자와 같이 협력하여 치료 과정에서 발생하는 회피 행동에 대처할 전략을 생각해볼 수 있다. 이 과정에서 상담자는 내담자가 치료를 성공적으로 완료하기 위해 회피 행동을 극복할 수 있도록 계획을 재차 보완해야 한다.

예시 : MI에 부합하는/부합하지 않는 계획하기

내담자 : "이 치료를 한 번 받아보고 싶지만, 제가 이것을 잘 해낼 수 있는지 모르겠네요."

MI에 부합하지 않는 계획하기 : "자말, 치료에 대한 당신의 거부감은 외상 후 스트레스로 인한 회피 증상 때문일 거예요. 당신이 이 같은 치료에 거부감을 느끼더라도 정기적으로 프로그램에 참여하는 것이 중요해요. 그렇게 할 수 있겠죠?"

상담자는 회피 행동에 대한 정보를 제공하는 것으로 시작하고 있지만 MI에 부합하지 않는다. 이 외에도 상담자는 내담자에게 회피 행동에 대해 무엇을 해야 하는지 말해주고 있다. 내담자에게 어떻게 해야 한다고 말해주는 것은 두 사람 사이의 협력을 방해하며 내담자의 자율성을 침해할 수 있다.

MI에 다소 부합하는 계획하기 : "자말, 저는 당신이 치료를 받는 것에 대한 확신이 서지 않을 때마다 심호흡을 하고 스스로 긍정의 다짐을 하는 것을 추천해요. 물론 그것이 당신에게 있어서 최선이 아닐 수도 있어요."

상담자는 MI에 부합하게 내담자가 거절할 수 있음을 허용하면서 정보를 제공하고 있으며 내담자의 자율성과 협력을 증진시키고 있다. 하지만 전반적인 상담자의 반응은 다소간만 MI에 부합한다. 그 이유는 상담자가 치료를 받는 데 도움이 될 만한 것에 대한 자말의 의견을 먼저 이끌어내고 있지 않기 때문이다. 따라서 협력이라고 하기엔 부족하다.

MI에 부합하는 계획하기 : "자말, 괜찮다면 이에 대해 몇 가지 정보를 제공해도 될까요? 치료에 대해 당신이 느끼고 있는 거부감은 외상 후 스트레스장애로 인한 회피 증상에 근거한 것일 수도 있어요. 실제로 외상 후 스트레스장애를 극복하고 싶어 하지만 치료에 대한 확신이 없는 내담자들이 치료 과정에서 발생할 수 있는 어려움들에 대해 사전에 논의해보는 것을 통해 많은 도움을 받았어요. 제가 오늘 그 도움을 드려도 될까요? [상담자는 내담자로부터 긍정적인 대답을 기다린다] 먼저 어떠한 어려움들이 당신으로 하여금 치료를 받는 데 방해가 되는지에 대해서 한번 얘기해보도록 해요."

이 같은 상담자의 표현은 상담자가 정보를 제공하는 것부터 시작해서 내담자가 회피 증상을 극복하기 위해서 어떠한 전략이 필요한지에 대해 서로 같이 협력하여 논의하고 있기 때문에 MI에 부합한다.

우리는 이 같은 계획하기 과정을 '성공적인 치료를 위한 계획표'라는 변화 계획 활동지로 구조화하였다. 그 예는 표 6.4에 있는 MI에서 일반적으로 사용되는 활동지와 같다(예 : Miller & Rollnick, 2002).

가능한 전략 7 : 미래 예상하기

내담자로 하여금 앞으로 진행될 현실적인 상담치료 과정에 대해 실제적으로 예상해보는 것은 치료에 대한 비현실적인 생각을 갖고 있는 내담자들을 돕는 데 유용하게 활용될 수 있다(5장 참조). 대부분의 내담자들을 대상으로 치료의 현실이 치료가 유익하고 감당할 만하다고는 하지만 정서적으로 힘이 들고 긴 시간이 소요되는 일이라는 것을 고려한다면 이 전략은 적은 정도의 유지대화를 일으킨다고 할 수 있다. 예를 들어 치료에 대한 비현실적인 기대를 하고 있는 내담자에게 미래 예상하기를 사용했을 때 다음과 같은 대답을 듣게 될 수 있다. "저는 노출치료가 힘들 수도 있다고 생각해요. 하지만 이 치료가 저에게 얼마나 도움이 될지 생각해보면 치료를 계속 받을 수 있을 것 같아요." 비록 이처럼 유지대화를 유발하는 것은 대부분의 경우 MI에 부합하지는 않지만 적은 정도의 유지대화를 이끌어내는 것은 노출치료에 대한 현실적인 관점을 갖고 있지 않은 내담자로 하여금 치료에 앞서 준비될 수 있도록 도울 수 있다. 이러한 장점에도 불구하고 우리는 이 같은 전략을 상담 과정의 진행을 고려하여 꼭 필요한 경우에만 사용하는 것을 권장한다. 우리는 개인적으로 이러한 전략을 내담자가 노출치료에 대한 강한 자신감을 드러낼 때만 사용하는 것을 추천한다. 예를 들어 만약 상담자가 "불안장애를 극복하기 위한 노출 기반 치료는 당신에게 있어서 불안감을 줄 수 있는 상황에 미리 설정한 시간 동안 직면하도록 하는데, 30분 혹은 당신의 불안이 50% 정도 감소할 때까지 지속될 수도 있어요. 당신은 이에 대해 어떤 질문이나 걱정이 있나요?"라고 질문을 하고 만약 내담자가 이 질문에 "저는 어떤 걱

표 6.4 ●● 성공적인 치료를 위한 계획표 예시

성공적인 치료를 위한 계획표 작성

내가 치료를 성공적으로 마치고 싶은 이유

1. 나는 삶을 되찾을 수 있다.
2. 두려움 없이 차를 운전할 수 있다.
3. 사고에 대해 항상 생각하지 않아도 된다.
4. 내가 아이들에게 더 이상 운전은 무서운 것이라고 가르치지 않게 된다.

성공적으로 치료를 받기 위해

1. 정기적으로 꾸준히 치료를 받아야 한다.
2. 치료 과정에서 하는 활동에 성실히 참여한다.
3. 최선을 다해 숙제를 집에서 해 간다.

치료를 성공적으로 마치는 데 방해를 줄 수 있는 요소

1. 욱하는 성격. 때때로 두려움을 느낄 때마다 속 안에서 분노가 일어나면 이렇게 말한다–"그냥 잊어 버려."
2. 나의 다른 삶의 우선순위–치료를 받지 않고 삶에서 필요한 다른 일들을 할 수도 있다.
3. 내 가족에게 어떤 일이 생겨 내가 치료받는 것을 그만두게 할 수도 있다.
4. 내가 스스로 그것을 그만두고 싶다고 말할 수도 있다.

다른 사람들이 나의 치료 과정을 도울 수 있는 방법

1. 내 가족이 나에게 계속해서 치료를 성실하게 참여하도록 격려의 말을 해줄 수 있다.
2. 내 상담자가 나에게 격려의 말을 해주고 곧 끝날 것이라고 말해줄 수 있다.
3. 내가 만약 치료에 불참하게 될 경우 상담자가 내게 전화하고 스케줄을 다시 잡을 수 있도록 나를 도울 수 있다.

만약 내가 예상했던 것과 다르게 치료에 성실히 임하지 않거나 중도에 포기하려고 할 때 나는 무엇을 할 것인가?

1. 스스로에게 정직해지고 이러한 어려움을 다른 사람의 탓으로 돌리지 않기
2. 불안 증세로 인해 내가 얼마나 많은 어려움을 겪었고 얼마나 자주 두려워하는 것들로부터 회피해 왔는지에 대해서 생각해보기
3. 내 자신에게 '나는 강하다. 나는 할 수 있다'라고 말하기
4. 어려운 시간이 찾아올 때 힘과 용기, 인내 그리고 지혜를 위해 기도하기
5. 가족, 친구 그리고 다른 사람들에게 지원과 격려 부탁하기
6. 치료를 하는 과정에서 내가 겪었던 성공들에 대해서 기억하기

이 계획표를 작성하는 과정에서 상담자는 어떠한 것들을 적을 수 있는지에 대해서 내담자에게 예시들을 제시해줄 수 있다.

정도 없어요. 간단해 보이는데요. 어서 시작합시다."라고 말할 경우 상담자는 내담자로 하여금 실제로 치료가 어떤 식으로 진행될지에 대해 한번 마음속으로 예상해보라고 권장하여 그가 좀 더 현실적인 관점을 가질 수 있도록 도울 수 있다. 이러한 전략을 활용하여 내담자가 나중에 치료가 끝나더라도 자신이 예상한 것보다 낮은 효과성이나 실패에 대해 실망하지 않도록 도움을 줄 수 있다.

예시 : MI에 부합하는/부합하지 않는 미래 예상하기

내담자 : "저는 치료에 대해 어떠한 걱정도 갖고 있지 않아요. 외상 후 스트레스장애로 인해 제 인생은 망가졌고, 저는 과거의 저처럼 돌아가기 위해선 어떠한 과정도 마다하지 않을 거예요."

MI에 부합하지 않는 미래 예상하기 : "당신은 정직하지 않군요."

방금과 같은 상담자의 진술은 MI에 부합하지 않는데, 이는 상담자가 내담자의 긍정적인 생각을 정면으로 맞받아치고 있기 때문이다. 이는 내담자와의 협력을 악화시키고 그의 자율성을 침해할 수 있다.

MI에 다소 부합하는 미래 예상하기 : "PTSD 치료에 대해 당신이 걱정하고 있는 것을 한번 말씀해주세요."

이번 대화에서는 상담자가 열린 질문을 사용하고 있으며("말씀해주세요"는 MI에서 열린 질문으로 사용된다) 이를 통해 내담자로부터 긴 대답을 이끌어내고 있다. 하지만 대화의 정황상("저는 어떠한 걱정도 없어요") 이러한 상담자의 질문은 부적합하다. 내담자는 이를 통해 상담자가 본인의 얘기를 듣고 있지 않다고 느낄 수 있으며 극단적이긴 하지만 상담자가 본인을 무시했다고 느낄 수도 있다.

MI에 부합하는 미래 예상하기 : "당신은 현재 매우 확신에 차 있고 바로 치료를 받을 준비가 되어 있는 것 같군요. 하지만 이러한 치료를 받는 많은 사람들이 실제로 치료를 받아보면 본인들의 예상보다 더 힘들다고 느껴요. 만약 당신에게도 이러한 어려움이 찾아온다면 이러한 치료를 계속 받는 데 변함없이 확신이 설까요?"

이러한 상담자의 접근법을 통해 유지대화가 유발되고 있어 MI에 다소 맞지는 않지만 이러한 상담자의 자세는 충분히 MI에 부합한다. 상담자는 내담자의 긍정성에 대해서 공감을 표현하고 있으며 내담자의 진술에 직접적으로 반하지 않는 객관적인 정보를 제공하고 있어 내담자로 하여금 한 번 더 치료 과정에 대해 생각해볼 수 있는 여지를 주고 있다. 이 외에도 상담자는 열린 질문을 통해 실제 치료가 진행될 때 발생할 수 있는 어려움에 대한 내담자의 관점을 얘기해보도록 이끌어내고 있으며 이러한 노력을 통해 '가능한 전략 6'에서 언급된 문제들을 성공적으로 극복할 수 있도록 도울 수 있다.

임상적 난제 3 : 정신증적 증상들

설명

정신증은 현실과의 접촉 상실을 의미하는데, 일반적으로 존재하지 않는 것을 보고, 듣고, 냄새 맡고, 맛보고, 느끼는 것(환각)과 어떤 사건과 사람에 대한 잘못된 신념을 말한다. 추가적으로 환각과 망상, 그리고 다른 정신증적 증상들은 와해된 생각들, 말, 행동을 포함하고 있다. 정신증은 알코올, 마약, 금단증상과 같은 약물 문제로 인해 발생할 수 있으며 이 외에도 뇌의 기능에 영향을 주는 질병 및 종양, 조현병, 조울증, 심한 스트레스, 그리고 몇몇 성격장애 증상으로도 발생할 수 있다. 비록 이와 같은 증상에 대한 치료는 정신증의 종류에 의해 결정되지만 대체적으로 치료 과정에서는 항정신성 약물들이 사용된다(Cohen, 2010). MI는 정신증적 장애, 특히 조현병을 앓고 있는 사람들을 도울 수 있는 가능성을 보여주고 있는데 내담자들이 전보다 약물치료를 더 잘 받게 되고(Drymalski & Campbell, 2009), 문제성 음주의 감소와 같이 삶에 긍정적인 변화를 가져다주고(Graeber, Moyers, Griffith, Guajardo, & Tonigan, 2003), 금연 전문가와의 만남도 증가하였다(Steinberg, Ziedonis, Krejci, & Brandon, 2004). 그럼에도 불구하고 정신증 증상 및 장애들은 MI를 활용함에 있어서 어려움을 초래할 수 있다(예 : Rusch & Corrigan, 2002). 이러한 어려움 때문에 해당 치료 프로그램 교육을 제공하는 센터에서는 많은 상담자들이 수강료를 지불하고 정신증 환자 치료에 대한 모의 실습에 최소 한 번 이상 참여하고 있다.

예시 : 로저는 63세 노인으로 조현병을 진단받았고 현재는 요양시설에서 관리를 받고 있다. 그는 조현병을 치료하기 위해 항정신성 약물을 지난 40년 동안 처방받아 왔다. 그가 약물을 잘 복용하지 않던 시기에는 그의 가족이 데리러 올 때까지 길거리에서 몇 달 혹은 몇 년씩 노숙생활을 했으며 안정을 위해 정신과 병동에 입원하기도 했다. 최근 그의 신체적 건강이 악화되었으며 이로 인해 그를 관리하고 있는 요양시설 직원은 그가 좀 더 전문적인 시설에서 치료를 받아야 한다고 생각한다. 예를 들어 약물치료를 받을 때 그는 침대에서 떨어진다. 또한 그의 큰 몸집으로 인해 건물 관리인이자 요양시설 직원인 레지나는 로저가 떨어질 때마다 그를 다시 일으켜 세우는 데 매우 큰 어려움을 느끼고 있다. 또한 로저는 떨어질 때마다 매우 큰 고함을 지르고 레지나의 지시를 잘 따르지 않는다. 로저는

그의 안 좋은 건강상태에 대해 인지하지 못하며 직원들이 그의 건강에 대해 논의를 하려고 할 때마다 들으려고 하지 않는다. 조금이라도 그의 건강에 대해 언급을 하려고 하면 로저는 바로 CIA가 그의 건강을 위해 실험 약물을 주사했기 때문에 현재 몸 상태가 매우 좋다고 강조한다.

이러한 로저의 상태에 대해 당신은 어떻게 대답하겠는가? 이러한 로저의 잘못된 믿음에 대해 지적을 해주면서 논쟁을 하겠는가? 아니면 정신과 의사에게 보다 강력한 약물을 부탁해서 그가 침대에서 더 이상 떨어지지 않도록 하겠는가? 아니면 로저가 자신의 안전을 위해 양로원에 수용되도록 법적으로 조치를 하겠는가? 이것도 아니면 당신은 보다 덜 스트레스 받는 직업을 찾기 위해 요양시설에서의 일을 그만두겠는가? 다음에 이어지는 내용에서는 망상, 환각, 환청 증상 혹은 와해된 생각을 가지고 있거나 행동을 하는 내담자들을 치료하는 데 있어서 도움이 될 수 있는 MI 전략들에 대해서 설명하고 있다. Carey, Leontieva, Dimmock, Maisto, Batki(2007)는 보다 횟수가 많고 단기적인 회기로 이루어진 동기증진치료 과정을 조현병이 있는 사람들에게 적용하는 것을 권장하고 있다. Carey와 그의 동료들은 조현병을 앓고 있는 사람에게 이러한 치료 과정을 적용하는 것에 대한 잠재적인 효과로 (1) 관심 받고 싶은 내면의 욕구가 줄어듦, (2) MI적인 개입에 대해 어떻게 반응해야 하는지 내담자들이 배울 수 있음, (3) 치료 내용에 대한 반복과 정교함 증가, (4) 보다 온전하게 실제 있었던 일에 대해서 대화를 나눌 수 있음, (5) '안 좋은 날'(예 : 증상이 악화되는 날)의 영향 감소 등이 있다고 소개했다. Martino, Carroll, Kostas, Perkins, Rounsaville(2002)은 정신병을 앓고 있는 내담자들에게 MI 전략들을 적용시켜 열린 질문 간소화(예 : 복잡한 질문 회피), 논리적 사고와 현실 검증력 향상을 위해 대화를 이끌어가는 상담자의 역할 강조, 전반적인 삶에 방해를 주는 요소들에 대한 축소 반영, 그리고 내담자가 치료 과정에 대해 확신을 가질 수 있도록 긍정의 말 강조 기법들을 통해 와해된 사고와 인지장애를 수용할 수 있도록 돕는 것을 권장하고 있다. 여기서 주의해야 할 점은 이렇게 언급된 전략들은 심각하게 와해되거나 불안해하는 내담자들에게는 효과가 적을 수 있으며 적절하지 않을 수 있다는 것이다.

가능한 전략 1 : 정보 제공하기

우리는 여러 상담 경험을 통해 약물중독치료 프로그램에 참여하거나 무거운 형량을 받은 내담자들이 MI 전략을 사용하고 있는 상담자들과 상담을 할 때 대부분 처음에는 낯설어하고 치료에 대해 확신을 하지 못한다는 사실을 깨달았다. 구체적인 예로, 그들은 열린 질문에 단답 형식으로 대답하거나 상담자가 반영한 뒤에 침묵으로 일관하기도 한다. 이처럼 내담자들이 느끼는 치료에 대한 낮은 확신은 MI가 일반적으로 많이 사용되는 직접적인 다른 상담 기법들에 비해 대인관계에 중점을 두기 때문에 충분히 이해할 수 있는 사항이다(Amrhein et al., 2003). 이와 같이 많은 내담자들이 MI에 대해 초반에는 확신을 갖지는 못하지만 이후에 이어지는 치료 과정을 통해 빠른 시간 내로 쉽게 MI 정신과 기술에 적응하게 되고 프로그램에 적극적으로 참여하게 되는 경우를 많이 목격하였다. Martino와 그의 동료들(2002)이 언급하고 있는 것처럼 망상이나 환각 등의 정신장애를 앓고 있는 사람들은 MI적인 방식에 적응하는데 있어서 다른 사람들에 비해 더 많은 어려움을 겪을 수 있다. 따라서 이 전문가들은 MI에 부합하는 방식으로 상호작용을 하기 전에 내담자들에게 사전 정보를 주는 것을 권장하고 있다. 상담 과정에 대한 사전 정보를 제공받음으로써 내담자들은 상담의 목적에 대해서 알게 되며 이러한 과정에서 상담자의 역할 그리고 내담자 본인의 역할에 대해서 숙지할 수 있게 된다.

예시 : MI에 부합하는/부합하지 않는 정보 제공하기

내담자 : "언제 끝나나요? 지금 몇 시간째 담배를 피우지 못해서 답답하네요."

MI에 부합하지 않는 정보 제공하기 : "로저, 당신은 이 상담이 끝나고 담배를 피울 수 있어요. 그리고 직원들이 당신을 더 이상 이 시설에서 돌보지 못하겠다고 결정을 내렸어요. 따라서 당신이 전문적인 요양시설에서 치료를 받을 수 있도록 우리가 새로운 곳을 추천해 줄게요. 이것과 관련해서 질문이 있나요?"

이 같은 상담자의 진술은 로저와의 협력을 이끌어내고 있지 않기 때문에 MI에 부합하지 않는다. 내담자가 치료 프로그램 시간에 대한 정보를 요구하였지만 상담자는 이를 들어주지 않았고, 흡연에 대한 그의 욕구도 상담자와의 대화에서는 반영되지 않았다. 추가적으로 상담자는 순전히 전문가적인 입장에서 로저에게 치료에 대한 결정이 이미 내려졌다는 사실만 통보하고 있다. 상담자가 물어본 마지막 질문은 로저가 들은 내용에 대한 그의 생각을 묻고 있으므로 거의 MI에 부합한 것이라고 할 수 있지만 닫힌 질문이기 때문에 내담자로부터 짧은 답변(예 : "예", "아니요")만 이끌어내게 될 가능성이 높다.

MI에 다소 부합하는 정보 제공하기 : "이번 상담은 15분 정도 걸릴 거예요 로저."

위에서 언급된 상담자의 진술에서는 내담자의 질문에 대한 객관적인 형식의 답변이 포함되었기 때문에 다소 MI에 부합한다. 하지만 상담자는 이와 같은 상담을 계속해도 되는지에 대해 내담자에게 사전 동의를 구하고 있지 않다. 또한 상담의 목적에 대한 정보도 제공하고 있지 않기 때문에 내담자의 자율성이 존중되지 않을 가능성이 높고 상담자와 내담자 간의 협력에 대한 어떤 준비 단계도 이루어지지 않고 있다.

MI에 부합하는 정보 제공하기 : "당신이 지금 흡연을 매우 하고 싶어 한다는 사실을 이해해요. 동시에 저는 당신과 약 15분의 시간 동안 중요한 사항에 대해서 같이 논의를 하고 싶어요. 먼저 상담을 진행하는 것이 괜찮을까요? [내담자의 대답을 기다린다] 로저, 지난 몇 달간 당신이 우리와 함께 겪었던 좋은 경험들과 그다지 좋지 못했던 경험들에 대해 잠시 얘기를 나눠보고 싶어요. 그리고 당신에게 있어서 어떤 시설이 가장 적합한지에 대해서도 같이 논의를 했으면 좋겠어요. 전 당신이 치료를 받고 있는 요양시설에 대해서 어떻게 생각하고 또 느끼고 있는지에 대해서 듣고 싶어요. 비록 제가 이곳과 다른 시설에 대해서 질문을 하겠지만 현재로선 당신의 얘기를 제일 듣고 싶어요. 로저, 당신이 이 시설에서 생활하는 것과 관련하여 어떤 것들이 마음에 드나요?"

이 상담자의 진술은 로저의 흡연에 대한 열망을 반영해주고 질문에 대답해줌으로써 대화를 시작하고 있기 때문에 MI에 부합한다. 이러한 상담을 통해 상담자는 내담자에게 공감을 표현할 수 있고 그와 동시에 두 사람 사이의 협력을 강화하는 환경을 조성하고 있다. 상담자는 로저에게 상담을 진행해도 되는지에 대해 허락을 구하고 있으며 이를 통해 그의 자율성을 존중하고 있고 협력 또한 증진할 수 있다. 그다음에 상담자는 로저가 MI에 부합하는 상호작용에 적응할 수 있도록 그에게 정보를 제공해주고 있으며 이 과정에서 현재 로저가 생활하고 있는 시설에 대해 그가 느끼고 있는 장점과 단점에 대해 검토할 예정에 있다. 여기서 중요한 사실은 MI적인 방식을 활용하는 것이 로저가 직원들이 더 이상 그를 적절하고 안전하게 돌볼 수 없다고 내린 결정에 대해, 그리고 이로 인해 다른 전문적인 시설로 옮겨야 된다는 사실에 동의할 것이라는 사실을 보장해주지 않는다. 따라서 요양시설과 센터 직원들은 결과적으로 로저가 계속해서 현 시설에 남고 싶다고 하면 그를 설득해야 하는 상황에 처할 수도 있다. 그럼에도 불구하고 상담자와의 대화에서 그가 본인의 관점에 대해서 말하도록 이끌어내고 그의 결정권(예 : 그가 옮겨야 할 시설의 위치에 대한 결정)을 존중해줌으로써 그가 갖고 있는 자율성이 강화될 수 있다.

가능한 전략 2 : 허락 구하기

정보를 제공하거나 조언을 하기 전에 내담자에게 허락을 구하는 사항은 MI 전략들 중 하나로 상담 과정에서 내담자가 갖고 있는 자율성을 지지해주고 협력을 강화해준다는 장점을 갖고 있다(Moyers, Martin, Manuel, Miller, & Ernest, 2010). 또한 사전에 허락을 구하는 방법은 내담자들이 자신의 생각과 말을 정리하지 못할 때 상호작용을 추가로 더 구조화하여 도와줄 수 있다. 이러한 접근법은 MI에서뿐만 아니라 동기증진치료(Miller et al., 1992) 혹은 동기강화평가(Martino et al., 2006) 같은 MI 혼합 상담에서도 널리 사용되고 있다. 예를 들어 MI 회기에서 상담자는 "만약 괜찮다면, 조금 변화를 주어 당신의 목표를 달성할 수 있도록 계획을 세워보고 싶어요."라고 말하며 유발하기에서 계획하기로의 전환을 나타낼 수 있다. 특히 특정한 주제에 대해 구조적이고 초점을 맞춘 대화를 하는 데 있어서 어려워하는 내담자들에게 이러한 전략을 자주 사용하면 도움이 된다.

예시 : MI에 부합하는/부합하지 않는 허락 구하기

내담자 : "저는 매일 처방된 약을 복용해 오고 있어요. 그것과 관련해서는 어떤 문제도 없어요."

MI에 부합하지 않는 허락 구하기 : "당신이 현재 약을 꾸준히 복용하고 있다는 사실을 알고 있어요. 로저, 하지만 지금 당장 중요한 것은 당신이 그 약들을 먹지 않는 경우에 대해서 얘기해보는 것이에요. 당신이 처방된 약을 복용하지 않을 때마다 당신의 심장이 대상부전 되고 있어요."

비록 상담자는 최근 내담자가 약을 잘 복용해 왔다는 사실을 인정하면서 시작하고 있어 MI에 부합하는 것처럼 보이지만 곧바로 대화의 주제를 현재 상태가 아닌 과거 내담자가 약물치료에 실패했던 사건들에 집중하게 되면서 결과적으로 MI에 부합하고 있지 않다. 이 외에도 상담자는 내담자에게 약물 복용에 대해 단순한 정보 제공 형식이 아닌 과거 내담자가 약물 복용을 하지 않음으로써 발생한 결과를 직면시키며 언급하고 있다.

MI에 다소 부합하는 허락 구하기 : "만약 괜찮다면 당신이 약물 복용을 하지 않았던 경우에 대해서 같이 얘기해보고 싶군요."

이러한 진술은 다소 MI에 부합한다. 상담자는 내담자에게 치료 약물 복용에 대한 대화를 나누기 전에 먼저 내담자에게 허락을 구하면서 대화를 시작하고 있다. 하지만 내담자가 본인은 약물치료를 잘 받고 있다는 사실을 먼저 언급한 것을 고려해보면 이와 같은 상담자의 말은 내담자와 협력적이지 않다는 인식을 심어줄 수 있다. 또한 상담자는 내담자가 상담자로부터 긍정적인 피드백을 듣고 싶어 한다는 사실이 명백한 상황에서 내담자에게 인정하기를 표현할 수 있는 완벽한 기회를 놓치고 있다.

MI에 부합하는 허락 구하기 : "당신은 지난 몇 달간 성공적으로 약물치료를 받아 왔어요. 이러한 당신의 성과는 매우 인상 깊군요. 만약 당신만 괜찮다면 몇 분간만이라도 당신이 과거 약을 복용하는 데 어떠한 방해 요소들이 있었는지에 대해서 얘기해보고 싶어요. 많은 내담자들이 약물치료를 그만둘 때 증상들이 악화되고 호전된 상태가 다시 예전처럼 돌아가는 것을 느낀다고 말해요."

이 상담자는 현재 내담자가 성공적으로 약물치료를 받고 있다는 사실에 대한 인정하기로 대화를 시작하고 있기 때문에 MI에 부합한다. 이후 상담자는 내담자에게 과거 사건에 대해서 얘기하는 것과 관련하여 내담자로부터 허락을 구하고 있으며 그와 동시에 방금 전에 내담자에게 인정하기를 해준 것의 효과를 약화시키지 않기 위해 조심스럽게 접근을 하고 있다. 또한 상담자는 제3자의 입장에서 내담자에게 약물치료에 대한 중요성을 알려주고 있기 때문에 내담자가 덜 방어적으로 나오도록 이끌어내고 있다.

가능한 전략 3 : 요약하기

2장에서 설명한 것처럼, 요약하기는 상담자가 내담자의 여러 진술을 한데 모아서 종합해주는 데 도움이 된다. 특히 MI에서 사용될 때 이와 같은 요약하기는 선택적으로 적용된다. 즉 상담자는 '변화대화' 진술들과 같이 내담자가 언급한 중요한 사항들만 포함시키고 그와 동시에 상담에 연관되지 않은 진술들은 제외시킬 수 있다. Martino와 동료들(2002)은 요약하기 전략이 내담자의 진술들에 논리적인 구조를 제공해주는 데 사용될 수 있다고 제안하고 있다. 따라서 와해된 생각을 하는 내담자에게 주의를 기울여 사용한 요약하기는 내담자 자신의 생각을 정리하는 데 사용될 수 있다. 물론 반영하기와 요약하기는 정신증적 장애를 가진 내담자들을 만나는 상담자들에게 더 어렵게 느껴진다(Martino et al., 2002). 또한 MI에 생소한 상담자들이라면 효과적으로 기법들을 활용하는 것이 어려울 수 있다.

예시 : MI에 부합하는/부합하지 않는 요약하기

내담자 : "저는 계속해서 약을 복용하고 있어요. 이와 관련하여 어떤 문제도 없죠. 단지 그녀가 요양원에서 일하고 있기 때문에 절 데려가고 싶은 것뿐이에요. 제가 먹는 약에 그녀가 독을 타는 것 같아요. 이게 바로 제가 치료받을 때마다 바닥으로 떨어지는 이유죠. CIA가 저에게 처방해준 약은 많은 도움이 되었어요. 그 약물이 아마 해독제였을 거예요. 잠깐 나가서 담배를 피우고 와도 되나요? 전 흡연을 하지 못할 때 기분이 매우 안 좋아져요. CIA 요원이 내일 저에게 다시 찾아올 것 같아요. 제 담당 사례관리자 좀 불러주실 수 있으세요? 제 여동생이 보고싶네요."

MI에 부합하지 않는 요약하기 : "로저, 당신은 CIA가 당신에게 약을 주고 있지 않다는 사실을 알고 있잖아요."

방금과 같은 상담자의 진술은 내담자의 망상적인 생각을 직면하고 있기 때문에 MI에 부합하지 않는다. 비록 상담자는 정확한 의사를 전달하고 있지만, 이러한 접근법은 내담자 본인의 자율성과 상담자와의 협력을 악화시킬 수 있다.

MI에 다소 부합하는 요약하기 : "당신은 지금 당신을 위해 일하고 있는 담당 사례관리자가 약에 독을 첨가하고 있다고 생각하고 있군요."

이러한 상담자의 진술은 내담자 진술의 일부분을 요약해주고 있기 때문에 다소 MI

에 부합한다. 하지만 이렇게 요약한 내용이 내담자를 긍정적인 방향으로 이끌어주는 데 큰 도움을 줄 수 없다. 오히려 이러한 요약은 내담자가 본인의 망상에 대해 더 설명하게 되는 결과를 낳을 수 있다.

MI에 부합하는 요약하기 : "로저, 당신은 지난 몇 달간 성공적으로 약을 복용해 왔어요. 따라서 당신에게 자신을 돌보는 것이 중요한 것처럼 보이네요. 제가 듣기로는 당신이 치료받을 때마다 바닥에 떨어지는 것을 걱정하고 있어요. 하지만 당신은 담당 사례관리자의 해결법을 신뢰하고 있지 않아요. 그 담당 사례관리자가 왜 직원들이 당신에게 보다 전문적인 시설에서 치료를 받도록 권했는지에 대해 간단하게 말해준 것 같군요. 당신만 괜찮다면 양로원에서 지내는 것이 어떠한 장점들이 있는지에 대해 잠깐 얘기해봐도 될까요?"

이 상담자의 진술은 긍정적이고 건강한 변화를 지지하는 내담자의 진술 내용을 선택적으로 반영해주었기 때문에 MI에 부합한다고 할 수 있다. 또한 내담자가 약물치료를 받고 있다는 사실을 반영하고 있고 이를 통해 내담자가 갖고 있는 건강에 대한 내면의 욕구를 반영할 수 있다고 생각하고 있다. 또한 상담자는 내담자가 내비치는 잠재적인 염려에 대해서도 반영했다. 마지막으로 상담자는 내담자로부터 허락을 구한 뒤 직원이 권장했던 사항에 대한 정보를 제공하고 있다. 이를 통해 내담자의 자율성은 강화되며 내담자가 양로원에 대한 대화에 좀 더 협조적으로 참여할 수 있도록 도울 수 있다.

가능한 전략 4 : 반영적 경청하기

우리의 교육 과정에서, 특히 망상적인 사고를 하는 내담자와 작업하는 상담자들을 훈련시킬 때 어려움을 느끼는 부분은 바로 내담자의 망상과 부딪히지 않음과 동시에 MI에 부합하는 방식을 유지하고 있는 것이다. 즉 내담자의 망상적인 사고를 강화하지 않고 상담을 진행하는 것이 상담자들에게 매우 어렵게 다가온다(Nelson, 2005). 역할놀이 훈련 과정에서 내담자가 "건물 관리인이 내 스웨터를 훔쳐 갔어!"와 같은 망상적인 진술을 내담자가 언급할 때 우리는 대부분의 상담자가 다음과 같은 두 가지 방법 중 하나를 선택해 대답을 한다는 사실을 발견하였다 — (1) 내담자의 진술을 침착하지만 직접적으로 직면한다. 혹은 (2) 내담자의 망상적인 생각을 현실에 기반한 것처럼 대화에 반영한다("건물 관리인이 당신의 스웨터를 훔쳤군요."). 첫 번째 사례와 같은 상담자의 진술은 망상적인 사고를 지지하고 있지 않지만 상담자와 내담자 간의 불화를 야기할 수 있다. 두 번째 사례의 경우에는 다소 MI에 부합하는 전략이 활용되고 있지만 그와 동시에 건물 관리인에 대한 내담자의 부정확한 망상을 강화하고 있고 그가 계속해서 그와 같은 주제에 대해 언급을 하도록 이끌어내고 있다. 우리는 상담자들이 직접적으로 망상에 직면하기보다는 전략적으로 현실에 기반하고 있는 내담자의 진술들에 집중하여 그것을 대화에 반영하는 것을 권장하고 있다. 몇몇 사례에서는 내담자의 상태를 말해주고 있는 감정(예 : 두려움, 분노) 혹은 내담자와 상담자 사이에 존재하는 과정(예 : 좌절, 오해) 같은 것들은 오로지 현실에 기반한다는 사실을 발견하였다. 그에 대한 예시로 "당신은 때때로 누구를 신뢰해야 하는지 확신하지 못할 때가 있군요."와 같은 상황을 들 수 있다.

예시 : MI에 부합하는/부합하지 않는 반영적 경청하기

내담자 : "제 담당 사례관리자가 양로원에서 일하고 있기 때문에 저를 거기로 데려가고 싶은 거예요. 저는 그녀가 제 약에다가 독을 첨가하고 있다고 생각해요."

MI에 부합하지 않는 반영적 경청 : "로저, 그녀가 당신의 약에 독을 타지 않는다는 사실을 당신은 잘 알고 있어요."

비록 방금과 같은 상담자의 진술이 정확한 의사전달을 하더라도, 내담자의 망상을 직접적으로 직면하고 있기 때문에 내담자와의 협력과 그의 자율성을 악화시킬 수 있으므로 MI에 부합하지 않는다.

MI에 다소 부합하는 반영적 경청 : "로저, 그녀가 당신을 양로원으로 데려가고 싶어 한다는 사실에 매우 놀랐겠어요."

위에서 언급된 진술은 내담자의 진술을 반영해주고 있고 기술적으로도 MI에 부합한다. 하지만 이와 같은 망상에 대한 반영하기는 내담자가 긍정적인 변화로 나아가는 데 도움을 주지 못한다. 오히려 그의 생각에 지지를 하게 됨으로써 그가 망상적인 생각에 더 빠져들게 만들 수 있다(Nelson, 2005).

MI에 부합하는 반영적 경청 : "당신은 양로원이 당신에게 적합한 곳인지 확신이 안 서기 때문에 그와 같은 제안을 한 직원의 동기에 대해 질문하고 있는 것이군요."

방금과 같은 상담자의 진술은 내담자의 건강에 대해 평가하고 있는 직원들의 말에 동의하지 못하는 이유로 양로원 치료의 적합성에 대한 내담자의 거부감과 직원의 제안을 받아들이는 데 있어서 그가 느끼는 어려움을 잘 반영해주고 있기 때문에 MI에 부합한다. 상담자의 진술은 내담자의 망상을 직면하고 있지 않으며 그와 동시에 그가 독이 든 약을 복용하고 있다거나 양로원과 담당 사례관리자가 결탁했다는 등의 망상을 강화하고 있지도 않다. 또한 이와 같은 상담자의 진술을 통해 내담자는 양로원 지정과 같은 사안에 대해 직원들과 얘기할 수 있도록 논리적인 사고를 하는 데 도움을 받을 수 있다.

가능한 전략 5 : 초점 이동하기

정신증을 앓고 있는 내담자들은 상담 과정에서 망상적인 생각을 과도하게 하거나 쉽게 집중력을 잃을 수 있어 초점 이동하기를 통해 망상에서 벗어나거나 상담 외의 것에는 주의를 갖지 않도록 도움을 받을 수 있다. '초점 이동하기'로 불리는 이 MI 전략은 이러한 점에서 매우 효과적일 수 있다. Miller와 Rollnick(2002)이 강조하는 것처럼 이 전략은 생산적인 대화를 하는 데 방해를 줄 수 있는 장애물을 직접 극복하기보다는 멀리 우회하는 식으로 진행된다. 따라서 이러한 전략이 MI에 부합하도록 상담에 적용될 때 먼저 내담자의 걱정을 인정하고 그가 상담자와의 대화에 참여할 수 있도록 안내하는 것이 중요하다. 내담자의 염려나 걱정(현실 기반 여부와 관계없이)을 먼저 상담자가 인정하지 않을 경우, 상담자는 전문가적인 함정에 빠질 수 있으며 내담자는 수동적인 모습만 보이게 될 잠재적인 위험이 발생할 수 있다.

예시 : MI에 부합하는/부합하지 않는 초점 이동하기

내담자 : "제 담당 사례관리자가 양로원에서 일하고 있기 때문에 저를 거기로 데려가고 싶은 거예요. 저는 그녀가 제 약에다가 독을 첨가하고 있다고 생각해요."

MI에 부합하지 않는 초점 이동하기 : "제가 그것 때문에 당신을 이 자리에 부른 것이 아니에요. 당신의 약물치료에 대해 논의를 하기 위해 우리가 오늘 만난 거예요."

방금과 같은 상담자의 진술은 적극적으로 내담자의 걱정을 무시하고 매우 비협력적인 방식으로 대화의 주제를 약물치료로 전환하고 있다. 이러한 상담자의 접근법은 상담자와 내담자 사이에 불화를 야기할 수 있으며 내담자가 상담에 수동적인 태도를 보일 수 있다.

MI에 다소 부합하는 초점 이동하기 : "당신은 아직까지 담당 사례관리자에 대해 걱정을 하고 있군요. 그렇다면 우리가 그 문제를 해결하려면 어떤 것을 할 수 있을까요?"

위와 같은 사례에서는 상담자가 내담자의 진술 내용을 반영하고 있으며 보다 자세한 정보를 얻기 위해 질문을 하고 있다. 따라서 방금의 경우는 다소 MI에 부합한다고 할 수 있으며 상담자가 반영한 내용과 선택한 질문은 내담자에게 긍정적인 영향을 주지 않는 주제에 초점을 맞추고 있다. 해당 사례에서는 담당 사례관리자가 실제로는 내담자의 약에 독을 타고 있지 않고 있으므로 그와 같은 문제에 대해 해결책을 찾고자 하는 것은 내담자에게 긍정적인 영향을 주기 어려우며 오히려 그의 망상적인 사고를 강화할 수 있다.

MI에 부합하는 초점 이동하기 : "당신은 양로원에서 지내는 것이 적합하다고 생각하지 않고 그와 같은 제안을 한 담당 사례관리자의 이유를 듣고 싶어 하고 있어요. 그렇다면 당신이 지내는 장소를 선정함에 있어서 어떤 것들이 중요하다고 생각하나요?"

이 상담자는 반영적 경청하기를 통해 내담자의 걱정을 인정하고 시작하고 있기 때문에 MI에 부합한다. 또한 상담자는 내담자의 걱정을 공감해줌과 동시에 그의 약에 독이 첨가되어 있거나 그의 담당 사례관리자가 양로원과 결탁했다는 망상에 대해서는 직접적으로나 혹은 간접적으로 동의를 하는 표현은 하고 있지 않다. 이후, 상담자는 열린 질문을 활용함으로써 내담자가 적합한 장소의 특성과 같은 대화가 가능하며 현재 상황과 연관된 주제로 초점을 바꾸고 있다.

가능한 전략 6 : 부가질문하기

Martino와 동료들(2002)은 조현병을 앓고 있는 내담자의 경우 열린 질문을 단순화시켜야 한다고 제안한다. 구체적으로, 이들은 "당신의 가족은 양로원에 대해 어떻게 생각할 것 같고, 그 생각이 당신이 양로원을 고려하는 의향에 어떤 영향을 미칠 것 같습니까?"와 같은 복잡한 열린 질문을 되도록 사용하지 말라고 권한다. 이와 같은 복잡한 열린 질문은 인지적 결함이 없고 매우 뛰어난 사람의 경우에도 어려움을 느낄 수 있다. 나(JS)는 한때 우리 부서에 있던 한 병례 검토화 강사가 여러 내용이 복합적으로 실린 열린 질문에 대답을 하는 모습을 기억하는데, 예상할 수 있겠지만, 강사는 첫 번째 질문에 대답을 한 후 두 번째 질문을 까먹어버리는 바람에 질문자에게 그 부분을 다시 물어봐야 했다. 자신의 사고를 정리하는 데 있어 어려움을 겪는 내담자의 경우, 이러한 유형의 질문은 매우 혼란스럽고 심지어 내담자를 압도하기까지 한다. 때문에 "당신의 가족은 양로원을 어떻게 생각할 것 같나요?" [내담자의 반응을 기다림] "이들의 생각이 당신이 양로원을 고려하는 의향에 어떤 영향을 미칠 것 같습니까?"와 같이 간소화된 표현이 더욱 효과적일 것이다.

우리의 경험에 비추어보았을 때, 인지적 손상으로 인해 체계적으로 생각을 하지 못하는 내담자는 단순화된 열린 질문에도 답변하는 데 어려움을 겪는다. 간단한 열린 질문이라도, 때때로 내담자는 질문이 무엇인지 명확하게 이해하지 못한다. 질문을 하나씩 쌓아 올리는 것은 단순화된 열린 질문에 어려움을 느끼는 내담자에게 도움이 될 수 있다. 이러한 상황에서는 먼저 열린 질문을 한 다음, 일련의 닫힌 질문들을 통해 처음에 질문했던 열린 질문이 무엇을 물어보는지 알아갈 수 있도록 하는 것이 유용하다. 이것은 부가질문하기(stacked questions)(Moyers et al., 2010)라고도 불린다. 이 질문 방법이 유용한 이유는 닫힌 질문을 사용하더라도 내용의 초점을 좁히지 않고, 열린 질문을 대답하는 내담자에게 자신감과 확신을 심어 주기 때문이다.

예시 : MI에 부합하는/부합하지 않는 부가질문하기

내담자 : "제 담당 사례관리자가 양로원에서 일하고 있기 때문에 저를 거기로 데려가고 싶은 거예요. 저는 그녀가 제 약에다가 독을 첨가하고 있다고 생각해요."

MI에 부합하지 않는 부가질문하기 : "독을 첨가하고 있다고요? 확실하신가요? 로저, 그것에 대한 어떤 근거도 없지 않으신가요?

이 상담자의 진술에는 부가질문하기가 포함되어 있었지만 MI에 부합하지는 않는다. 모든 질문은 내담자의 진술에 대한 직접적인 직면이었다. 이는 내담자의 자율성뿐 아니라 대화에서 협동정신 또한 약화시킨다. 또한 이러한 질문은 망상 내용에 초점을 두고 있고, 현재 부담이 되고 있는 문제에 대해 생산적으로 대화할 수 있는 방향으로 안내하지 않는다 — 요양시설보다 더 나은 의료적 돌봄에 대한 필요를 내담자가 어떻게 다루고 싶어 하는지.

MI에 다소 부합하는 부가질문하기 : "무엇을 하고 싶으신가요? 양로원에 가고 싶으신가요? 아니면 당신의 여동생이 같이 살도록 허락해줄지 알고 싶으신가요?"

이 반응은 어느 정도 MI에 부합한다고 할 수 있다. 상담자는 열린 질문으로 시작해 내담자가 자신이 선호하는 것을 나눌 수 있도록 대화에 초대하였다. 상담자는 내담자가 무엇을 원하는지 물어보고 내담자가 원하는 것이 중요하다는 것을 표함으로써 내담자의 자율성을 지지해주었다. 그러나 열린 질문에 답할 수 있는 여러 가지 가능성 있는 방법을 마련해주기보다는, 첫 질문 후에 이어진 닫힌 질문들은 가능성 있는 답변들의 범위를 좁혀버렸다.

MI에 부합하는 부가질문하기 : "양로원 같은 시설에 들어가 살 때 얻을 수 있는 혜택은 무엇이 있을까요? 예를 들어 당신이 상태가 안 좋을 때 언제나 도움을 줄 사람이 있다는 게 좋지 않나요? 가족과 가까운 곳이면 좋을까요? 방을 같이 안 쓰고 혼자 사용하시는 게 덜 불안하시겠죠…?

내담자의 관점을 얻기 위한 열린 질문을 사용했기 때문에 이 상담자의 질문은 MI에 부합한다고 할 수 있다. 비록 열린 질문 뒤에 바로 닫힌 질문이 이어졌지만, 이 질문들의 의도는 질문에 내포된 상담자의 정신을 명확히 전달하는 것뿐만 아니라 제시된 질문에는 '올바른' 대답의 범위가 존재함을 알려주기 위함이다. 이 방법은 내담자가 질문에 의미 있는 대답을 할 수 있도록 능력과 자신감을 향상시켜 주고, 상담자는 적극적으로 협력하는 내담자와 함께 양로원과 같은 대안적인 주거환경에 대해서도 장단점을 살펴볼 수 있다.

요약

우리 연구는 동기강화상담의 원리와 실제가 정신증적 증상이나 장애를 겪고 있는 내담자와 조력할 때 발생하는 몇 가지 고유한 문제에 매우 유익한 도움을 줄 수 있다는 것을 발견했다. 이러한 문제들은 무망감, 활동에 흥미를 잃음, 저조한 집중력, 회피, 와해된 또는 망상적 사고를 포함한다. 정신증이 아주 흔하다는 점을 감안했을 때, 이러한 특유의 문제에 직면하는 사람들은 정신건강 전문가들만이 아니다. 그렇기 때문에 우리는 이러한 증상과 장애들에 대해 현실적이면서 비기술적인 설명을 제공하려한다. 이를 통해 정신건강 전문가가 아닌 상담자들이 정신건강 치료 의뢰를 통해 혜택을 받을 수 있는 내담자들이 누구이고 MI 전략을 통해 정신 질환으로 인한 변화의 장애물을 극복할 수 있는 내담자들이 누구인지 보다 쉽게 식별할 수 있을 것이다. 이 전략에 대한 요약은 표 6.5에서 볼 수 있다.

표 6.5 ●● 정신증과 관련된 임상적 난제를 위한 동기강화상담 전략 요약

임상적 난제	MI 전략
우울 : 우울로 인해 고통 받고 있는 내담자는 온전하게 상담자와 협력하거나 변화 과정에 참여하는 데 있어서 어려움을 줄 수 있는 무망감, 무가치함 또는 죄책감, 낮은 집중력, 그리고 활동 흥미의 결여를 경험한다.	가상 질문 : 가상 질문은 내담자가 변화의 가능성을 결심 없이 고려해보도록 안내한다. 이러한 질문은 비록 현재 무망감을 느끼는 내담자가 변화의 가능성에 대해 회의적일지라도, 변화의 이득이나 가능성 있는 해결책을 고려해보도록 도울 수 있다.
	계획하기 : 계획하기는 내담자가 열망하는 변화를 어떻게 이룰 것인지 구체적인 세부사항을 생각하도록 돕는 것을 포함한다. 구체적인 계획은 변화 가능성에 대해 회의적인 내담자가 좀 더 희망을 가질 수 있도록 도와준다.
	미래 예상하기 : 미래 예상하기는 내담자가 변화된다면 미래의 모습이 어떻게 될지 상상하도록 하는 것이다. 이 전략은 과거에 부정적인 결과를 초래한 자신의 행동에 대해 지나치게 자기비하적 반응을 보이는 내담자에게 도움이 될 수 있다.
	인정하기 : 내담자가 가지고 있는 장점과 능력에 대해 언급하는 인정하기는 자기 스스로 변화 능력이 없다고 보고 죄책감이나 무가치함을 느끼고 있는 내담자들에게 도움이 될 수 있다. 요약하기 : 회기 중간중간에 대화의 핵심 내용을 요약하는 것은 집중력이 낮은 내담자의 참여도를 높일 수 있다. 활동지 : 집중력이 낮은 내담자에게는 결정저울이나 변화 계획표 같은 MI에 부합하는 활동지를 제공할 때 대화 중 변화에 대해 다룬 핵심 내용을 상기시키는 데 유용할 수 있다. 과거 회상하기 : 우울증이 나타나기 전 삶이 어땠는지 물어보는 이 방법은 현재 활동에 무관심한 내담자가 보람을 느끼고 즐거워할 만한 활동을 찾는 데 도움이 될 수도 있다.
불안 : 불안 또는 이와 연관된 장애로 진단받은 내담자는 상담자와의 약속 같은 치료에 필수적인 부분을 회피하려고 하는데, 이는 그들이 치료에 온전히 참여할 때 불안이나 고통을 경험하기 때문이다.	공감적 경청하기 : 내담자의 관점을 진심으로 이해하려고 주의 깊게 경청하는 것은 상담자가 불안이 수반하는 고통과 이와 관련된 장애들이 우리가 특정한 상황에서 흔히 경험하는 떨림 그 이상이라는 것을 더 잘 인지할 수 있도록 도와준다.
	평가 피드백하기 : 내담자에게 불안에 대한 진단평가와 함께 객관적인 피드백을 제공하는 것은 불안 및 이와 관련된 장애들이 내담자의 삶에 어떤 영향을 주고 있는지 더 잘 인식하도록 돕는다.
	유발하기 : 내담자가 변화 이유를 명확하게 할 수 있도록 돕는 유발 질문은 불안으로 인해 온전히 치료 개입에 참여하지 못하는 내담자가 불안을 극복하고 치료 개입을 견딜 수 있을 정도의 충분한 동기를 부여한다.

(계속)

표 6.5 ●● (계속)

임상적 난제	MI 전략
	선택지 제안하기 : 가능한 개입 선택지들을 내담자에게 제공함으로써 내담자는 모든 것(불안장애 포함)을 고려했을 때 자신에게 제일 적합한 개입방법을 선택할 수 있다.
	내적 통제감 강조하기 : 무엇을 할지 안 할지에 대한 선택권이 최종적으로 내담자에게 있음을 강조하는 방법은 고통을 야기하는 불안과 이와 관련된 장애 때문에 치료를 회피하려는 내담자의 역량을 강화하는 데 도움이 된다. 계획하기 : 불안 또는 이와 관련된 장애 증상 때문에 치료를 피할 가능성이 있는 내담자의 경우, 내담자는 만약 상담 회기나 치료 활동을 피하려고 할 때 미래에 무엇을 할지 계획을 세움으로써 혜택을 얻을 수 있다. 미래 예상하기 : 치료가 어떻게 이루어지는지 예상하도록 하는 것은 불안 또는 이와 관련된 장애로부터 고통 받고 있는 내담자들에게 도움이 될 수 있고, 그들의 증상을 감안했을 때 치료의 어려운 정도를 과소평가하도록 도울 수 있다.
정신증적 증상 : 와해된 사고, 언어 및 행동을 포함하는 정신이상 증상 그리고 망상까지 경험하는 내담자의 경우 여러 종류의 치료 개입에 적극적으로 참여하기가 어려울 수도 있다.	정보 제공하기 : MI 전략을 사용하기 전, 정신증적 증상으로 인해 고통 받고 있는 한 내담자에게 상담자가 어떤 주제의 대화를 나누고 싶은지 미리 정보를 제공하는 경우에 이 방법이 유용하게 작용할 수 있다. 여러 MI 전략은 서론 없이 혼란이나 불확실성을 유발하는 일반적인 소통 전략과는 매우 다르다.
	허락 구하기 : 특정한 주제를 논의하기 위해 허락을 구하는 것은 와해 상태의 내담자가 대화의 주제에서 벗어날 때마다 본 주제로 다시 안내하는 데 사용할 수 있는 매우 유용한 전략이다.
	요약하기 : 요약하기는 와해된 사고를 가진 내담자와 협력할 때 도움을 준다. 요약을 통해 상담자는 내담자의 사고를 의미 있는 방향으로 정리할 수 있도록 조력할 수 있다. 반영적 경청하기 : 상담자는 내담자 말 속에 담겨 있는 망상적 내용 중 현실에 기반한 내용은 찾아내 그 부분을 선택적으로 강조할 수 있다. 초점 바꾸기 : 상담자는 열린 질문을 통해 주제와 무관하거나 망상적인 주제로부터 초점을 돌려 내담자를 긍정적인 변화 방향으로 안내할 수 있다. 부가질문하기 : 사고장애를 겪고 있는 몇몇 내담자는 열린 질문에 어떻게 반응해야 하는지 잘 모르는 경우가 있다. 열린 질문 뒤에 사용되는 일련의 닫힌 질문들은 질문의 의도를 명확히 하기 위해서 사용되는데, 이 방법은 열린 질문에 어떻게 반응해야 할지 모르는 내담자들에게 유용하다.

07

여러 사람과 작업하기

지금까지는 한 명의 개인과 작업할 때 부딪히게 되는 임상적 난제들에 대해서 다루었다. 그러나 많은 서비스 제공자들이 다수의 사람들과 동시적으로 작업할 수도 있다. 부부 문제나 육아 문제와 관련해서 커플을 만나게 되는 경우, 집단을 대상으로 교육을 실시하는 경우, 특정 장애 치료집단을 촉진하는 경우 등의 형태를 띨 수 있다. MI에 부합하는 방식으로 한 명 이상과 작업하려면 내담자의 다양한 관심사와 요인들에 동시에 관심을 기울여야 한다. 따라서 상담자는 양가감정, 변화대화, 유지대화 그리고 각 개개인에 따라서 달리 나타나는 불협화음 등에 주의를 기울일 필요가 있다. 이러한 변인들은 사람마다 다르다. 달리 말하자면, 서비스 제공자는 한 그룹에 포함된 모든 내담자 간에 공유된 하나의 양가감정이 존재한다는 가정은 할 수 없는 것이다. 더욱이 모든 내담자가 동등한 수준의 양가감정을 경험한다고 하더라도, 각 개개인은 그것을 다르게 경험할 것이다. 하지만 MI 상담자는 각 개인에게 단순히 '개별적으로 MI'를 실시하는 것은 피해야만 한다. 따라서 질문은 서비스 제공자가 다양한 사람과 작업을 하는 맥락 내에서 어떻게 개개인의 목표, 양가감정, 욕구를 고려해야 하는가로 귀결된다. 더 나아가서는 그 집단의 상호작용을 계속 진전시키기 위해서 서비스 제공자가 이렇게 다양한 목표와 욕구들을 어떻게 균형을 잡아 갈 것인지의 문제도 있다.

이러한 도전을 어떻게 다룰 것인지에 대한 당신의 고민을 돕기 위해서, 우리는 여러 사람과 작업을 할 때에 관련된 두 가지 독특한 임상적 난제를 제시하고자 한다—

부모님과 작업하기 그리고 집단과 작업하기. 이 장에서 우리는 MI에 부합하는 맥락으로 부모님 및 집단들과 작업할 때 대두되는 난제들을 어떻게 다룰 것인가에 초점을 둘 것임을 강조하고 싶다. 그러나 부모님 및 집단을 위한 MI 기반의 개입법을 구성하기 위한 지침을 제공하지는 않을 것이다.

임상적 도전 1 : 부모

설명

우리 주변에는 아동과 작업을 하면서 그들에 대한 임상적인 서비스의 일환으로 행동주의적 부모훈련을 제공하고 있는 동료들이 있다. 그들은 부모들을 부모훈련에 참여시키면서 어려움을 자주 호소하는데, 특히 치료자가 자녀를 변화시켜주기를 원하는 부모의 기대가 있을 때 더욱 그러하다. 아동의 행동 문제에 대한 개입 전략을 선택할 때 부모의 선호를 고려하는 것이 중요하긴 하지만, 우리 동료들은 아동과만 작업을 하게 되면 최적의 성과를 얻기 힘들 것이라고 종종 말하곤 한다. 실제로, 아동의 행동 문제를 다루는 데 부모훈련을 포함한 복합적인 접근이 최상의 접근 방법이라고 밝혀져 있다(Curtis, Ronan, & Borduin, 2004). 예를 들어 부모훈련은 청년기 반사회성 행동의 발현을 예방하고 또 심지어는 회복에 도움이 된다고 여겨지는 가장 건강하고 경험적으로 지지된 접근법들에 속한다(Kazdin, 2005; Maughan, Christiansen, Jenson, Olympia, & Clark, 2005). 부모훈련 프로그램은 아동의 문제 행동 감소, 사회적 능력 향상, 학업 능력 향상에 긍정적인 영향을 미친다. 부모 참여는 부모-자녀 관계 개선, 양육 스트레스 감소, 신체 체벌 감소 등에 긍정적인 효과를 낳는다는 사실이 연구를 통해 입증되었다(예 : Nicholson, Fox, & Johnson, 2005). 따라서 부모훈련 프로그램은 서비스 제공자가 아동의 행동 문제를 다룰 때 최우선으로 고려되는 접근법이 될 것이다.

부모훈련 프로그램이 유망하다고는 하나, 부모들을 프로그램에 참여시키거나 이들의 낮은 참여율을 높이는 것은 어렵다(Sterrett, Jones, Zalot, & Shook, 2010). 부모훈련 프로그램에 참여하는 부모는 보통 자신의 자녀에게 행동 문제(예 : 불순응, 공격성)가 있다고 지각하는 경우가 많다. 부모훈련 프로그램에서는 변화의 매개체가 부모이고 부모를 통해 아동의 변화가 촉진된다는 가정이 있기 때문에 문제의 초점이나 원인이 자신의 자녀에게 있다고 믿는 부모들은 이러한 사실을 받아들이기 어려워할 수 있다. 이는 상담자와 부모 간에 문제의 정의 및 해결 방안에 대해 다른 견해를 갖도록 함으로써 불일치를 유발할 수 있다. 2장에서 논의한 것처럼, 내담자와 상담자 간의 불일치는 불협화음을 낳기 쉽고 내담자의 유지대화를 증가시킬 수 있다. 부모에게 필요한 양육 기술 수준에 대해 부부가 서로 다른 견해를 가질 때 불일치가 생기고 상황이 더욱 복잡해지게 된다. 어머니(아내)는 자신의 양육 기술을 변화시킬 필요가 있다고 생각할 수 있지만, 아버지(남편)는 새로운 기술을 배울 필요가 없다고 생각할 수 있다. 따라서 이러한 입장 차이 때문에 부모훈련 프로그램의 참여율이 낮아지고 참여 유지가 어려워지게 된다. 즉 부부는 양육 방식을 변화시키는 데 있어 변화 준비도가 전숙고 단계에 해당한다고 볼 수 있다. MI에 부합하는 접근 방식을 통해 부모훈련에서 흔히 발생하는 함정들을 다루어볼 수 있다.

예시 : 마고와 필은 11살짜리 아들 벤자민을 두고 있다. 벤자민을 담당하는 내분비학자는 벤자민의 당뇨병 관리를 위해 그를 행동 문제 전문가에게 의뢰하였다. 벤자민은 2년여 전에 1형 당뇨로 진단을 받았는데, 지난 6개월 동안 당뇨가 악화되었다. 행동 문제 전문가는 벤자민과 부모님을 만난 뒤, 벤자민의 식단관리계획과 치료 계획을 모니터링하고 관리하는 것에 대해 마고와 필이 서로 동의하지 않는 부분이 있다는 사실을 알게 되었다. 마고는 벤자민의 식단을 자주 모니터링하고 약을 잘 챙겨 먹게 하고 싶어 했다. 반면에 필은 벤자민이 이런 행동들을 스스로 잘 모니터링할 수 있을 만큼 충분히 컸다고 믿었다. 또한 벤자민이 혈당을 정상 수치로 만들기 위해 노력하고 있다고 믿고 있어서 벤자민이 원하는 것은 무엇이든 먹을 수 있도록 허락했다. 벤자민은 아버지의 말을 종종 따랐고 자신의 건강관리를 소홀히 했다. 그 결과 당뇨가 의사가 걱정하는 수준에 이르게 되었다.

앞의 예시는 행동 문제가 있는 아동을 둔 부모가 상담 장면에 나타날 때 흔히 보고되는 사례이다. 부모는 자신의 행동과 아동의 행동 간의 연관성을 인지하지 못하는 경우가 많다. 다음에 제시한 MI 전략을 사용하게 되면 부모가 방어적으로 되지 않으면서도 이 둘 간에 연관성을 깨달을 수 있게 되고, 궁극적으로는 아동이 건강한 행동들을 구축해 갈 수 있게 된다.

가능한 전략 1 : 피드백과 정보 제공하기

부모는 자신의 행동이나 양육 방식이 아동의 문제 행동을 낳고 유지시키는 데 기여한다는 사실을 잘 인지하지 못한다. 이를 다루는 한 가지 방법은 부모에게 아동의 문제 행동에 영향을 미치는 여러 요소와 이에 관한 정보를 제공하는 것이다. 가족검사(family check-up)는 이를 가능하게 하는 MI 접근법으로, 그 효과가 경험적으로 지지되고 있다(Brennan, Shelleby, Shaw, Gardner, Dishion, & Wilson, 2013; Smith, Dishion, Shaw, & Wilson, 2013). 정보 제공하기는 MI에서 유용한 전략 중 하나이다. 그리고 그 전략을 어느 정도 MI에 부합하게 만드는 것은 정보가 어떻게 제공되는지에 달려있다. 특히 정보 제공 과정이 참여적이면서 객관적이 되는 것이 중요하다. 이에 더하여, 정보는 일반적으로 허락을 구했을 때나 (내담자가) 그 정보를 요청한 경우에라야 제공되어야 할 것이다. 양육과 관련해서 아이의 문제들과 관련하여 비난받는 느낌이 들거나 방어적이게 되는 것을 최소화하는 방식으로 내담자에게 정보를 제공하는 것이 중요하다.

예시 : MI에 부합하는/부합하지 않는 정보 제공하기

내담자 : "마고는 벤자민의 일거수일투족을 간섭하려고 해요. 그 아이에게는 자기 스스로 할 수 있는 기회가 필요해요. 다른 정상적인 아이들이 하는 것처럼 말이에요."

MI에 부합하지 않는 정보 제공하기 : "네, 벤자민이 자신을 좀 더 잘 관리하는 걸 배울 필요가 있는 나이인 것은 확실하지요. 아이들은 대개 부모로부터 자기관리 행동을 배우곤 하지요. 담당의는 당신과 마고가 벤자민이 자신의 당뇨를 더 잘 관리하도록 돕지 못할까 봐 걱정하고 있어요. 보통 이런 경우에는, 부모가 아이를 돕는 양육 전략 중 일부를 변화시킬 필요가 있어요."

이러한 진술은 내담자에게 아동의 문제 행동과 부모의 행동 간의 연관성에 대해 정보를 제공한다. 상담자는 내담자의 관점을 약간은 지지하고 있기까지 하다. 그러나 MI에 부합하지 않게 정보를 제공했다. 상담자는 정보를 제공하는 와중에 개인적인 통제를 권고하고 강조하면서, 내담자에게 허락을 구하지 않은 채 정보만 제공했다. 이러한 방식의 정보 제공하기는 내담자에게 비난으로 받아들여질 가능성이 있기 때문에 불협화음을 낳을 수 있다. 결국 상담자는 정보를 제공하면서 내담자의 반응은 이끌어내지 못했다.

MI에 다소 부합하는 정보 제공하기 : "두 분은 벤자민의 건강에 대해 염려가 크시군요. 그런데 벤자민이 자신의 행동을 관리하는 걸 돕는 방법에 대해서는 이견이 있으신 것 같아요. 괜찮으시다면 아이들에 대한 그리고 건강행동 관리에 관해 우리가 알고 있는 정보를 공유하고 싶어요. [내담자의 반응을 기다린다] 우리가 알고 있는 정보 중 한 가지 사실은 아이의 행동을 어떻게 관리할지에 대한 관점을 엄마와 아빠가 공유하는 것이 중요하다는 점이에요. 때로는 부모가 자신들의 행동을 약간만 바꾸어도 아이의 행동에 놀라운 효과를 보이지요. 두 분이 한 마음이 되도록 돕는 일련의 전략들을 제가 알고 있어요."

이러한 상담자의 진술은 부모 양쪽으로부터 그 정보에 대한 반응을 강조하면서 이들을 인정해주고 있기 때문에 MI에 다소 부합한다. 또한 상담자는 내담자에게 허락을 구하고 전문가임을 내세우지 않는 식으로 정보를 제공하고 있다. 그러나 관점 공유의 중요성에 대한 정보를 제공하고 나서, 상담자는 부모에게 일련의 전략들을 제시하기 이전에 그 정보에 대한 부모 각각의 반응을 이끌어내지 않았다. 그 결과, 정보 공유 과정은 덜 참여적이었고 불협화음을 낳을 수 있었다.

MI에 부합하는 정보 제공하기 : "두 분은 벤자민의 건강에 대해 염려가 크시군요. 두 분은 벤자민이 자신의 행동을 관리하는 걸 어떻게 도울 것인가에 대해서는 이견이 있으신 것 같아요. 괜찮으시다면, 아이들에 대한 그리고 건강행동 관리에 관해 우리가 알고 있는 정보를 공유하고 싶어요. [내담자의 반응을 기다린다] 전문적인 관점에서 볼 때 우리가 알고 있는 사실 중 하나는 엄마와 아빠가 아이의 문제 행동을 어떻게 관리할 것인가에 대해서 관점을 공유하지 못할 때 아동의 행동이 점점 더 문제적이 될 수 있다는 점이에요. 때로는 부모가 자신들의 행동을 약간만 바꾸어도 아이의 행동에 놀라운 효과를 보이지요. 두 분은 이 정보에 대해서 어떻게 생각하시나요?"

상담자는 이 정보를 MI에 부합하는 방식으로 제공하고 있다. 상담자는 아이에 대한 부모의 헌신과 염려를 인정하는 것으로부터 시작했다. 그다음에 그 문제[및 가능한 해결책]에 관한 부모 간의 관점이 불일치한다는 점을 반영하였다. 이는 부모 중 어느 한쪽을 편들지 않는 방식으로 이루어졌다. 정보를 제공하기 전에 상담자는 정보를 공유하기를 원하는지 질문했다. 상담자는 부모에게 구체적으로 초점을 맞추기보다는 전문 영역에서 알려진 바대로 제3자의 입장에서 정보를 제공함으로써 비난받는 느낌을 주지 않고 방어를 감소시킬 수 있었다. 결국 상담자는 이 정보에 대하여 부모로부터 반응을 이끌어내게 되었다.

가능한 전략 2 : 목표/가치 탐색하기

때로는 자신의 양육 방식이 자녀를 위해 세운 목표를 이루는 데 어떤 영향을 미치는지 잘 모르는 경우가 있다. 내담자가 양육 목표를 공유할 수 있도록 하고, 또 이들의 행동이 이러한 목표를 성취하는 데 어떤 영향을 주는지 말할 수 있게 함으로써 내담자 스스로 그 연관성을 파악할 수 있게 된다. 이러한 대화를 통해 부모는 양육 목표를 성취하기 위해 무엇이 필요한지를 고려할 수 있게 된다. MI에서는 양육 가치를 탐색하고 또 양육 가치와 현재 행동이 일관되는지 혹은 일관되지 않는지를 비교해보는 접근법을 사용하는데, 이를 목표/가치 탐색하기라고 한다.

예시 : MI에 부합하는/부합하지 않는 목표 탐색하기

내담자 : "마고는 벤자민의 일거수일투족을 간섭하려고 해요. 그 아이에게는 자기 스스로 할 수 있는 기회가 필요해요. 다른 정상적인 아이들이 하는 것처럼 말이에요."

MI에 부합하지 않는 목표 탐색하기 : "네, 벤자민을 어떻게 키울 것인가에 대해서 당신과 마고의 관점이 불일치하고 있는 것 같군요. 벤자민을 위한 당신의 목표는 벤자민이 건강하고 독립적인 소년이 되는 것이에요. 그러나 그 목표를 어떻게 성취할지에 대한 두 부부의 의견 차이가 그 목표들을 성취하지 못하게 할 거예요!"

이 진술은 MI에 부합하지 않는다. 두 문장 모두 부모 간의 의견 차이에 대해 MI에 부합하는 반영으로 시작하고 있다. 그러나 부부간의 불일치가 자신들의 목표 및 가치들과 어떻게 관련될 수 있는지를 내담자로부터 이끌어내기보다는, 이내 전문가 행세를 하면서 의견 차이와 내담자들의 목표 및 가치들을 연관시켰다. 또한 상담자는 부모의 양육 방식이 아동의 건강과 독립성을 촉진하지 않는다고 언급함으로써 내담자를 비난했다. 이 상담자의 관찰이 정확하든 정확하지 않든 이런 방식은 MI에 부합하지 않는데 그 이유는 상담자가 '한쪽 편들기(taking sides)'를 함으로써 방어와 불협화음을 이끌어낼 가능성이 높기 때문이다.

MI에 다소 부합하는 목표 탐색하기 : "당신과 마고는 벤자민을 어떻게 키울 것인가에 대해서 약간의 의견 차이가 있군요. 자연스러운 일입니다. 이런 차이를 해결하기 위해서 우리는 어떻게 해야 할까요?"

이 상담자의 진술은 다소 MI에 다소 부합한다. 이 진술은 부부간의 불일치가 존재함을 인정하고 그 상황을 정상적인 것으로 본다. 그러고 나서 상담자는 내담자들이 각자의 관점을 공유하도록 초대하는 열린 질문을 한다. 그러나 그 질문은 문제를 어떻게 해결할 것인가에 초점을 두고 있을 뿐, 목표와 가치들을 탐색하고 있지 않다. 따라서 이 상담자는 내담자의 변화동기를 유발하기 전에 계획 세우기로 점프를 하고 만 것이다.

MI에 부합하는 목표 탐색하기 : "두 분께서 벤자민의 건강에 굉장히 헌신적이시군요. 동시에 벤자민을 돕는 최상의 방법에 대해서는 다른 관점을 가지고 계시고요. 두 분이 생각하시기에 벤자민에게 필요하다고 생각하는 목표들에 대해서 우리가 잠깐 의논해볼 수 있을지 궁금해요. 벤자민과 그의 미래를 위해서 두 분이 각자 생각하시는 목표는 무엇인가요? [내담자의 반응을 기다린다] 이런 가치들이 벤자민이 당뇨를 잘 관리할 수 있도록 돕는 방식과 어떻게 연관이 되나요? 벤자민을 돕는 것과 관련해서 이 가치들은 배우자의 가치관과 어떻게 유사하고 다른가요?"

이 상담자의 진술은 MI에 부합하는 몇 가지 측면을 가지고 있다. 상담자는 부모 양쪽이 모두 아들의 건강을 위해 헌신적인 것을 인정해주고 있다. 이에 더해서 상담자는 판단적이지 않은 방식으로 부모 간의 불일치를 조명하고 있다. 그러고 나서 상담자는 내담자들로부터, 각자가 가진 양육 가치들 그리고 이러한 가치들과 양육에 대한 각자의 관점과 관련되는 방식도 함께 이끌어내고 있다.

가능한 전략 3 : 결정저울

한쪽 부모 혹은 양쪽 부모 모두가 양육 기술 습득에 대한 필요도나 양육 방식 변화에 대한 필요도가 전숙고 단계에 있다면, 부모훈련 프로그램 참여에 대한 장단점을 검토해보도록 하는 것이 유용할 수 있다. 부모 양측이 이 대화에 참여한다면, 부모 양측 모두로부터 장단점을 이끌어내는 것이 중요하다. 한 가지 방법은 그 장단점 목록을 부모 양측이 협력적으로 만들어 가도록 격려하는 것이다. 또 다른 방법은 각자가 생각하는 장단점을 확인해보도록 하고 그에 대해 서로 대화해보도록 촉진하는 것이다.

예시 : MI에 부합하는/부합하지 않는 결정저울

내담자 : "마고는 벤자민의 일거수일투족을 간섭하려고 해요. 그 아이에게는 자기 스스로 할 수 있는 기회가 필요해요. 다른 정상적인 아이들이 하는 것처럼 말이에요."

MI에 부합하는 결정저울 : "당신은 벤자민이 보통의 아이처럼 스스로 할 수 있는 기회가 더 많이 필요하다고 느끼시는군요. 저는 일면 아이에게 그러한 기회를 주고 보통의 아이처럼 지내게 해주는 것이 도움이 된다는 데 동의해요. 또 일면에서는 당뇨를 통제할 수 있는 구조가 필요하다는 마고의 주장을 이해하고요."

이 상담자는 이미 존재하는 불일치의 한쪽, 즉 아버지의 관점만을 포착하여 반영하고 있다. 그러고 나서는 아버지의 관점이 가진 장단점을 아버지로부터 이끌어내기보다는 내담자가 요청하지도 않았는데도 상담자 자신의 견해를 제공하고 있다. 이는 상담자가 내담자의 의견보다는 자기 자신의 의견을 더 중요시하고 있다는 인상을 줄 수 있고, 그 회기 동안 불협화음을 증가시키기 쉽다.

MI에 다소 부합하는 결정저울 : "자, 벤자민을 어떻게 도울 것인가에 관해서 두 분이 이견을 가지고 계시는군요. 어쩌면 우리는 벤자민의 행동을 관리하는 걸 도울 수 있는 새로운 방법을 배우는 것의 장점들과 그러한 새로운 기술을 배우지 않는 경우의 단점들에 대해서 이야기해볼 수 있을 거예요."

상담자는 부모의 서로 다른 관점들을 강조하는 반영으로 시작하였다. 게다가 상담자는 변화를 지향하는 쪽의 주장을 이끌어냄으로써 결정저울을 활용하였다. 그러나 상담자는 변화의 단점과 변화하지 않는 것의 장점에 대한 탐색을 시도하지 않았다. 따라서 상담자는 편들기 함정에 빠져 버렸다. 이에 더해, 부모의 입장에서는 상담자가 선택한 초점이 부모 중 어느 한쪽을 편드는 것으로 지각될 수 있으므로 다른 한쪽과 불협화음을 낳을 가능성이 있다.

MI에 부합하는 결정저울 : "두 분 모두 벤자민과 그의 건강한 발달에 대해 염려를 많이 하시는 것 같아요. 벤자민을 가장 잘 도울 수 있는 방법에 대해서 두 분이 다른 관점을 가지고 계시는군요. 벤자민의 건강을 개선할 수 있는 부가적인 기술들을 배우는 것의 장단점에 대해서 서로 이야기하면서 이러한 견해 차이에 대해서 이야기해볼 수 있을 거예요. 두 분 모두 괜찮으시다면, 두 분의 행동을 변화시키는 것과 변화시키지 않는 것의 단점과 장점에 대해 두 분의 관점이 어떠한지 토의해보는 것이 도움이 될 수 있을 것 같아요."

이 상담자는 몇 가지 방식으로 MI에 부합하는 접근을 보여주었다. 상담자는 아동의 건강에 대한 부모의 헌신을 인정해주면서 대화를 시작했다. 더 나아가 부모 간에 불일치가 존재한다는 점을 강조하였다. 또한 부모 양측이 아이를 위해 최선을 다하고 있다는 점을 부각시킴으로써 그 불일치를 재구조화했다. 그러고 나서 내담자에게 지금까지와 같은 방식을 유지하는 것에 대해서 먼저 질문함으로써 결정저울을 촉진했다. 또한 내담자에게 잠재적인 변화노력들에 대해 질문했다. 한 가지 중요한 사실은 부모 양측이 서로의 관점에 대해 토의해야 함을 강조했다는 점이다. 이는 상담자가 부모 중 어느 한쪽 편을 들고 있다고 내담자가 느낄 가능성을 피할 수 있게 해주었다. 결국 상담자는 어느 한쪽 편들기를 피해갈 수 있었는데(즉 변화 또는 현상유지), 이는 결정저울의 중요한 한 가지 특징이다.

임상적 난제 2 : 집단

설명

건강 및 행동주의 전문가들이 더 큰 규모의 사람들을 다루어야 할 필요성이 증대되고 있다(Kasdin & Blaze, 2011; Prochaska & Norcross, 2010). 더 큰 규모의 사람들을 다루는 데 주목을 끌고 있는 방법은 집단을 활용하는 것이다(Schneider Corey, Corey, & Corey, 2010). 정신건강이나 의학적 문제를 다루든 혹은 자조를 촉진하기 위해서든 집단을 사용하게 되면 내담자의 공통 관심사를 동시에 다룰 수 있고, 다양한 내담자들의 경험과 강점을 구축할 수 있을 뿐만 아니라 상호 간 지지를 촉진할 수 있다(Forsyth, 2011). 집단이라고 하면, 사람들이 원을 그리고 앉아서 자신들의 속 깊은 비밀들을 이야기하고 있는 것을 떠올리거나, 누군가가 자신의 '밑바닥 경험'을 이야기하고 다른 사람들은 그에 대해서 이야기를 나누는 12단계 집단을 떠올릴 것이다. 집단은 개인적인 탐색을 강조하는 과정중심 집단에서부터 특정 문제 치료집단(예 : 사회불안에 대한 인지행동집단), 장기이식 대기 환자들을 위한 교육집단에 이르기까지 매우 다양한 형태가 있다(Wagner & Ingersoll, 2013). 다수의 행동 및 건강 이슈들을 다루는 것에 대한 집단의 중요성이 증가함에 따라 상담자들은 대개 집단을 촉진하는 위치에 있게 된다. 그러나 많은 상담자들이 필수적인 교육훈련 경험을 가지고 있지 않을 수 있고, 이는 특히 MI를 집단 상황에 적용할 때 더 그러한 것 같다. 심리학자로서 우리의 교육 및 훈련을 돌아봤을 때 우리는 집단 작업을 하는 데 덜 준비되어 있음을 인정하게 된다.

여기에서 우리의 목표는 집단 작업에서 만나게 되는 임상적 난제들을 다룰 때 MI를 어떻게 사용할 수 있는지를 논의하는 것이다. MI의 적용 가능성들을 고려해봤을 때, MI는 집단 상황에서 널리 적용되어 왔다. 몇 가지 예를 들자면, MI 집단은 알코올이나 약물을 사용하는 위기 청소년들을 대상으로(D'Amico, Hunter, Miles, Ewing, & Osilla, 2013), HIV 약물치료에 대한 순응도를 촉진하기 위한 목적에(Holstad, DiIorio, Kelley, Resnicow & Sharma, 2011), 그리고 학교 무단결석을 감소시키기 위한 목적에(Ena & Dafiniou, 2009) 적용되어 왔다. 그러나 MI만을 독립적으로 사용해서 행동 변화를 하려는 시도는 비교적 새롭다. 보통 MI는 종종 인지행동치료와 같은 다른 근거 기반의 변화 접근법들과 통합되어 사용되고 있는데, 이에 대한 지지연구는 제한적이다(Wagner & Ingersoll, 2013). MI는 개인의 행동 변화에 초점을 두고 개발된 것이기 때문에 어떤 부분들은 집단에 적용하기에는 다소 어려움이 있을 수 있다. 만약 당신이 MI를 기반으로 한 집단 작업을 하는 것을 배우는 데 관심이 있다면, Wagner와 Ingersoll(2013)이 쓴 *Motivational Interviewing in Groups*를 읽어볼 것을 권한다.

당신이 집단에 익숙하든 그렇지 않든 개인과 작업하는 것과 집단과 작업을 하는 것이 굉장히 다르다는 사실을 잘 이해하고 있을 것이다. 따라서 집단과 작업을 할 때 독특한 난제를 경험하게 된다. 여러 개인이 갖는 욕구와 목표에 동시에 초점을 두어야 하는 난제에 직면하게 되기도 하고, 참여도가 다른 집단 구성원들 간에 발생하는 대인관계적인 이슈처럼 더 복잡한 요인에 초점을 두어야 하는 난제를 경험하게 되기도 한다. Schneider Corey와 그의 동료들(2010)은 집단을 촉진함에 있어서 집단 리더가 직면할 수 있는 몇 가지 도전과 문제 행동들을 정리한 바 있다. 이에는 개인 내적 문제들과 집단 내 구성원 간의 어려움 등과 같은 것들이 포함되는데, 여기에서 이러한 것들을 다룰 것이다.

개인 내적인 난제

개인은 각자 다양한 기대와 목표, 특성을 지니고 집단에 참여하게 되는데, 이것들이 집단에 내적으로든 외적으로든 영향을 미치게 된다. 내적으로, 내담자들은 집단에 의뢰된 것에 대한 염려, 집단 참여에 대한 걱정, 집단 및 변화 참여에 대한 지식 수준, 다른 집단 구성원과의 관련성에 대한 다른 수준의 이해도를 갖고 있을 수 있다. 내담자는 내적으로는 집단에 의뢰되는 것에 대해서, 집단에 참여할지 여부에 대한 염려, 집단과 변화에 돌입하는 것에 대한 준비도가 오락가락하는 마음, 다루게 될 주제에 대한 지식의 차이, 그리고 다른 집단 구성원에 의해서 어떤 영향을 받게 될지 등의 고민을 가지고 있다(Schneider et al., 2010). 이러한 난제들과 관련하여 집단 리더의 과제는 내담자들의 다양성을 어떻게 다룸으로써 그 집단이 모든 내담자에게 의미 있고 가치 있는 경험이 되도록 할 것인지에 있다.

예시 : 케일라는 간호사이다. 장기이식병원에서 그녀가 해야 할 일 중 하나는 간질환으로 새로이 진단을 받은 사람들을 위해 교육집단을 촉진하는 것이다. 교육집단인 만큼 그녀는 간질환과 이식 과정에 대해서 강의하는 것에 초점을 맞춘다. 최근 한 집단에서, 그녀는 그 집단과 관련하여 내담자들로부터 다양한 반응을 접하게 되었다. 타비사는 케일라가 말한 모든 단어에 집중하고, 메모를 많이 하였다. 그러나 그녀는 종종 혼란스러워 보였고 결코 질문을 하지 않았다. 토머스는 별로 주의를 기울이지 않는 것 같았다. 제이컵은 케일라가 다른 주제들에 대해서 이야기할 때마다 불안감이 커지는 것 같았다. 소아과 간호사로 일하는 스테이시는 그 집단이 필요 없다고 생각했는지 지루한 듯 행동했다. 케일라는 집단원들이 서로 잘 상호작용하거나 그들이 자신의 질병과 치료를 관리하도록 돕는 데 필요한 중요한 정보들을 배울 것이라고 생각되지 않아서 걱정이 되었다.

케일라와 같은 경험은 촉진집단, 특히 교육집단에서 흔히 접할 수 있다. 그녀의 경험이 말해주는 것은 다양한 개인 내적 난제들이 집단의 발달과 기능에 영향을 미칠 수 있다는 점이다. 이 책에서 내내 언급했듯이, MI의 가치 중 하나는 내담자의 참여를 촉진하는 것이다. 2장에서 언급하였듯이 Young(2013)은 MI의 정신과 원리들이 집단 응집력과 목표들의 발달과 어떻게 그 맥을 같이 하는지 보여주었다. 더욱이, Rollnick, Miller, Butler(2008)는 교육집단이 보다 참여적이 되도록 하는 데 도움이 될 수 있는 몇 가지 전략들에 대해서 언급하고 있다. 우리가 이미 알고 있듯이 강사는 강의 모드에 빠지기 쉽기 때문에 교실 안팎에서 집단 상호작용을 교육하고 촉진할 때에 MI에 부합해야 함을 잊지 않으려고 노력해야 한다. 집단을 촉진함에 있어서 개인 내적인 난제들을 다루는 데 유용할 수 있는 MI 전략들이 아래에 제시되어 있다.

가능한 전략 1 : 유발 질문

집단 작업에서 유발 질문은 집단 구성원들을 참여시키고, '전문가 함정'을 피할 수 있게 하며, 집단 구성원 각각의 독특한 욕구들을 이해하는 데 초점을 맞춘 집단 환경을 조성할 수 있다. 유발 질문은 특정 장애에 대한 구조화된 치료나 교육(예 : 강박장애에 대한 노출집단)과 같이 특정한 초점을 가지고 있는 집단에 특히 중요하다. 유발 질문을 사용하게 되면 개방적인 대화에 대한 기준을 구축하는 데 도움을 줄 수 있다.

예시 : MI에 부합하는/부합하지 않는 유발하기

MI에 부합하지 않는 유발하기 : "간 질환자로 살아가기 집단에 오신 것을 환영해요. 여러분은 얼마나 오래 간 질환을 앓아오셨나요? 누군가 이전에 집단에 참여하신 분이 있으신가요? 이 집단이 도움이 될 것이라고 생각하는 분 있으신가요? 건강을 향상시키는 법을 배우고자 하는 분이 있으신가요?"

이 질문들은 MI에 부합하지 않는데, 왜냐하면 이 질문들은 닫힌 질문이며, 내담자들이 마음을 열고 대화에 참여하도록 할 수 없을 가능성이 높기 때문이다. 집단 경험에 대해 불편하고 확신이 없는 집단 구성원들은 곧잘 최소한의 대답으로만 응할 것이다. 어떤 질문들은 내담자를 비판하는 것처럼 인식될 수 있어서 내담자가 철수하거나 불협화음이 발생할 수 있다. 이는 MI 상담자가 원하는 방향과는 완전히 반대되는 것이다. 또한 닫힌 질문에 이어서 닫힌 질문으로 물음으로써 질문-대답 함정에 빠지게 하여, 내담자를 차단시킬 수 있다.

MI에 다소 부합하는 유발하기 : "간 질환자로 살아가기 집단에 참여해주신 것에 대해 감사드립니다. 간 질환을 가지고 살아가는 데 어떤 어려움이 있나요?"

이 진술은 상담자가 집단에 대해 인정해주기를 하고 나서 열린 질문으로 묻는다는 점에서 MI에 다소 부합한다. 그러나 상담자는 간 질환을 가지고 사는 것에 관한 어려움에 대해 물어봄으로써 성급한 초점 맞추기 함정에 빠졌다. 집단 장면에서 이 같은 성급한 초점 맞추기는 불협화음을 낳을 수 있고 집단 참여를 감소시킬 수 있다.

MI에 부합하는 유발하기 : "간 질환자로 살아가기 집단에 참여해주신 것에 대해 감사드려요. 여러분 중 어떤 분은 이 집단이 어떤 집단인가, 여러분에게 기대되는 바는 무엇이고 또 여러분이 기대하는 바는 무엇인가에 대해 잘 모르고 계실 것 같아요. 이는 자연스러운 반응이에요. 이 집단에 대해 여러분이 가진 기대와 걱정에는 어떤 것이 있나요?"

이 진술은 몇 가지 이유에서 MI에 부합한다. 첫째로, 상담자는 내담자에게 감사를 표함으로써 집단에 참여하는 것을 인정해주었고, 내담자가 집단에 대해 기대와 걱정을 가지는 것을 정상화해주었다. 닫힌 질문을 하거나 교육으로 바로 넘어가버리는 대신, 내담자들로부터 기대와 걱정을 끌어내기 위해 열린 질문을 했다. 그렇게 함으로써, 상담자는 내담자에 대해 배우고자 하는 바람과 열린 소통의 가치, 그리고 내담자가 집단에 참여하길 바라는 희망을 표현하였다.

가능한 전략 2 : 집단 작업의 장점과 단점에 대해 논의하기

집단 구성원은 집단 참여에 대한 준비도 수준은 물론, 만들어내고자 하는 변화의 유형이 다양할 가능성이 높다. 사람들은 집단에 대해 다양한 지식과 경험을 갖고 있을 뿐만 아니라, 서로 다른 기대와 걱정을 가지고 있다. 집단 참여에 대한 장단점을 논의하게 되면 상담자와 내담자 모두 각자가 지닌 기대와 희망사항, 염려사항에 대해 명확히 할 수 있다. 상담자는 집단 작업을 할 때 각 내담자가 느끼는 여러 장점과 단점을 경험하게 될 가능성이 높다. 따라서 상담자는 내담자에게 한 가지 혹은 두 가지 정도의 질문을 통해 이들이 생각하는 장단점을 나눠볼 수 있는 기회를 마련하는 것이 중요하다.

예시 : MI에 부합하는/부합하지 않는 장단점 논의하기

내담자 1 : "전 이 집단이 도움이 될 것이라 확신하지 못하겠어요. 제가 필요한 건 장기이식뿐이에요!"

내담자 2 : "전 잘 모르겠지만 우리가 도움이 될 만한 무언가를 배울 수 있을 것 같아요."

MI에 부합하지 않는 장단점 논의하기 : "여러분은 이 집단의 가치에 대해 다양한 관점을 가지고 계신 것 같군요. 여러분 각자가 간 질환이 있어도 더 나은 삶을 살 수 있도록 하기 위해서 이 집단이 어떻게 도와줄 수 있는지 여러분에게 설명할 시간을 잠시 주시겠어요?"

이 상담자는 반영함으로써 집단 구성원들이 표현한 서로 다른 관점들을 강조하면서 대화를 시작했다. 하지만 집단의 장단점에 대한 내담자들의 관점을 탐색하기보다 집단의 장점에 대한 상담자 자신의 의견을 제공하기 시작했다. 상담자는 자신의 관점이 더 가치 있거나 타당하다는 것을 내포하는 반응을 함으로써 전문가 함정에 빠져버렸다. 또한 장점에만 초점을 맞춤으로써 편들기 함정에 빠졌으며, 이는 내담자들로부터 집단에 대한 거부적인 반응을 이끌어낼 수 있다.

MI에 다소 부합하는 장단점 논의하기 : "여러분 모두는 아마도 어떤 것이 자신의 간 질환에 가장 도움이 될지에 대해 걱정하고 있을 거예요. 여러분이 괜찮다면, 저는 우리 장기이식팀이 모든 장기이식 희망자들에게 이 집단이 중요하다고 생각하는 이유에 대해 몇 가지 정보를 드리고 싶어요. 그러고 나서, 저는 이 집단이 끝날 때 여러분의 생각을 듣고 싶어요."

이 진술은 MI에 다소 부합한다. 상담자는 집단이 도움이 될지에 대해 집단 구성원들이 생각이나 걱정을 가지고 있다고 인정했다. 이는 공감을 표현한 것이다. 또한 집단 후반에 질문하거나 염려사항을 다룰 수 있는 기회를 제공하며, 정보 제공에 대해 허락을 구했다. 이는 어느 정도 협동정신을 강화하는 것이다. 그러나 상담자는 내담자와의 상의 없이 염려사항을 회기 후반에 다루게 하고 회기 의제를 정함으로써 전문가 역할을 취했다. 이는 집단에 대해 신뢰를 가지지 못한 내담자의 참여를 낮추고 불협화음을 낳을 수 있다.

MI에 부합하는 장단점 논의하기 : "여러분 모두는 아마도 어떤 것이 자신의 간 질환에 가장 도움이 될지에 대해 걱정하고 있을 거예요. 또한 여러분 각자는 이 집단이 어떻게 여러분을 도와줄 수 있을지, 혹은 돕지 못할지에 대해 서로 다른 생각을 가지고 있을 거예요. 여러분 각자는 특별한 존재이기에 자신에게 최선의 것을 원하는 것은 당연한 것이지요. 우리는 각자가 가지고 있는 집단 참여에 대한 장점과 단점에 대한 생각을 논의해볼 수 있을 거예요. 타비사, 당신의 생각은 어떤가요?"

이 진술은 몇 가지 이유에서 MI에 부합한다. 상담자는 내담자들이 자신에게 최선의 것을 찾고 있다는 것을 인정했고, 그렇게 함으로써 각 집단 구성원들과 협력하고자 하는 바람을 전달했다. 다음으로, 각 집단 구성원들이 집단의 가치에 대해 서로 다른 의견을 가지고 있을 것이라는 사실을 언급했고, 이러한 차이를 자연스러운 것이라고 했으며, 개인의 자율성을 강조했다. 마지막으로, 각 구성원들에게 집단 참여의 장단점에 대해 질문함으로써 논의를 가능하게 했고, 이를 통해 편들기 함정을 피하고 집단을 '방어'하는 것을 피했다. 그리고 모든 구성원들 간에 반대 의견을 포함해서 열린 대화를 하고자 하는 바람을 전달했다.

가능한 전략 3 : 이끌어내기-제공하기-이끌어내기

대부분의 집단은 상담자에게 질병이나 장애, 범죄나 법적 쟁점의 세부사항, 치료 접근, 집단 규칙과 규범, 또는 다양한 다른 주제의 어떤 것이든 설명해주기를 요청할 것이다. 이끌어내기-제공하기-이끌어내기 접근은 다른 집단 구성원들과 정보를 공유하는 MI적인 방법을 제공한다. 상담자는 이끌어내기-제공하기-이끌어내기 접근을 사용하면서 처음 이끌어내기 단계를 통해 집단이 주제에 대해 이미 알고 있는 것은 무엇이고 모르고 있는 것은 무엇인지에 대해 가치 있는 통찰을 얻을 수 있다. 이 책의 다른 곳에서 이 전략이 논의되었던 방법과 반대로, 집단 환경에서는 상담자가 모든 집단 구성원의 반응에 주의를 기울여야 하고, 정보가 제공되는 전후에 모든 집단 구성원이 응답할 기회가 있음을 명확히 해주어야 한다.

예시 : MI에 부합하는/부합하지 않는 이끌어내기-제공하기-이끌어내기

MI에 부합하지 않는 이끌어내기-제공하기-이끌어내기 : "오늘은 간 질환에 따라 달라진 삶의 변화에 대해 이야기해 봐요. 많은 사람들이 건강을 향상시키기 위해 의학적 치료나 간 이식만이 필요하다고 생각하지요. 그러나 여러분의 간 질환을 개선하기 위해 여러분이 할 수 있는 삶의 변화들이 많이 있어요. 사실 이식을 하게 되면 여러분이 변화해야 할 행동들이 많이 있을 거예요. 오늘은 이것들에 대해 모두 말해볼 거예요."

이 상담자의 진술은 MI에 부합하지 않으며, 유지대화(변화하지 않는 것에 대한 대화)를 유발하기 쉽다. 상담자는 전문가 함정에 빠지고 결국 집단에 강의를 하게 된다. 상담자는 간 질환에 대한, 또는 내담자가 이루어야 할 서로 다른 변화들에 대한 내담자의 이해를 거의 이끌어내지 못한다. 마찬가지로, 상담자가 제공한 정보에 대한 내담자들의 반응을 전혀 이끌어내지 못할 것이다.

MI에 다소 부합하는 이끌어내기-제공하기-이끌어내기 : "간 질환을 가지고 살아가는 삶에는 매우 다양한 일들이 있어요. 이 서로 다른 일들을 논의하기 전에, 저는 간 질환을 가지고 살아가는 것에 대해 여러분 각자가 알고 있는 것을 알고 싶어요. 간 질환을 가지고 살아가는 것과 관련해 일어난 행동적 변화에 대해 알고 있는 것을 함께 논의해주실 분이 있을까요? [내담자들의 반응을 기다린다] 정보를 제공해주셔서 감사드려요. 사람들이 이루어낼 수 있는 가장 큰 변화는 금주를 하고 약을 먹는 거예요. 맞는 말인가요?"

이 진술은 몇 가지 이유에서 MI에 다소 부합한다. 상담자는 공감을 전달하고, 많은 변화가 요구된다는 것을 인정하면서 이끌어내기-제공하기-이끌어내기를 사용했다. 그러나 상담자는 집단 구성원들이 이미 알고 있는 것들을 이해하는 데 거의 초점을 맞추지 않는 것에 비해, 행동적 변화를 만들어내는 데 성급하게 초점을 맞추었다. 이는 정보가 손실되는 결과로 이끌 수 있다. 게다가 상담자는 각각의 구성원들이 알고 있는 것을 듣고 싶다고 명확하게 언급하는 대신에, 누가 정보를 공유하고 싶은지를 묻는 닫힌 질문을 했다. 상담자는 정보를 제공한 이후에 정보에 대한 내담자의 반응을 이끌어내는 질문을 하는 대신에 동의를 묻는 닫힌 질문을 했다.

MI에 부합하는 이끌어내기-제공하기-이끌어내기 : "간 질환을 가지고 살아가는 삶에는 매우 다양한 일이 얽혀 있지요. 이것들을 논의하기 전에, 저는 간 질환을 가지고 살아가는 것에 대해 여러분 각자가 알고 있는 것을 알고 싶어요. 만약 그것이 당신에게 효과가 있다면 돌아가면서 여러분 각자가 이미 알고 있는 것, 또는 간 질환을 갖고 사는 것에 관해 들은 것을 공유할 수 있어요. 저는 여러분 각자가 이미 알고 있는 정보들을 논의할 수 있다고 생각해요. [내담자가 답하기를 기다린다] 여러분 모두가 이미 가치 있는 정보들을 많이 가지고 있는 것으로 들리는군요. 만약 제가 첨언할 수 있다면, 우리가 논의할 수 있는 것 하나는 서로 다른 생활 방식의 변화예요. 술을 끊고 건강하게 먹는 것과 같이 여러분의 간 질환을 더 잘 다루도록 도와줄 수 있는 것들 말이에요. 여러분의 생각은 어떠한가요?"

이 진술은 MI에 부합한다. 상담자는 공감을 전달했으며, 간 질환을 가지고 사는 것에 대해 한 가지 특정한 관점만을 얘기하기보다 여러 많은 정보가 있음을 전달함으로써 성급한 초점 맞추기 함정을 피할 수 있었다. 게다가 어떠한 정보든 제공하기 전에 현재 집단이 알고 있는 것을 이끌어냈으며, 집단 구성원들로부터 그것을 듣고 싶다는 점을 강조했다. 이는 상담자가 각 구성원들이 주제에 관해 중요한 정보를 가지고 있다는 점과 각자에게서 그것을 듣는 것이 가치 있다고 믿는다는 점을 전달한 것이다. 내담자의 반응 이후에 상담자는 집단이 주제에 대해 많은 것을 알고 있다는 것을 반영하고 강화했다. 그리고 상담자는 정보를 제공하고자 한다고 알렸으며, 정보를 제공하고, 정보에 대해 집단 구성원들의 반응을 이끌어냈다.

가능한 전략 4 : 집단 계획하기

지금까지는 개인과의 작업에서 MI에 부합하는 전략으로서의 계획하기를 논의해 왔다. 그러나 이전에 논의했듯, 개인을 대상으로 하는 작업과 집단을 대상으로 하는 작업 간에는 많은 차이가 있다. 그러한 차이 중 하나는 집단 구성원들이 각자 성취하고자 하는 목표들이 다를 수 있다는 점이다. 이러한 차이들은 집단의 진행을 오락가락하게 하고, 보다 집단 전체 목표의 성취를 방해할 수 있다. 3장에서 우리는 MI에 부합하는 계획하기를 논하였다. 집단 계획하기 과정은 집단 구성원들로부터 그들 자신의 집단 참여 이유나 목표들을 유발해내는 데 사용될 수 있고, 집단 목표들과 성과들을 구축하는 것에 관한 대화를 촉진할 수 있다.

예시 : MI에 부합하는/부합하지 않는 집단 계획하기

내담자 1 : "저는 이 집단을 할 거예요. 그런데 사실 이 집단에 대해서 잘 몰라요."

내담자 2 : "음, 이건 마치 이식을 받기 위해서 뛰어넘어야만 하는 관문 같네요."

내담자 3 : "잘 모르겠네요. 어쩌면 우리 삶을 더 낫게 하기 위해서 무언가 배울 수 있는 게 있을 것 같네요."

MI에 부합하지 않는 집단 계획하기 : "여러분 중 몇 분은 이 집단에 대해 잘 모르고 계신 것 같아요. 여러분은 아마도 오로지 이식에만 관심이 더 많으실 거예요. 이식을 받기 위한 과정의 일환이 이 집단에 참석하는 거예요. 이 집단에 확신이 없다고 하더라도 규칙적으로 참여하는 것이 중요해요. 이 집단에서 우리는 이식 과정, 약물치료 받기, 그리고 이식 전후의 생활 방식 변화 등을 포함한 많은 것을 논의할 거예요. 굉장히 많은 정보지만 우리는 여러분의 관심을 끄는 것들에 대해서 가장 많이 다루게 될 거예요."

상담자는 반영으로 시작해서 집단 구성원들의 다른 견해들을 인정하고 있다. 그러나 그 이후의 진술들은 직면적으로 인식될 수 있으므로 집단에 대한 걱정을 표현하는 집단 구성원들에게서 불협화음을 이끌어낼 수 있다. 게다가 집단 구성원들로부터 어떤 기대나 목표들을 이끌어내는 것은 무시하면서 집단을 위한 계획을 제시하였다. 또한 상담자는 (내담자들로부터 유발하는 대신에) 그 집단이 어떻든 그들의 목표와 부합할 것이라고 가정하고 있다. 내담자가 해야 할 것을 말해주고, 자신의 계획이 다양한 내담자의 욕구와 부합할 것이라고 가정하는 것은 협동적이지 않다. 그리고 집단 내에서의 내담자의 노력이나 자율감을 감소시킬 수 있다.

MI에 다소 부합하는 집단 계획하기 : "여러분 모두 이 집단에 대해서 다른 입장을 가지고 계시는군요. 진행하기 이전에, 이 집단이 필요한 이유에 대해서 잠시 대화해볼 수 있어요. [내담자들의 반응을 기다린다] 이 집단에 참석하는 이유는 매우 다양하지요. 그럼 우리는 어떤 계획을 세워볼까요?"

이 진술은 MI에 다소 부합한다. 상담자는 집단 구성원들이 그 집단에 대해서 다른 생각들을 가지고 있음을 인정하는 반영으로 시작하고 있다. 그리고 집단원들로부터 집단 참여의 이유들을 이끌어내려고 시도했다. 그러나 상담자는 각 구성원으로부터 명시적으로 이끌어내지는 않았다. 게다가 상담자는 계획을 이끌어내려고 시도했지만, 구성원들 각각으로부터 이끌어내는 것보다는 전체를 대상으로 하는 질문을 던짐으로써 구성원들이 가진 중요한 생각들을 놓칠 수도 있다.

MI에 부합하는 집단 계획하기 : "저는 집단이 여러분의 요구를 맞춰줄 수 있을지 여부에 대해서 여러분 모두가 서로 다른 관점을 가지고 있다고 들었어요. 여러분 각자가 스스로에게 어떤 것이 가장 효과적인지 알고 있기 때문에 이는 자연스러운 반응이에요. 더 진행하기 전에, 여러분 각자가 집단에 참여하게 된 개인적 이유를 논의할 시간을 가질 수 있을 것 같아요. [내담자의 반응을 기다린다] 이식을 받는 것에서부터 간 질환을 가지고 사는 삶에 도움이 될 만한 생활 방식의 변화에 대해 배우는 것까지, 이 집단에 참여하는 다양하고 중요한 이유들이 명확히 있어요. 여러분 각자가 집단에 참여하는 이유를 알게 되었기 때문에 우리는 아마도 이 집단을 최대한 활용할 수 있는 공동의 계획에 대해 잠시 얘기할 수 있을 것 같아요."

이는 MI에 부합한다. 이 진술은 집단 구성원의 서로 다른 의견들을 인정하고 타당화하는 반영을 통해 시작한다. 다음으로, 상담자는 다양한 이유를 반영하고 강화함으로써 집단에 참여하는 다양한 이유를 이끌어냈다. 마지막으로 상담자는 각각의 내담자들에게 집단을 가치 있게 만들기 위해 집단 계획을 세우자는 아이디어를 제시했다. 이러한 접근은 집단 구성원의 생각을 타당화해주고, 협동적이므로 그 계획

표 7.1 ●● 집단 계획 형식

집단 계획 – 예시
집단에 참여하고자 하는 가장 중요한 개인적인 이유
1. (집단에 참여함으로써) 간 질환을 가지고 더 잘 살아갈 수 있다.
2. (집단에 참여함으로써) 이식을 받을 수 있다.
3. (집단에 참여함으로써) 내 병에 대해 더 잘 알 수 있다.
4. (집단에 참여함으로써) 내 아내의 잔소리를 멈출 수 있다.
우리의 목표는
1. 간 질환에 대해 더 잘 아는 것
2. 이식 과정에 대해 배우는 것
3. 치료약에 대해 더 잘 이해하는 것
4. 자신의 병을 스스로 더 잘 다룰 수 있게 되는 것
성공적인 집단을 위해 우리가 해야 하는 것
1. 규칙적으로 집단에 참석하기
2. 다른 사람의 의견을 존중하기
3. 집단 내에서 우리의 의견과 반응을 공개적으로 논의하기
4. 모든 집단 학습 활동에 참여하기
집단 성공을 방해할 수 있는 것들
1. 모든 구성원들의 참여 부족
2. 의견 차이를 존중하지 않는 것
3. 집단의 어떤 측면에 무관심한 것
서로가 성공할 수 있도록 도와줄 수 있는 것들
1. (서로를) 격려한다.
2. 집단 목표를 상기시킨다.
우리가 희망하는 방식으로 집단이 '지속되지' 않는다면 우리가 해야 할 것
1. 우리가 왜 집단에 참여했는지 서로에게 상기시키기
2. 서로를 지지하기
3. 집단이 이전에 도움이 되었던 점을 서로에게 상기시키기

이 집단 구성원에게 더욱 중요하게 여겨질 것이다. 집단 작업을 위한 다른 전략으로, 상담자는 각각의 집단 구성원들이 참여하고 있음을 보장하기 위해 이들 각각에 개입할 수 있다. 집단 계획하기를 안내하기 위해 표 7.1에 있는 형식을 사용할 수 있다. 집단 구성원들에게 개별적으로 형식을 제공하기보다, 안내 질문을 사용하고 화이트보드나 칠판, 또는 플립 차트를 사용하여 모두에게 함께 보여주는 것이 좋다. 또한 칠판이나 차트에 집단으로부터 나온 답을 써 줄 지원자를 집단으로부터 이끌어낼 수도 있다.

표 7.2 ●● 집단 문제 행동들

행동	설명
독점	한 구성원이 집단 시간의 대부분을 쓰면서 자신의 고민을 말하는 것
주제를 벗어난 논의	한 구성원이 반복적으로 논의의 주제에서 벗어나 논의의 방향을 바꾸는 것
적대적인 태도	한 구성원이 수동적이거나 완전히 공격적인 방식으로 타인에게 반응하는 것
거만함	한 구성원이 타인을 무시하듯이, 또는 자신이 다른 사람들보다 더 낫다는 생각을 비치면서 반응하는 것
친목	집단 구성원들이 집단 주제와는 무관한 대화에 참여하거나 집단에 관련이 없는 사교적 논의를 하는 무리에 참여하는 것

Schneider Corey et al.(2010)에서 인용함

대인관계적인 어려움

집단은 다수의 개인들로 구성되어 있고, 이들에게는 그들 각자의 과거력, 성격, 개성, 대화 방식, 불만거리가 있다. 따라서 대인관계적인 어려움은 자연스럽고, 예상되는 것이다. 이는 유지대화나 불화와 같은 것이다. 집단 촉진자의 한 가지 역할은 대인관계 응집력을 형성하고 이러한 문제들을 잘 다루는 것이다(Wagner & Ingersoll, 2013). 그리고 여기에 MI에 부합하는 전략이 특히 유용할 것이다(Young, 2013). Schneider Corey와 동료들(2010)은 집단에서 자주 발생하는 몇몇 '문제 행동'을 확인하였다(표 7.2 참조). 집단을 촉진하는 여러 접근법은 이런 문제 행동들에 직접적으로 도전하고 집단 구성원들도 이 도전을 같이 할 수 있도록 격려하라고 제안한다. 문제 행동들에 MI에 부합하게 반응하는 첫 번째 과제는, MI 관점에서 이 행동들을 자연스럽게 발생하는 불협화음으로 보는 것이다. 문제 행동들을 문제 행동에서 불협화음으로 재구성하는 것은 집단의 초점, 또는 논의, 또는 상호작용에서 무언가 변화해야 한다는 신호가 될 수 있다. 당신은 대인관계 어려움을 다루기 위해 제안된 MI 전략 중 몇 가지를 사용해서 집단에서 이러한 행동들을 관리할 수 있다.

예시 : 존은 지역사회 기반의 약물남용치료 집중프로그램에서 12명을 대상으로 인지행동치료 집단을 진행하고 있는 약물남용 상담자이다. 존은 현재 집단에서, 집단의 진행을 방해하는 것 같은 내담자들을 확인했다. 스티브는 매우 활동적인 참가자이고, 존은 그의 기여와 열정을 높이 평가한다. 그러나 스티브는 집단 시간의 많은 시간을 독점하고, 다른

내담자가 그들의 생각과 감정을 공유할 시간을 조금밖에 남겨두지 않는다. 게다가 스티브는 말참견을 하거나 존이 다루고자 하는 주제와 일치하지 않는 질문을 하기도 한다. 샤리는 보통 집단에 참여적이지 않은 편인데, 존은 그녀가 눈을 굴리거나, 집단의 다른 구성원들의 질문이나 대답에 대해 작은 소리로 비아냥거리는 답을 하는 것을 보았다. 샤리는 자신을 다른 집단 구성원들만큼 '나쁘지 않다'고 믿고 있으며, 집단이 자신에게 유익한 것인지에 대해 질문하는 모습이 나타나기도 했다. 마지막으로, 트리샤, 보브, 그리고 사라는 집단 시간에 자주 자기들끼리 속삭이고 낄낄거리거나 서로 쪽지를 돌리곤 했다. 존은 그들끼리 어울림으로써 그들 주변의 사람들이 불안해하는 것에 대해 주의를 주었다.

가능한 전략 5 : 초점 이동하기

이 예시에서 설명하고 있는 것과 같이, 불협화음은 때때로 논의 주제의 결과로 나타나는 것이기도 하다. 어떤 집단 치료 접근(예 : 과정지향적 집단)에서는 불협화음에 도전하는 것이 권장된다. 하지만 이는 MI에 부합하지 않는다. MI에서는 불협화음은 무언가를 변화시켜야 할 필요가 있다는 지표이다. 한 가지 전략은 불협화음을 야기하는 무언가로부터 초점을 이동하는 것이다. 그러나 초점을 이동하기 전에 먼저 집단 구성원의 행동과 반응을 인정해주는 것이 중요하다. 이는 집단 시간을 독점하는 집단 구성원이 있을 경우 초점을 다른 집단 구성원으로 이동하게 하는 데도 사용할 수 있다.

예시 : MI에 부합하는/부합하지 않는 초점 이동하기

내담자 : "저는 여러분들과는 달라요. 저는 나쁜 약물을 사용하지는 않고, 단지 술만 마셔요."

MI에 부합하지 않는 초점 이동하기 : "약물을 사용하는 것이 좋고 나쁜지에 대해서는 이야기하지 말지요. 약물이 우리의 삶에 어떠한 영향을 미쳤는지를 논의해봐요."

이 상담자의 진술은 MI에 부합하지 않는데, 상담자가 집단에 관한 내담자의 걱정을 묵살했고, 전문가 역할을 취했기 때문이다. 상담자의 반응은 또한 도전적으로 받아들여질 수 있기 때문에 불협화음을 일으킬 수도 있다. 이 반응은 집단에서 내담자를 능동적이기보다 수동적으로 만들 수 있는 가능성을 가지고 있다.

MI에 다소 부합하는 초점 이동하기 : "이야기 나누어 주어서 고마워요. 어떤 점에서 약물과 알코올 사용이 여러분의 삶에 영향을 미쳤나요?"

이 진술은 직면적이지 않은 방식으로 내담자의 진술을 인정하고 초점을 이동하였기 때문에 MI에 다소 부합한다. 그러나 내담자의 불협화음의 진술을 인정하지 않고 피함으로써 내담자의 염려가 타당하지 않은 것임은 물론 반대의견이 집단에서 가치가 없는 것임을 전달하였다. 이 진술의 결과는 내담자가 집단에 참여하지 않게 하고, 변화에 대한 동기가 낮아지도록 만든다.

MI에 부합하는 초점 이동하기 : "당신은 집단 구성원들이 사용한 다른 약물에 관심이 있으시군요. 우리는 사용한 약물에 대해 이야기를 나눠보면서 다소 앞서나갈 수도 있고요. 그리고 우리 각자가 이 집단에서 얻고자 하는 것에 대해 이야기해볼 수 있을지 궁금해요."

상담자는 내담자의 염려를 인정하기 위해 반영을 사용했지만, 그에 대해 동의하지도, 반대하지도 않았다. 그리고 상담자는 논의의 초점을 사용된 약물에 대한 차이에서 각 구성원이 집단으로부터 얻고자 하는 것에 대한 논의로 옮겼다. 이는 또한 집단 규칙과 규범에 대한 논의로 이행할 수 있다.

가능한 전략 6 : 반영적 경청

반영적 경청은 MI의 핵심이고, MI에 부합하는 상호작용에서 언제든 사용될 수 있는 전략이다. 집단에서 반영적 경청은 다양한 목적으로 활용될 수 있다(Wagner & Ingersol, 2013). 먼저, 집단 리더가 대인 간 어려움에 반응하는 데 반영적 경청을 사용할 수 있다. 상담자는 반영적으로 반응함으로써 집단 구성원들이 서로에게 어떻게 반응할 수 있는지를 보여주는 모델이 될 수 있다. 둘째로, 상담자는 반영적 경청을 사용하여 집단 구성원들이 서로에게 반응하는 것을 촉진할 수 있다.

예시 : MI에 부합하는/부합하지 않는 반영적 경청

내담자 : "저는 여러분들과는 달라요. 저는 나쁜 약물을 사용하지는 않고, 단지 술만 마셔요."

MI에 부합하지 않는 반영적 경청 : "그건 일반적인 오해예요. 알코올도 하나의 약물이에요."

이 진술은 반영이 아니며, MI에 부합하지 않는다. 상담자가 제시한 정보는 정확했지만, 내담자의 진술에 대해 직접적으로 직면시켰다. 이는 내담자의 진술에 의해 비하된 다른 집단 구성원들로부터 분노나 적대감을 유발할 수 있다.

MI에 다소 부합하는 반영적 경청 : "당신은 알코올만 드시는군요."

이 진술은 반영적이고 MI에 다소 부합한다. 상담자는 내담자의 걱정을 인정해주었고, 교정 반사를 하지 않았다. 그러나 이러한 단순 반영은 유용한 방향으로 대화를 이끌어 가기에 어렵다. 따라서 틀리지는 않지만, 이 반응으로는 상담자가 다른 집단 구성원이 참여할 기회나 내담자의 걱정과 불화에 대해서 더 이끌어낼 기회, 혹은 변화를 가능하게 할 수 있는 주제로 초점을 옮길 기회를 잃어버릴 수 있다.

MI에 부합하는 반영적 경청 : "당신은 알코올만을 사용하기 때문에 이 집단에 포함될 수 없다고 생각하시는군요."

이 상담자는 내담자가 이 집단에 포함되는 것에 대해 동의하지 않는다는 점을 반영해주고 있다. 이는 MI에 부합한 것이다. 그러나 상담자는 그 발언에 동의하거나 동의하지 않는다는 점을 표현하거나, 직접적으로 내담자의 신념을 직면시키지도 않았다. 그는 단지 내담자가 전하고자 하는 바를 상담자가 듣고 있다는 것을 전했다. 이처럼 내담자가 말했던 것의 특정 측면을 반영하는 것은, 각각의 집단 구성원들의 서로 다른 치료 욕구와 목표와 같은 유익한 주제로 논의를 옮겨갈 수 있도록 도울 수 있다.

MI에 부합하는 반영적 경청 : "당신은 집단 참여에 대해 말하고 있는 것으로 들리는군요. 동시에, 저는 다른 분들도 당신이 말하는 것을 듣고 있는지 궁금해요. 아마도 여러분 각자는 각자가 들었던 것을 반영할 수 있을 거예요. [구성원 각자가 반응하는 것을 기다린다] 여러분의 반응에 감사드려요. 여러분은 다양한 반응으로 여러분이 들었던 것을 집단에서 반영할 수 있어요."

상담자는 반영적 경청을 사용하여 대화를 촉진하고 있기 때문에 MI에 부합한다. 상담자는 내담자의 말을 듣고 있다고 알렸다. 그다음으로 상담자는 다른 구성원들이 내담자의 진술에서 들었던 것을 반영하도록 유도했다. 상담자는 그들의 반응을 인정해주고, 내담자가 들었던 것을 집단에게 반영하도록 요청했다.

가능한 전략 7 : 집단 구성원의 장점 이끌어내기

집단의 내담자들은 한 사람, 또는 다른 여러 구성원과의 대인 간 문제를 경험할 때 다른 사람들의 부정적 측면에 초점을 맞추는 경향이 있다. 상담자들은 문제 상황을 겪고 있는 집단 구성원들의 강점과 긍정적 측면들을 이끌어냄으로써 대인 간 문제를 축소시키는 시도를 할 수 있다.

예시 : MI에 부합하는/부합하지 않는 집단 구성원의 강점 이끌어내기

내담자 1 : “저는 여러분들과는 달라요. 저는 나쁜 약물을 사용하지는 않고, 단지 술만 마셔요.”

내담자 2 : “누구에게 말하시는 거죠? 당신의 상황은 우리보다 더 나빠요!”

MI에 부합하지 않는 집단 구성원의 강점 이끌어내기 : “좋아요, 이 주제를 넘어가도록 할게요. 이것은 우리의 규칙에 따르면 적절하지 않은 집단 행동이기 때문이에요.”

이 진술은 집단 구성원들에게 집단에 참여하는 방법을 재인지할 수 있도록 하고, 흥분하지 않은 상태에서 대화를 유지할 수 있게 촉진하는, 일반적으로 사용하는 방법이다. 하지만, 상담자가 전문가 역할을 가정하고 있고, 내담자들의 행동을 부적절한 것으로 꼬리표를 붙임으로써 판단적이었다. 어떤 집단에서는 이것이 집단 규칙과 행동을 강화하기 위해서 하는 적합한 반응이라고 할지라도, 이는 MI에 부합하지 않는다.

MI에 다소 부합하는 집단 구성원의 강점 이끌어내기 : “두 분이 이야기하는 방향을 보면서 제가 좀 걱정스러워지는군요. 여러분이 괜찮으시다면, 잠시 전으로 돌아가서 우리가 서로에게서 발견한 강점들에 대해 잠깐 얘기해볼까요?”

이 상담자의 진술은 MI에 다소 부합한다. 첫 진술에 대해 직면적이지 않고 상담자가 자신의 걱정을 표현했기 때문이다. 하지만 내담자에게 허락을 구하지 않고 대화에 개입했다. 상담자는 단지 상황에 대한 자신의 인식을 공유했을 뿐 다른 집단 구성원들의 인식을 이끌어내지는 않았다. 마지막으로, 상담자는 상황을 두 구성원만의 상황으로 만들면서, 긍정적 측면들에 대한 대화에 다른 집단 구성원들을 포함시켰다.

MI에 부합하는 집단 구성원의 강점 이끌어내기 : "여러분 모두가 괜찮으시다면, 저는 잠시 이 주제를 건너뛰고자 해요. 두 분은 저로서는 걱정스러운 방향으로 나아가고 있고, 다른 사람들은 이에 대해 어떻게 느끼고 있는지 잘 모르겠어요. [다른 사람들의 반응을 기다린다] 저는 우리가 잠시 뒤로 돌아가서, 우리가 서로에게서 발견한 강점들에 대해 얘기해보고, 그것이 우리 집단이 목표를 달성할 수 있도록 어떤 도움을 줄지에 대해 잠깐 이야기해 볼 수 있을지 궁금해요."

이 상담자의 진술은 몇 가지 이유에서 MI에 부합한다. 먼저, 상담자는 개입하기보다는 논의를 넘어가는 것에 대해 허락을 구했다. 다음으로 상담자는 상황에 대한 자신의 인식을 공유했고, 집단의 다른 구성원들의 인식을 물었다. 마지막으로, 집단으로부터 각 구성원의 장점에 대해 말하도록 이끌어냈고, 또한 각 구성원이 집단을 어떻게 앞으로 나아가도록 도울 수 있을지에 대해서도 이야기하도록 했다.

요약

이 장에서 우리는 다수의 개인에게 MI를 사용하는 것의 임상적 난제들을 보여주었다. 다수의 사람들과 작업하는 것은 서로 다른 사람들이 서로 다른 동기 수준, 변화하거나 변화하지 않을 서로 다른 이유, 고민 또는 문제에 대한 서로 다른 시각을 가지고 있기 때문에, MI를 사용하는 데 있어서 독특한 난제들을 경험하게 된다. 따라서 우리는 장 전체적으로 회기에 참여한 모든 개인에게 이러한 요소들에 관심을 가지는 것의 중요성을 강조했고, 서로 다른 MI 전략을 통해 부모와 집단에서 이를 달성하는 법을 설명했다. MI 집단을 특별히 논의하지는 않았지만, 집단으로 작업할 때 마주 할 수 있는 개인 내적, 그리고 대인 간 어려움에 MI를 사용하는 법을 생각해볼 수 있도록 하였다. 특히 한두 사람이 아닌 전체 집단에 MI 전략을 적용하는 것을 고려해볼 수 있도록 격려했다. 우리가 제안한 많은 전략이 다수의 사람들 그리고 그들의 시각들을 다룰 때 MI에 부합한 작업을 하도록 도울 수 있을 것이다. 표 7.3에 임상적 난제와 가능한 MI 전략들을 요약하였다.

표 7.3 ●● 여러 사람과 관련한 임상적 난제를 다루는 동기강화 전략의 예시

임상적 단계	가능한 MI 전략
부모 : 문제 정의, 변화에 대한 동기, 변화에 대한 생각과 관련한 부모 간의 차이	정보 제공하기 : 참여적이고 객관적인 방식으로 아동 행동의 본질에 대해, 그리고 양육과 아동 행동 변화 사이의 관계에 대해 정보 제공하기
	목표/가치 탐색하기 : 부모로부터 그들의 양육 목표, 가치, 그리고 아이를 위한 목표를 이끌어내고, 그것을 양육 행동과 비교해보기
	결정저울 : 부부간에 변화동기의 공유라는 목표를 가지고 변화의 장단점을 이끌어냄으로써 부부간에 의사결정을 촉진하기
집단에서 개인 내적인 난제 : 집단의 발전과 진행을 느리게 하는 개인의 요인과 행동들	유발 질문 : 각 구성원들을 집단에 참여시키기 위해 집단에 대한 내담자들의 염려, 동기, 이해를 진정으로 이해하려는 목적을 가지고 질문하기
	집단 작업의 장단점 탐색하기 : 변화 준비도, 동기, 집단에 대한 걱정에 대해 다루기 위해 집단에서 얻을 수 있는 이득과 결점에 대한 대화에 내담자들을 참여시키기
	이끌어내기-제공하기-이끌어내기 : 정보를 제공하기 전에, 모든 구성원으로부터 주제에 대해 이미 알고 있는 것을 이끌어내고, 정보를 제공한 후에, 모든 구성원으로부터 정보에 대한 반응을 이끌어내는 것. 이는 집단 구성원 간의 차이를 조정하는 데 유용할 수 있다.
	집단 계획하기 : 집단의 목표를 달성하기 위해 공유된 목표와 방법들을 결정하도록 집단을 참여시키는 것. 집단 구성원들 간의 합의를 이끌어내는 것이 중요하다.
집단에서 대인관계적인 난제들 : 집단의 응집력과 기능에 영향을 미칠 수 있는, 집단 구성원들에 의해 혹은 그들 간에 나타나는 행동들	초점 이동 : 집단의 불화를 인정하고, 불화를 덜 일으키는 주제로 초점을 옮기는 것
	반영적 경청 : 집단 구성원들로부터 반영을 이끌어내고 언급함으로써 집단 구성원이 한 언급의 의미를 강조하기 위해 반영을 활용하는 것
	장점 이끌어내기 : 불화를 줄이기 위한 목적으로, 다른 구성원의 긍정적 자질과 강점에 대해 언급하도록 요청하는 것

08

동기강화상담 이행의 어려움

1장에서 논의한 것처럼, MI는 배우기 쉽지 않다. 이 책에 있는 대부분의 전략과 개념들은 언뜻 보기에는 간단하고 직관적인 것처럼 들린다. 사실 MI 교육생들의 대부분은 MI 전략이 오히려 직관적인 것과는 거리가 멀다고 말하며, 특히 MI가 가장 유용할 만한 상황에서 더 그러하다고 했다(예 : 내담자가 언짢거나 화가 났을 때, 변화동기가 적을 때, 상담자의 말에 동의하지 않을 때). 이 장에서는 우리가 MI 상담을 하면서 유용하다고 생각하게 된 여러 가지 팁, 또 MI 훈련에 적용해보았던 팁, MI 연구자로서 배운 팁을 나눠보고자 한다. 이처럼 MI에 얽힌 다양한 경험을 통해서 우리의 훈련생, 내담자 그리고 참여자들로부터 가치 있는 정보를 학습하였고 이러한 정보들은 MI를 학습하는 데 있어서의 뉘앙스에 대한 우리의 이해를 확인시켜주었다. 우리가 거친 과정과 William Miller 박사가 MI에 대한 이해와 통찰을 구축한 것이 여러모로 유사하다(Adams & Madson, 2006). 따라서 우리는 당신이 MI 활용을 발전시키고 더 강화해 나가고자 할 때 당신이 심사숙고하도록 돕기 위해서 이 팁들을 제공하는 것이다. 이 논의의 일부로, 우리는 MI 활용을 학습하는 데 있어서 두 가지 과제에 매우 상세히 초점을 맞추고자 한다. 그것은 내담자의 경험과 유사한 상담자의 좌절감, 그리고 상담자의 개인적 경험이다.

팁 1 : 현실적인 기대 설정하기

많은 상담자와 학생들은 MI를 쉽게 배울 수 있을 것이라는 비현실적인 기대를 가지고 MI 훈련에 임한다. 이는 아마도 많은 상담자들이 그들이 한 상담을 훨씬 더 MI에 부합했다고 믿는다는 사실에 근거하는 것 같다(Miller, Yahne, Moyers, Marinez, & Pirritano, 2004). 비현실적인 기대가 어디서부터 시작되었든 간에, 이러한 기대는 MI 훈련을 하는 동안에 실망감과 좌절감을 안겨줄 수 있다.

Miller와 Moyers(2006)는 MI를 성공적으로 수행하는 법을 배우는 데 있어서 8개의 과제 또는 단계가 포함되는 것을 확인했다 — (1) 전문가 역할을 포기하고 내담자와 진정으로 협력하는 데 열린 마음을 갖기, (2) 정확한 공감을 포함하여, 내담자 중심의 상담 기술을 발전시키기, (3) 변화대화를 알아차리고 선택적으로 반영하기, (4) 변화대화를 이끌어내고 증가시키기, (5) 불협화음 다루기, (6) MI에 부합하는 변화 계획하기에 끌어들이기, (7) 내담자의 결심공약을 공고히 하기, (8) MI를 다른 개입 방식들과 통합하기. 어떤 상담자들, 특히 심리학적 상담이나 심리치료의 방법으로 상담 훈련을 받은 사람들은 MI의 정신과 MI의 내담자 중심 상담적인 측면이 상대적으로 쉽게 느껴질 것이다. 반면에 변화대화를 알아차리고 강화하는 것, 혹은 변화대화를 이끌어내고 강화하는 것 등의 MI적인 개념은 친숙하지 않기에 이들에게 자연스럽게 느껴지지는 않을 것이다. MI와 양립되기 어려운 훈련이나 실무, 철학을 가진 분야의 상담자들에게는 MI 학습의 모든 측면이 더 도전적으로 느껴질 수 있다(Schumacher, Madson, & Nilsen, 2014). 1장에서 언급한 것처럼 MI 집중훈련 5회기 코칭 워크숍만으로는 능숙한 MI 전문가가 되기에는 불충분할 수 있고, 심지어는 MI 입문 단계를 마스터하는 데도 부족할 수 있다(Madson, Schumacher, Noble, & Bonnell, 2013; Miller et al., 2004; Moyers et al., 2008; Schumacher, Williams, Burke, Epler, & Simon, 2013; Smith et al., 2012). 사실 MI를 능숙하게 사용하기 위해 학습하는 과정은 다른 전문 영역에서 거치는 훈련 과정(예 : 실습, 관찰, 코칭)과 유사하다.

우리는 상담자들과 훈련생들이, 자신이 받을 MI 훈련의 양에 맞추어 기대치를 설정하기를 강력히 권장한다. 경험상, 상담자가 워크숍 훈련을 받을 수 있고, 여기에 더해 피드백 기반의 코칭 회기를 20회기까지 받을 수 있다면, MI에서 전문가 수준의 역량을 달성할 수 있을 것으로 기대된다(Schumacher et al., 2013). 만약 상담자가 우리가 훈련시키는 많은 상담자들처럼 훈련의 양을 소화할 만한 시간이나 자원을 가지고 있지 않는다 하더라도, 내담자들과의 작업을 향상시킬 수 있는 MI의 중요한 원리와 실제를 배울 수 있다. 상담자가 MI의 공식적인 훈련을 전혀 받지 않았다 하더라도 MI의 실제와 원리들을 매일의 작업에 약간이라도 적용해볼 수 있다. 이 책은 그런 상담자들을 고려하여 쓰여졌다. 초보 상담자가 이 책을 읽고 나서 동기강화상담을 바로 수행할 수 없을 것 같더라도, 공통의 임상적 난제들을 잘 다루도록 돕는 선택된 전략들을 적용해볼 수는 있을 것이다. 그러나 우리가 이 책에서 계속 강조하고 있듯 MI 정신의 중요성과 가치를 기억하고 있어야 한다. 이러한 전략들을 적용하면서 MI 정신에 충실하지 않는다면, MI에 부합하지 않는 방식으로 상담이 실행될 것이다.

팁 2 : 열린 마음 갖기

많은 상담자들은 어떤 특정 유형의 내담자에게는 어떤 유형의 전략이 가장 좋을 것이라는 믿음을 갖고 MI 훈련에 참여하게 된다(Schumacher et al., 2014). 예를 들면 몇 년 전에 동료 트레이너가 어떤 상담자의 이야기를 들려준 적이 있다. 그 상담자는 MI에 대해 "이것은 아마도 어떤 내담자들에게는 유용하겠지만, 어떤 내담자들에게는 직면만이 필요해요"라고 말했다고 한다. 이 장의 후반부에 자세하게 서술하겠지만, MI에 가장 적절하다고 보이는 내담자가 반대로 가장 필요하지 않은 내담자인 경우가 종종 있고, 그 반대의 경우도 종종 있다. 또 다른 상담자들은 MI를 한두 번 시도해 본 것(이 시도들은 흔히 MI에 부합하지 않는다)을 비탕으로 MI가 효과가 있는지 없는지를 성급하게 판단하는 것으로 보인다. 우리가 항상 권장하는 바는 상담자가 MI를 적용하고자 할 때, 그는 항상 열린 마음이어야 한다는 점이다. MI는 만병통치약이 아니다. 즉 동기의 문제로 어려움을 겪고 있는 모든 내담자들을 위한 해결책은 아닐 것이다. 하지만 MI는 또한 일반적인 접근법들과는 꽤 다르기 때문에(Miller & Rollnick, 2009), 어떤 상담자들은(MI를 아주 많이 훈련받은 상담자들을 제외하고) 내담자와 이루어지는 일상적인 대화 속에서 자연스럽게 MI를 수행하고 있기도 하다. 우리가 초반에 MI를 수행하기 위해 애썼던 때가 생각난다. 처음에는 MI의 실제와 원리를 수행하는 것이 숙련되지 않기 때문에 MI가 효과가 있을지 확신하지 못했다. 그러나 우리는 또한 우리가 MI의 원리와 실제를 진짜 적용할 수 있게 된 그 첫 번째 회기를 기억한다. 그때 내담자는 변화를 단순히 고려해보던 상태(수고), 또는 심지어는 아예 고려조차도 하지 않던 상태(전숙고)에서 변화에 완전히 전념하고 변화 계획을 실행할 준비가 된 상태로 옮겨 가는 기적을 보였다(Prochaska & DiClemente, 1983). 만약 상담자들이 MI를 사용해볼 것을 고려중이라면(또는 MI 전략의 선택적 적용을 고려중이라면), 우리는 오로지 직면에만 반응할 것 같은 가장 어려운 내담자에게 MI를 시도해 보도록 권장하는 바이다. 또한 상담자들이 MI를 자신의 치료의 일부에 포함시킬 것인지 결론을 내리기 전에, 반복적으로(한두 번이 아니라) MI를 시도해볼 것을 권장한다. 우리는 Miller 박사의 조언을 기억하는 게 중요하다고 생각한다 — "내담자로부터, 내가 했던 것과 똑같은 방식으로 배워라"(Adams & Madson, 2006 p.104).

팁 3 : 객관적인 피드백 받기

이전에 언급했던 것처럼, MI를 배우고자 하는 사람들은 일반적으로 그들의 작업이 얼마나 MI에 부합하는지 측정하는 데 능숙하지 않다. 비록 일반적으로 상담자들이 자신의 수행을 과장해서 평가하지만(Miller et al., 2004), 몇몇 자기비판적인 훈련생들은 자신의 수행에 대해 과소평가하기도 하였다. 만약 상담자가 자신이 현재 MI에 부합하는 전략을 얼마나 잘 수행하고 있는 것인지 모른다면, MI에 부합하는 전략을 실행하는 데 있어서 자신의 수행 능력을 향상시킬 수 있는지 방법을 생각해내기란 어렵다. 따라서 MI를 사용하고자 하는 사람에게는 일반적으로 객관적인 피드백을 받는 것이 요구된다(예 : Miller et al., 2004). 우리의 경험상 상담자들은 객관적인 피드백을 받는 것에 대해 매우 유익한 것이라고 생각하기는 하지만, 이와 동시에 사례 보고서를 제출한다거나 상담 과정을 평가자가 관찰하고 피드백을 받는 것에 대해서는 매우 꺼리는 것 같았다. 흥미롭게도 훈련 방법을 향상시키기 위한 연구를 수행하면서 우리가 고려했던 한 가지 옵션은 사례 보고서를 요구하지 않는 것이었다. 우리도 다른 많은 이들이 그러했던 것처럼, 상담자들이 코칭을 위해 사례 보고서를 제공하라는 요청에 따르기를 매우 꺼렸다는 것에 주목하였다(예 : Schumacher, Madson, & Norquist, 2011; Schumacher et al., 2012). 이러한 가정을 검증하기 위해, MI 교육생들에게 사례 보고서에 피드백을 받는 것을 어떻게 생각하는지에 대해 비공식적인 설문을 진행하였다. 놀랍게도, 피드백을 위해 사례 보고서를 제출하기 매우 꺼렸던 훈련생들조차도 한결같이 사례 보고서를 제출하고 피드백을 받는 과정에 대해 지지적인 반응을 보였다.

동기강화상담 훈련생 팁

현실적인 기대 설정하기
열린 마음 갖기
객관적인 피드백 받기

훈련 난제 1 : 상담자에게 좌절감을 주는 내담자

설명

이미 실무에 종사하고 있는(즉 학생이 아닌) MI 훈련생들은 종종 자신들이 접하는 익명의 내담자들을 사례로 제시하곤 한다. 상담자들이 가장 자주 제시하는 내담자들은 상담자와 오랜 기간 작업을 해 온 내담자들이다. 상담자들은 때때로 이렇게 오래 작업을 지속해 온 내담자와의 관계에 대해 긍정적으로 말하곤 한다. 이들 관계는 일반적으로 내담자가 모든 약속에 참여하고, 상담자의 안내를 따르고, 상담자와의 경험에 대해 긍정적으로 말한다는 특징을 가지고 있다. 우리의 경험상 이러한 사례는 다음 두 가지 예로서 자주 언급된다 — (1) 상담자가 과거에 내담자의 변화를 동기화하는 데 있어서 MI를 얼마나 성공적으로 사용했는지에 대한 예시, (2) MI가 상담자에게 '효과적'이었다고 상담자가 믿는 경우가 그 예시가 된다. 첫 번째 경우를 면밀히 조사해보면, 내담자는 상담자와의 상호작용을 시작한 때부터 변화에 대해 상당히 동기화되어 있었고, MI에 의해서라기보다는 바로 이 내재적 동기가 오래 지속되고 긍정적인 상호작용을 촉진하는 데 기여하였다는 점이 자주 드러난다. MI가 일반적인 상담 접근과는 다르며, MI를 훈련하지 않은 상담자가 제대로 MI를 수행할 수는 없다는 점을 기억하라(Miller & Rollnick, 2009). 두 번째 경우를 면밀히 검토해보면, 'MI에 딱 맞아 보이는 내담자'로 생각되는 내담자가 실제로는 MI가 전혀 필요하지 않다거나, MI 없이도 상담자의 조언을 이행하거나, 그들 자신의 계획에 따라서 변화를 계획하고 따른다는 점이 자주 드러난다.

보다 일반적으로, 우리의 훈련에 참가한 상담자들은 그들이(때로는 기관의 전체 스태프들이) 오랜 부정적 관계에 있는 내담자에 대해 논의할 것이다. 그들의 관점에서, 이 오랜 관계에서 지나간 시간은, 지켜지지 않은 약속들, 특별한 치료에 대한 요구, 치료적 제안에 대한 불순응, 방해 행동 등으로 어지럽혀져 있다. 이들 내담자들은 종종 MI 체계에 하나의 도전처럼 보인다 — MI로부터 효과를 볼 수 없는 사람들, 그리고 더 직면적이고, 더 직접적이고, 처벌적인 접근이 필요해 보이기조차 하는 사람들이다. MI가 만병통치약이 아닐지라도(Miller & Rollnick, 2009), 그리고 MI가 모든 내담자의 모든 문제에 대한 보장된 해결책이 아닐지라도 이러한 사례들을 면밀히 평가해보며, 불화와 유지대화를 감소시키기보다 이를 단단히 자리 잡도록 작용하는 상담자-내담자 간 상호작용 패턴이 드러나곤 한다(Moyers, Miller, & Hendrickson, 2005). 내담자의 관점에서, 이처럼 오랜 부정적인 관계에서 지나간 시간은 이해의 부족, 부적절한 치료(긴 대기 시간, 상담자와의 충분하지 않은 시간, 무례한 스태프), 요청하지 않은 조언, 직면, 그리고/또는 직설적인 지시 등으로 혼재되어 있다. 원인이 무엇이든, 오랜 부정적인 내담자-상담자 관계는 상담자에게는 중요한 좌절의 원천이 되는 것으로 보인다. 다음의 예시는 오랜 관계가 상담자로부터 좌절감을 불러일으킬 수 있는 사례를 묘사하고 있다.

예시 : 보브는 심각한 정신장애를 진단받았고, 지역사회 정신건강센터의 내담자로 거의 20년간 등록/비등록을 반복하였다. 20년이 넘게, 스태프는 보브의 '좋은 기간'과 '나쁜 기간'의 사이클을 보아 왔다. '좋은 기간'은 그가 약물치료를 잘 따르고 상담이나 직업 재활과 같은 서비스에 참여하던 때이고, '나쁜 기간'은 약물치료나 다른 제안들을 따르지 않던 때이다. 이 '나쁜 기간' 동안에 보브는 자주 노숙자가 되거나 감옥에 수감되었다. 이 나쁜 기간은 상담자를 매우 낙심하게 하고 좌절하게 만들었다. 보브가 이러한 '나쁜 기간' 중 하나가 지나고 나서 지역사회 정신건강센터에 서비스를 받기 위해 돌아왔을 때, 자신이 경험한 최근의 불행에 핵심적인 원인이라고 생각되는 것에 대해서 열린 마음으로 대화하지 않는 것 — 치료에 대한 순응도가 부족한 것 — 은 상담자를 좌절시킬 것이다. 대신에, 그는 그의 사례관리자가 의사와의 약속에 전혀 데려갈 수 없었거나 그의 효과를 체크하도록 도와주지 않았다고 주장한다.

우리가 훈련시키고 함께 작업한 상담자들 또한 '불만이 가득한(chip on their

shoulder)' 내담자–상담자의 관계로 들어갈 것 같아 보이는 내담자들과의 만남에 대해 이야기한다. 이 내담자들은 제공된 개입법이 적절하지 못하거나 자신의 특정한 욕구에 충분하지 않다고 믿거나, 내담자와 상담자 간의 즉시적인 혹은 거의 즉시적인 불화로 이끄는 또 다른 이슈들이 있다고 믿으면서, (그들이 서비스를 받으려 하는 기관, 가족, 형사 사법 시스템, 생활환경, 다른 상담자 등에 의해서) 그들이 제대로 대우받지 못하고 있다고 생각하고 있을 수 있다. 이는 낙관을 하면서, 진심으로 내담자를 돕고자 희망하면서 관계를 시작하는 상담자들을 매우 좌절시킬 수 있다. (하나의 치료적 개입에 강제로 참여한 내담자들에게서 나타나는 독특한 난제는 4장에서 더 많이 다루었다.) 나(JS)는 어떤 상담자의 내담자가 내 사무실에 왔을 때를 또렷하게 기억한다. 그 사람은 자신의 약물에 대해 질문이 있었고, 나에게 물어보라고 들었다고 했다. (처방을 내리지 않는) 심리학자로서, 나는 어떻게 도움을 주어야 할지 확신을 가지지 못했지만, 그가 치료 과정에서 나의 역할에 대해 오해를 하고 있고 그것을 명확히 해야 할 필요가 있다는 것은 알고 있었다. 그의 고민에 대해 논의하기에 안전한 장소로 옮기자마자, 그는 내가 그에게 약물치료를 금지했다고 큰 소리로 비난하였다. MI의 정신과 전략을 구현함으로써, 무엇보다도 내담자로 인해서 좌절감이 들거나 두려운 마음이 드는 것을 피하면서 상황을 진정시키고 명확히 할 수 있었다. 다음의 예는 상담자가 즉각적으로 좌절감을 느낄 수도 있는 내담자를 묘사하고 있다.

예시 : 대기실에서 한 시간 후에, 레이첼은 임신 중 검사를 위해서 호출을 받았다. 간호사가 그녀의 바이탈 사인(vital sign)을 확인하고 검사실로 들이긴 후에, 그녀는 검사실로 들어가기를 거부하며 이렇게 말했다. "여기에서 또 기다려야 하는 거죠. 내가 의사가 아니고 여기가 무료 병원이라는 것은 알지만, 내 시간도 소중하고 나는 존중받아야 마땅해요." 간호사가 마침내 레이첼을 설득해 검사실에 들어가서 테이블에 앉도록 한 후에, 레이첼은 퉁명스럽고 적대적인 말투로 그녀의 건강에 대한 간호사의 질문에 답했다.

가능한 전략 1 : 인정하기 목록

2장에서 설명한 것처럼, MI에서 인정하기는 주로 내담자가 자신의 강점과 자원, 이전 성공 경험을 발견할 수 있도록 돕는 데 사용되며, 이를 통해 변화를 위한 내담자의 노력을 강화할 수 있다. 그러나 훈련생들을 훈련시켜 오면서 우리는 인정하기의 또 다른 잠재적인 활용법을 확인했다. 즉 인정하기를 통해 상담자가 내담자의 강점과 자원, 과거 성공 경험들을 발견할 수 있게 됨에 따라, 그들의 좌절감을 감소시킬 수 있는 것으로 보였다. 내담자와의 좌절감을 주는 관계에서, 그 관계가 오래된 것이든 새로운 것이든, 우리는 많은 상담자들이 '기본적 귀인 오류(fundamental attribution error)'(Ross, 1977)를 하게 된다는 사실을 관찰했다. 기본적 귀인 오류는 타인의 행동에서 상황적 요인의 영향은 과소평가하고 기질적 요인의 영향은 과대평가하는 경향을 말한다. 우리는 많은 상담자들이 그들을 좌절시키는 내담자들에 대해 생각할 때 이러한 오류를 저지를 수 있다고 추측한다. 왜냐하면 상담자들은 그들의 내담자들에 대해 우리에게 다음과 같이 말하기 때문이다. "그는 원래 변화하기를 원치 않아요.", "당신은 그 사람한테 그런 식으로는 말 못할 걸요.", "그는 이미 불만을 가지고 온 걸요." 혹은 자신의 내담자 또는 내담자의 상황을 우리에게 제대로 설명하지 못한 것에서 비롯된 경우도 있다. "그 사람은 매번 방문 때마다 대기실에서 적어도 한 시간은 기다렸어요.", "그 사람이 복용하는 약물이 끔찍한 부작용을 일으켰어요.", "그 사람은 지난 20년 넘게 12명의 서로 다른 사례 관리자에게 배정이 되었어요."

2장에서 언급했듯이 MI의 근본적인 정신에는 변화대화를 유발해내는 것(유발성)뿐만 아니라 협력, 수용, 연민이 필요하다. 따라서 좌절감과 그러한 감정을 동반하기 쉬운 내담자에 대한 부정적인 생각들은 MI 실무에 있어서 방해 요인이 된다. 우리가 훈련시키는 훈련생들이 이러한 장애물들을 극복하게 하는 방법 중 효과적인 방법은 이들이 MI 전략을 사용하기에 앞서서 자신의 내담자가 이룬 성취나 강점들을 적어도 5개 이상 적어보게 하는 것이었다. 내담자의 성취 혹은 강점적 특성들에 초점을 맞춤으로써 상담자는 협동적이고 수용적이며 연민적인 태도로 전환하여 이런 관점을 잘 견지해낼 수 있다. 결국 이러한 협력과 수용, 연민의 정신은 상황적 요소들(때때로 상담자들의 개인적 행동을 포함하여)이 내담자들에게 (지시를) 준수하지 않는 행동, 불평, 적대감을 유발하게 만들었다는 것을 상담자들이 알아차리도록 돕게 되는 것이다. 이러한 신선한 관점을 통해, 상담자는 MI 전략들을 보다 효과적으로 사용하게 됨으로써 내담자가 긍정적인 변화로 나아가도록 도울 수 있다.

예시 : MI에 부합하는/부합하지 않는 인정하기 목록

다음의 예시는 상담자가 내담자로부터 좌절감을 언제 경험하는지를 확인하는 방법과, 인정하기 목록을 만듦으로써 어떤 유익을 언제 얻게 되는지, 또 인정하기 목록은 어떤 모습인지에 대해 제시하고 있다. 이 예시들은 일반적인 상담자와 내담자 사이에 이루어지는 대화와는 다를 것이다. 대신 상담자가 자기 자신에게 혹은 다른 상담자에게 할 법한 말들에 대한 예시를 나타낸다.

MI에 부합하지 않는 인정하기 : "보브는 자신의 정신 건강에 대해 책임감을 느낄 필요가 있어요. 그는 자신의 정신 질환을 완전히 부인하고 있어요. 그는 권리 의식이 너무 강해요. 그는 사례 관리자가 자신의 개인 비서라고 생각해요."

MI에 부합하지 않는 인정하기 : "레이첼은 적대적이에요. 그는 다른 사람들을 그런 식으로 대하면 안 돼요. 만약 주의하지 않으면 도가 지나쳐 결국에는 병원에서 쫓겨날 거예요. 도대체 무료 병원에서 뭘 바라는 거죠?"

내담자에 대한 이러한 유형의 생각, 즉 취약점, 의무, 결함에 대한 목록은 MI 정신을 구현하지 못하게 하고, 변화를 촉진할 수 있을 다른 MI 전략을 적용하지 못하게 막는다.

MI에 다소 부합하는 인정하기 : "우리는 보브의 의료수당을 체크해줄 사람을 찾아야 합니다."

MI에 다소 부합하는 인정하기 : "레이첼은 긴 시간 동안 기다리는 데 지쳤어요."

처음 예시는 내담자에 대해 동정을 가지고 도움을 주려고 생각하는 상담자를 보여준다. 그러나 이 또한 상담자가 내담자를 협력할 수 있는 능동적인 사람으로 보지 않고, 스태프가 그를 위해 무언가를 '해주어야' 하는, 서비스를 수동적으로 받는 사람으로 생각하고 있다. 두 번째 예시는 내담자에게 어느 정도는 공감하지만, 완전히 공감적이지는 않으며, (그저) 지지적인 방식으로 내담자를 생각하는 상담자를 보여준다.

MI에 부합하는 인정하기 : "보브는 정말 강한 인내를 보여줬어요. 지난 20년간의 기복에도 불구하고, 그는 계속해서 (서비스를 받기 위해) 돌아왔고, 자신의 삶을 변화시키기 위해 노력했습니다. 그는 또한 우리에 대해서도 매우 인내심이 있어요 — 사례 관리자의 변화가 그에게 혼란스럽고 불만스러웠을 것을 알고 있습니다. 그는 또한 건강과 안정, 규칙적인 의료관리, 정기적인 수입 등을 되찾을 필요가 있다는 것을 잘 알고 있습니다."

MI에 부합하는 인정하기 : "당신은 아기에 대한 레이첼의 헌신에 존경하게 될 거예요. 그녀는 태교의 중요성을 아주 잘 지지하는 사회에서 온 것이 아닙니다. 그리고 여기서 서비스를 제공받는 사람들이 경험하는 대기 시간은 모든 사람에게 참을성을 요구합니다 — 하지만 그녀는 계속해서 돌아왔죠."

내담자에 대한 이러한 유형의 생각 및 강점과 성취에 대한 목록을 만드는 것은 MI 정신을 촉진하고 상담자로 하여금 긍정적인 변화를 촉진하도록 돕는 MI 전략들을 적용시키는 것을 보다 쉽게 만든다.

훈련 난제 2 : 상담자와 닮은 내담자

설명

만약 당신이 10파운드만큼 감량했다고 해서 당신을 체중 감량의 전문가라고 할 수 있을까? 만약 50파운드를 감량했다면? 100파운드를 감량했다면? 만약 당신이 알코올 중독이었지만 20년 동안 술을 마시지 않았다고 해서 당신을 회복에 관한 전문가라고 할 수 있을까? 만약 당신이 소년범이었지만 이제는 그렇지 않다고 해서 당신을 교정재활에 관한 전문가라고 할 수 있을까? MI적 관점에서의 답은 '어느 정도는 그렇다'이다. 당신이 성공적으로 체중 감량을 한 방법, 술을 끊은 방법, 또는 삶의 전환기를 맞은 방법에 대해 전문가가 될 수 있다. 그리고 만약 당신이 다이어트 상담자라면, 중독 상담자라면, 청소년 사법 시스템에서 일하고 있다면, 당신의 개인적인 경험에서 나온 지혜로 효과를 얻을 내담자들이 분명 있을 것이다. 그러나 또한 당신이 성공적으로 목표를 달성한 전략이 최선의 방법이 되지 않는 내담자들도 분명 있을 것이다. 당신이 MI에 부합하는 접근법으로 다른 사람들을 돕고 싶다면, 내담자와의 각각의 상호작용마다 두 사람의 전문가가 존재한다는 것을 기억하는 것이 중요하다. 내담자는 자기 자신의 상황, 가치, 선호 등에 있어서 전문가이며, 상담자는 다른 사람(아마도 상담자 자신을 포함해서)이 어떻게 성공적으로 그들의 삶에 변화를 달성하는지에 대해 알고 있는 전문가이다(Miller & Rollnick, 2002).

MI 교육훈련을 제공해 온 우리의 경험상 많은 대학생, 대학원생, 모든 유형의 전문가들은 그들에게 효과가 있었던 전략들이 다른 사람에게도 효과가 있을 것이라 가정하는 경향이 있다. 이는 참가자들이 짝을 짓고 차례대로 그들이 고려하는 변화에 대해 논의하고, MI 기술을 실습하는 '실연(real play)' 연습에서 종종 나타난다. 실연 연습에서 논의된 변화들은 대부분의 사람들이 시도했던 꽤 전형적인, 일상적인 변화들이다. 옷장을 정리하는 것, 운동 프로그램을 시작하는 것, 또는 TV를 적게 보는 것과 같은 변화들이다. "그 [전략]을 시도해봤어요? 저에게는 효과가 있었어요!"와 같은 코멘트는 특히 초기 실무 연습 중에 꽤 흔히 들을 수 있다. 참가자들은 MI 기술을 사용해보는 것에 충실하기보다는 그들의 파트너에게 조언을 해주기 위해 개인적인 경험들을 끄집어내고 있는 자기 자신을 종종 발견하게 된다.

또한 수년간 알코올에 중독되었다가 금주를 하게 된 경우, 혹은 당뇨를 관리하기 위해 혈당을 조절하게 된 경우 등과 같이 삶의 큰 변화를 고려하고 있는 내담자와 역할연기를 하거나 상담을 하게 되는 경우 이러한 사례에 대한 슈퍼비전이나 사례회의 역할극 등에서도 그와 같은 경향을 관찰할 수 있다. 이전에 어떤 내담자들이 숙고 중인 변화를 성공적으로 이끌어낸 상담자들은, 다른 내담자들이 스스로 가장 효과가 있을 것이라고 믿는 전략을 그 내담자로부터 이끌어내기보다 이전에 다른 내담자에게서 성공적으로 변화를 이끌어냈던 그 전략을 공유하기를 선호한다는 것을 우리는 관찰했다. 비슷한 경험이 있는 상담자들은 또한 때때로 내담자들이 갖고 있는 근본적인 동기, 망설임 등이 상담자의 것과 동일하다고 가정하는 것으로 보인다. 예를 들어 사례회의 동안에 남들만큼 심하지 않기 때문에 물질남용 치료가 자신에게 적절하지 않다는 믿음을 반복적으로 표현한 내담자의 사례를 보여주려는 상담자는 이렇게 말할 수 있다. "나도 그와 똑같았어요. 나는 다른 사람들과 다르다고 생각했죠. 그는 그저 그 생각이 지나가도록 할 필요가 있었어요." Miller, Sorensen, Selzer, Brigham(2006)은 회복 중 물질남용 상담자는 물질남용 처치에 대한 다양한 관점에 대해 덜 열려 있으며, 내담자가 직면하고 있는 것과 같은 문제를 극복한 바 있는 다른 영역의 상담자들도 동일한 양상을 보일 수 있다.

비슷한 개인적 경험을 갖는 것이 내담자의 개인적 경험에 대한 특별한 이해를 가져다준다고 추측하는 꽤 일반적인 경향성과 싸우기 위해, 우리는 공감적 경청 전략, 특히 반영하기와 열린 질문하기를 사용할 것을 추천한다. MI를 시행하는 초기에, 내담자의 관점을 이해한다는 강한 확신이 있다면 의도적으로 이러한 전략을 사용하는 것이 가장 중요할 것이다. 이는 당신의 추측이 때로는 정확하고 때로는 그렇지 않은 것을 바로 확인할 수 있는 기회를 만들어줄 것이다. 당신이 확신하지 못하는 경우에는, 당신의 추측을 확인해보는 것은 당신에게 보다 자연스러울 것이며, 당신은 아마도 그것에 대해 의도적일 필요가 없을 것이다.

가능한 전략 1 : 반영적 경청

Miller와 Rollnick(2013)은 MI에서 반영적 경청의 개념을 가르칠 때 Thomas Gordon(1970)의 의사소통 모델을 자주 언급한다. 이 모델에서, 의사소통은 세 가지 과정을 포함한다 — 부호화(encoding), 듣기(hearing), 해석하기(decoding). 부호화는 화자가 표현하고자 하는 것과 그것을 표현하기 위해 어떤 단어를 선택할지를 확인하는 과정이다. 듣기는 화자로부터 들은 단어들을 청자가 지각하는 과정이다. 해석하기는 청자가 화자가 말하는 의미를 그가 들은 단어로부터 추론하는 과정이다. Miller와 Rollnick(2013)에 따르면, 의사소통이 실패하는 데는 다음의 세 가지 원인이 있다 — (1) 화자가 표현하고자 한 것을 명확하게 말하지 않은 경우, (2) 화자가 말한 것을 청자가 명확하게 듣지 않은 경우, (3) 화자가 말한 것의 의미를 청자가 잘못 이해한 경우이다.

빠른 참조

의사소통이 어떻게 잘못 진행될 수 있는가

화자가 뜻하고자 하는 바를 말하지 않을 때
화자가 말하는 것을 청자가 정확히 듣지 못할 때
화자가 뜻하는 바를 청자가 잘못 해석할 때

MI적 관점에서 반영적 경청이란 청자가 화자의 뜻이라고 생각한 것이 실제로 그가 뜻한 바가 맞는지 확인하는 것이다. 따라서 반영적 경청이 잘 이루어지게 되면 내담자가 우리(상담자)와 생각이 비슷하거나 다를 것이라는 우리(상담자)의 가정이 정확한 것임을 확인해줄 수 있다.

표 8.1은 최근의 교육훈련 회기에서 이 의사소통 모델을 우리가 어떻게 제시하였는지에 대한 예이다. 표 8.1에서 볼 수 있듯이, 마이크가 내(줄리가 말한 것)가 말하고자 하는 바에 대한 그의 추측을 확인해보기 위해 반영을 사용하지 않고 그의 추측대로 진행했다면 어떤 일이 일어났을지 상상해보라. 만약 그가 내가 그를 화나게 한

표 8.1 ●● 의사소통 모델 예시

부호화 실수
줄리가 생각한 것 : "마이크가 휴식시간에 점심식사를 같이 하기를 원할지 궁금해." 줄리가 말한 것 : "너 화났니(angry)?" ["너 배고프니(hungry)?" 대신에] 마이크의 반응 : "너는 내가 너에게 화가 났다고 생각하는구나."
듣기 실수
줄리가 말한 것 : "너 배고프니?" 마이크가 들은 것 : "너 화났니?" 마이크의 반응 : "너는 내가 너에게 화가 났다고 생각하는구나."
해석하기 실수
마이크가 들은 것 : "너 배고프니?" 마이크가 생각한 것 : "오, 안돼. 줄리가 내 배의 꼬르륵 소리를 들었구나." 마이크의 반응 : "너 내 배가 꼬르륵거리는 소리를 들었구나."

상태라 생각한다고 추측했다면, 그는 내가 그렇게 생각하도록 만들었을 그의 행동들이 무엇일지 궁금해했을 것이다. 이는 아마도 그로 하여금 걱정을 하게 만들거나, 짜증이 나도록 만들었을 것이다. 만약 그가 그의 배에서 난 꼬르륵 소리를 내가 들었다고 추측한다면, 그는 자신을 돌아보면서 당황했을 것이다. 무엇보다도 안 좋은 것은, 만약 그가 내가 전하고자 한 의미를 명확히 하지 않았다면, 나는 디말레 튀김을 처음으로 맛볼 기회를 잃었을 것이다(만약 당신이 미시시피 삼각주에 가게 된다면, 나는 그것을 매우 추천한다).

예시 : MI에 부합하는/MI에 부합하지 않는 반영적 경청

내담자 : "제게 문제가 있다는 걸 인정해요. 하지만 약물남용 치료가 필요하지는 않아요. 여기 있는 사람들은 모두 나보다 심한 사람들이에요."

MI에 부합하지 않는 반영적 경청 : "여기 있는 사람들과 자신이 다르다고 생각하시나요?"

이 질문이 내담자가 뜻하는 바를 확인하고자 하는 것일지라도 이는 반영이 아니며, MI에 부합하지 않는다. 닫힌 질문은 종종 매우 직면적으로 지각되어서(그리고 의도적인 것으로), 내담자로부터 방어적인 반응을 유발하기 쉽다(Miller & Rollnick, 2013).

MI에 다소 부합하는 반영적 경청 : "당신은 약물남용 치료가 필요하지 않군요."

이 문장은 다소 MI에 부합한다. 단순 반영을 통해 공감은 표했지만, 단순한 예/아니요 반응을 가져오거나 유지대화를 촉발할 수 있다.

MI에 부합하는 반영적 경청 : "당신은 여기에 있는 사람들과는 다르다고 생각하고 계시는군요."

이 문장은 내담자가 전하고자 하는 의미를 그의 말을 통해 확인하고자 했기 때문에 MI에 부합한다. 내담자는 상담자가 말한 내용이 자신이 전하고자 하는 의미와 다르다면 정정할 것이고, 아니면 그가 치료 프로그램의 다른 사람들과 다르거나 혹은 비슷한 어떤 방식들을 더 탐색해보려 할 것이다.

가능한 전략 2 : 열린 질문

열린 질문은 내담자에 대해 상담자가 가지고 있는 가정을 시험하기에 좋은 또 다른 방법이다. 내담자에 대한 당신의 예상을 시험할 때 물어봐야 할 가장 중요한 열린 질문은 당신이 대답에 대한 확신이 느껴지는 것 중 하나이다. 그 고전적인 예는 Miler와 Rollnick(1998)의 *Motivational Interviewing : Professional Training Series* 영상에 있다. 이 사례들 중 하나를 예시로 들면 다음과 같다. 존은 약물검사에서 양성반응이 나와 그의 고용주에게 의뢰되어 상담을 받게 되었다. 존은 자신에게 자녀가 있었다면 마약을 하지 않았을 수도 있다고 말했다. 그러자 Miller 박사는 "왜 그렇게 하실 생각이었죠?"라고 물었다. 꽤나 무의미한 질문 같았다. 부모로서 마약을 하는 것이 좋지 않다는 사실을 모르는 사람이 없지 않은가. 하지만 의사소통 모델에 따라, MI 상담자는 자신이 내담자의 반응으로 인해 놀라게 될 수 있음을 항상 인지하고 있다. 존은 "마약은 돈이 들잖아요. 쓸 돈이 있었으면 아이들에게 써야 했겠죠."라고 말하거나, "마약 소지로 두 번 체포된 적이 있어서 다음번엔 정말 감옥에 갈 수 있어요. 당신이라면 애들한테 그렇게 하겠어요?"라고 얘기하거나, "제 부모님이 심한 약물중독자셨기 때문에 제가 이렇게 된 거죠."라고 말하거나 혹은 또 다른 말을 하지 모른다. Miller 박사는 존에게 변화에 대한 자신만의 이유를 주장할 기회를 제공했을 뿐만 아니라, 자신이 수년간 만나 온 무수한 내담자들로부터 얻은 경험, 부모로서의 경험에 기반하여 존에 대해 갖고 있던 자신의 가정들을 시험해볼 수 있는 기회를 마련하였다. 또한 Miller 박사는 잘못된 가정이 가져다줄 수 있는 잠재적인 불협화음도 피할 수 있었다. 예를 들어 박사가 가정하기로, 부모의 마약 사용에 대해 존이 반대하는 이유가 도덕적인 이유(예 : 부모가 마약을 하면 안 된다는 것은 모두가 아는 사실이죠)였지만, 존이 말하는 이유는 현실적인 것 때문이었을 때(예 : 부모가 마리화나를 하는 것은 괜찮지만 불법이라는 게 문제죠. 내 아이들이 법적인 문제로 고통 받지 않길 바라요), 존은 판단받은 느낌을 받을 수 있고 불협화음이 발생할 수 있다.

예시 : MI에 부합하는/부합하지 않는 열린 질문

다음의 예에서는 내담자가 상담자인 당신과 비슷하기 때문에 내담자를 가정하기 않도록 하기 위하여 열린 질문은 어떻게 사용하는지를 보여주고 있다.

내담자 : "제게 문제가 있다고 인정해요. 하지만 약물남용 치료가 필요하지는 않아요. 여기 있는 사람들은 모두 나보다 심한 사람들이에요."

MI에 부합하지 않는 열린 질문 : "여기 있는 사람들과 자신이 다르다고 생각하시나요?"

이 질문은 열린 질문이 아니고, 닫힌 질문이다. 또한 치료가 불필요하다는 내담자의 주장에 대해 직접적으로 직면한 것으로 내담자가 인식하게 될 가능성이 많아 보이기 때문에 MI에 부합하지 않는다. 이는 상호작용에서 불화를 증가시키기 쉽다.

MI에 다소 부합하는 열린 질문 : "어떤 점에서 다른 사람들이 당신보다 더 나쁜 것 같나요?"

이 열린 질문은 MI에 다소 부합하는데, 내담자가 정교화하도록 요청했기 때문이다. 그러나 내담자가 왜 다른 사람들이 자신보다 더 나쁜 상태인지에 대해 구체화해야 했다. 이는 유지대화이기 때문에, 내담자가 가지고 있는 문제로부터 변화하도록 돕지 못할 가능성이 크다.

MI에 부합하는 열린 질문 : "즉 당신은 당신이 문제를 가지고는 있지만, 이곳이 당신에게 적합하다고 확신하지는 않는군요. 그렇다면 당신이 가진 문제가 어떤 유형인지 조금 더 설명해주시겠어요?"

MI에 부합하는 열린 질문 : "즉 당신의 문제를 해결하기에 여기가 당신에게 적합한 곳이라고 확신하지는 않는군요. 그렇다면 무엇이 당신에게 도움이 될까요?"

이 상담자의 표현들은 MI에 부합한다. 둘 다 내담자의 치료에 대한 내담자의 반신반의하는 심정을 반영하면서 시작한다. 이는 불화를 줄여줄 수 있다. 그런 다음 상담자는 내담자의 관점에 대해 조금 더 정보를 얻기 위해 열린 질문을 사용하고 있다. 첫 예문에서, 상담자는 내담자가 왜 약물 사용을 문제라고 인식하고 있는지 더 깊은 이해를 얻고자 했다. 두 번째 예문에서는 내담자가 문제를 극복하기 위해 어떤 유형의 치료나 도움(만약에 있다면)이 좋다고 생각하는지에 대해 더 깊은 이해를 얻고자 했다. 이 질문들이 상담자에게 상담자의 가정과는 굉장히 다른 정보를 줄지라도, 둘 모두 내담자 고유의 관점에 대한 더 깊은 이해를 가능하게 할 것이다.

요약

이 장에서 우리는 일반적인 상담 작업 속에서 MI에 부합한 상담을 할 수 있도록 학습 전략 및 실천 팁들을 제공하였다. 우리가 발견한 사실은, MI의 역할에 대해 개방적인 태도를 지니고 현실적인 기대를 설정하면서, MI 사용에 대한 객관적인 피드백을 얻는 상담자일수록 긍정적인 성과는 물론 즐거운 훈련 경험을 가진다는 것이었다. 우리는 또한 많은 상담자들이 MI가 적용되는 것을 방해하는 두 가지 상황을 찾아냈고, 이를 표 8.2에 요약해두었다. 첫 번째 상황은 상담자가 좌절감을 느끼게 하는 내담자들이다. 의도적으로 이들 내담자들의 강점, 성취 그리고 긍정적인 자질에 초점을 맞추는 것은 내담자들과의 상호작용에서 상담자가 MI의 정신을 적용하도록 도와줄 것이다. 두 번째 장애물은 상담자와 닮은 내담자와 작업을 할 때 내담자의 지혜나 경험보다 상담자 개인의 지혜나 경험에 더 치중하고자 하는 유혹이다. 반영적 경청과 열린 질문을 매우 의도적으로 사용함으로써 이 상황에서 협력과 자율성에 대한 지지를 향상시킬 것이다. 우리는 MI의 실제와 원리를 모든 사람이 이해할 수 있다고 믿는다. 연습하고 또 적절한 훈련을 받는다면, 당신은 당신의 실무에 필요한 어떤 수준의 전문 능력이든 성취해낼 수 있을 것이다.

결론

우리는 당신이 이 책을 즐겁게 읽었기를 바란다. 또한 어느 장면에서든 부딪히게 되

표 8.2 ●● 훈련 과제의 요약

훈련 과제	가능한 MI 전략
상담자를 좌절하게 만드는 내담자	인정하기 목록 : 인식된 내담자의 단점으로부터 초점을 돌리기 위해 내담자의 긍정적인 자질과 장점의 목록을 만든다.
상담자와 닮은 내담자	반영적 경청 : 깊이 있는 이해를 위해 반영을 사용하고, 내담자의 말이나 경험의 의미를 이해한다.
	열린 질문 : 내담자의 걱정, 동기, 그리고 이해를 진정으로 이해할 목적으로 열린 질문을 사용한다.

는, 좌절감을 주는 임상적 난제들에 대해 MI의 원리와 실제가 어떻게 적용되는지와 관련하여 생각할 거리들을 제공해주었기를 바란다. MI는 희망이 없는 것처럼 보이는 상황에서도 긍정적인 변화를 가능하게 하는 매우 효과적인 의사소통 스타일이다. 우리는 우리가 치료했던 내담자들과 우리의 조사연구에 참가했던 사람들로부터 이러한 현상을 직접 관찰했다. 또한 우리는 우리가 수련시켰던 상담자들로부터 이러한 피드백을 받았으며 직접 MI의 효과를 경험하기도 했다. 우리는 이러한 현상을 우리 연구에 참여했던 참여자와 치료한 내담자들로부터 직접 관찰했다. 이러한 피드백은 우리가 훈련시킨 상담자들에게 들었으며, 뿐만 아니라 직업 MI의 효과를 경험하기도 했다. 우리는 우리가 세공하는 교육훈련 과정 동안에 훈련생들이 실무연습을 할 수 있는 기회를 제공할 뿐만 아니라 교육훈련에 참여할 수 있는 기회 또한 제공할 수 있기를 기대했다. 어떤 연습에 따라서는 훈련 참여는 훈련 참여자들, 즉 (1) 변화에 대한 우리의 열망, 능력, 이유, 필요, 변화결심을 공감적이고 협동적으로 반영하고 유발하기 위해 노력하고, (2) 우리의 강점과 과거 성공 경험을 인정하기 위해 노력하고, (3) 현실적이고 개별화된 변화 계획을 발전시킬 수 있게 노력하는 훈련 참여자들에게 우리가 삶에서 고려하고 있는 변화를 논해볼 수 있는 기회를 제공하기 때문이다. 이러한 기회들은 결국 옷장이나 서류 캐비닛을 정리하는 것에서 건강한 식습관을 가지고 규칙적인 운동을 하는 등 우리 일상생활에서의 변화에 대한 동기를 강화하고 새롭게 하는 수단을 제공한다.

1장에서 언급했듯, MI에 관한 핵심 연구가 믿기 어렵게 빠른 속도로 성장하고 있다(Lundahl & Burke, 2009). 게다가 이 연구는 MI가 특정 문제나 난제를 겪고 있는 내담자에게 적용될 때 거의 예외 없이 긍정적인 변화를 촉진하도록 돕는다는 것을 보여주었고 이뿐만 아니라 많은 사례에서 더 적은 개입으로도 변화를 촉진하는 것으로 나타났다(Burke, Arkowitz, & Menchola, 2003; Hettema, Steele, & Miller, 2005; Lundahl, Kunz, Brownell, Tollefson, & Burke, 2010; Rubak, Sandbaek, Lauritzen, & Christensen, 2005). 그러나 많은 문제들과 난제들에 대한 MI의 효과성을 지지하는 연구가 이제 서서히 나타나고 있다는 점을 인지하고 있어야 한다. 그런 영역에서는 MI가 단독으로 사용되는 경우보다 이미 오랜 역사와 강력한 증거들을 가진 효과적인 접근법과 함께 사용될수록 더 좋은 최상이라는 점을 믿는다. 이 책은 MI의 이와 같이 다른 접근법과는 결합적인 사용을 지원하도록 설계되었다. 상담자는 변화 준비도가 낮거나, 변화 속도가 매우 느리거나, 정신과적 증상이 있는 내담자들과의 통상적인 상담 과정에서 겪게 되는 장애물들을 극복하는 데 필요한 MI 개념과 원리, 전략들을 적용할 수 있을 것이다. 그러나 그렇게 하기 위해서 우리는 MI를 통상적인 실무와 통합하기 위한 기초로서 MI 정신의 중요성을 다시 환기시키는 바이다. 사실 MI에 부합하는 전략 혹은 MI에 부합하지 않는 전략을 적용하는 데 있어서 중요한 것은 MI 정신의 구현이라는 점을 자주 강조하였다. 다른 사람들에게 MI를 훈련시킨 우리의 경험에 비추어볼 때, 이는 과장이 아니다.

1983년에 William R. Miller 박사가 혁명적이라고 묘사할 수 있는, 내담자의 긍정적 삶의 변화 성취를 돕는 접근을 소개했다. 이 접근은 Miller 박사와 Rollnick 박사에 의해 1991년에 *Motivational Interviewing* 교과서의 초판 출판으로 구체화되었다. 그 이후로 MI는 재정의되었고, 수많은 다른 사람들에 의해 연구되고 실행되었다. 우리는 이 진행 중인 혁명의 일부가 되었다는 사실에 흥분된다. 그리고 당신이 협력, 유발, 수용, 그리고 연민이 어떻게 당신의 내담자가 긍정적인 삶의 변화 도중에 맞닥뜨린 가장 어려운 도전을 극복하도록 도울 수 있는지 당신 스스로 찾을 수 있도록 초대하는 바이다. 이 책이 MI 정신에 부합하는 상담자로서 당신의 발전의 시작이든, 당신의 MI 책장에 한 가지 추가된 것이든, 우리가 MI에 대한 당신의 이해에 기여했기를, 그리고 다른 사람의 변화를 돕는 데서 맞닥뜨린 도전에 MI를 적용하는 것에 기여했기를 바란다.

참고문헌

Adams, J. B., & Madson, M. B. (2006). Reflection and outlook for the future of addictions treatment and training: An interview with William R. Miller. *Journal of Teaching in the Addictions, 5*, 95–109.

Ahmrein, P. C., Miller, W. R., Yahne, C. E., Palmer, M., & Fulcher, L. (2003). Client commitment language during motivational interviewing predicts drug use outcomes. *Journal of Consulting and Clinical Psychology, 71*, 862–878.

Ajzen, I., & Albarracín, D. (2007). Predicting and changing behavior: A reasoned action approach. In I. Ajzen, D. Albarracín, R. Hornik, I. Ajzen, D. Albarracín, & R. Hornik (Eds.), *Prediction and change of health behavior: Applying the reasoned action approach* (pp. 3–21). Mahwah, NJ: Lawrence Erlbaum Associates.

American Psychiatric Association. (2000). *Diagnostic and statistical manual of mental disorders* (4th ed., text rev.). Washington, DC: American Psychiatric Publishing.

American Psychiatric Association. (2013). *Diagnostic and statistical manual of mental disorders* (5th ed.). Arlington, VA: American Psychiatric Publishing.

Arkowitz, H., Westra, H. A., Miller, W. R., & Rollnick, S. (Eds.) (2008). *Motivational interviewing in the treatment of psychological problems*. New York: The Guilford Press.

Armstrong, M. J., Mottershead, T. A., Ronksley, P. E., Sigal, R. J., Campbell, T. S., & Hemmelgarn, B. R. (2011). Motivational interviewing to improve weight loss in overweight and/or obese patients: A systematic review and meta-analysis of randomized controlled trials. *Obesity Reviews, 12*, 709–723.

Atkinson, C., & Woods, K. (2003). Motivational interviewing strategies for disaffected secondary school students: A case example. *Educational Psychology in Practice, 19*, 49–64.

Bandura, A. (1977). Self-efficacy: Toward a unifying theory of behavioral change. *Psychological Review, 84*, 191–215.

Bandura, A. (2004). *Self-efficacy: The exercise of control*. New York, NY: Freeman.

Barwick, M. A., Bennett, L. M., Johnson, S. N., McGowan, J., & Moore, J. E. (2012). Training health and mental health professionals in motivational interviewing: A systematic review. *Children and Youth Services Review, 34*, 1786–1795.

Beck, A. T., & Steer, R. A. (1988). *Manual for the Beck hopelessness scale*. San Antonio, TX: Psychological Corp.

Bisono, A. M., Knapp Manuel, J., & Forcehimes, A. A. (2006). Promoting treatment adherence through motivational interviewing. In W. T. O'Donohue & E. R. Levensky

(Eds), *Promoting treatment adherence: A practical handbook for health care providers* (pp. 71–84). Thousand Oaks, CA: SAGE Publications.

Boardman, T., Catley, D., Grobe, J. E., Little, T. D., & Ahluwalia, J. S. (2006). Using motivational interviewing with smokers: Do therapist behaviors relate to engagement and therapeutic alliance? *Journal of Substance Abuse Treatment, 31*, 329–339. doi:10.1016/j.jsat.2006.05.006

Brehm, S., & Brehm, J. W. (1981). *Psychological reactance: A theory of freedom and control*. New York: Academic Press.

Brennan, L. M., Shelleby, E. C., Shaw, D. S., Gardner, F., Dishion, T. J., & Wilson, M. (2013). Indirect effects of the family check-up on school-age academic achievement through improvements in parenting in early childhood. *Journal of Educational Psychology, 105*, 762–773. doi:10.1037/a0032096

Burke, B. L. (2011). What can motivational interviewing do for you? *Cognitive and Behavioral Practice, 18*, 74–81.

Burke, B. L., Arkowtiz, J., & Menchola, M. (2003). The efficacy of motivational interviewing: A meta-analysis of controlled clinical trials. *Journal of Consulting and Clinical Psychology, 71*, 843–861.

Carcone, A., Naar-King, S., Brogan, K. E., Albrecht, T., Barton, E., Foster, T., & Marshall, S. (2013). Provider communication behaviors that predict motivation to change in black adolescents with obesity. *Journal of Developmental and Behavioral Pediatrics, 34*, 599–608.

Carey, K. B., Leontieva, L., Dimmock, J., Maisto, S. A., & Batki, S. L. (2007). Adapting motivational interventions for comorbid schizophrenia and alcohol use disorders. *Clinical Psychology, 14*, 39–57.

Catley, D., Harris, K. J., Mayo, M. S., Hall, S., Okuyemi, K. S., Boardman, T. et al. (2006). Adherence to principles of motivational interviewing and therapeutic outcomes. *Behavioural and Cognitive Psychotherapy, 34*, 43–56.

Clark, D. M. (1999). Anxiety disorders: Why they persist and how to treat them. *Behaviour Research and Therapy, 37*, S5–S27.

Coffey, S. F., Schumacher, J. A., Nosen, E., Littlefield, A. K., Henslee, A., Lappen, A., & Stasiewicz, P. R. (2013). Trauma-focused exposure therapy for chronic posttraumatic stress disorder in alcohol and drug dependent patients: A randomized clinical trial. Manuscript submitted for publication.

Cohen, L. J. (2010). Psychotic disorders. In Weiner, I. B., and Craighead, W. E. (Eds.), *The Corsini encyclopedia of psychology* (4th ed). (pp. 1394–1396). Hoboken, NJ: John Wiley & Sons.

Connors, G. J., DiClemente, C. C., Velasquez, M. M., & Donovan, D. M. (2013). *Substance abuse treatment and the stages of change: Selecting and planning interventions* (2nd ed). New York: Guilford Press.

Curtis, N. M., Ronan, K. R., & Borduin, C. M. (2004). Multisystemic treatment: A meta-analysis of outcome studies. *Journal of Family Psychology, 18*, 411–419.

D'Amico, E. J., Hunter, S. B., Miles, J. V., Ewing, B. A., & Osilla, K. (2013). A randomized controlled trial of a group motivational interviewing intervention for adolescents with a first time alcohol or drug offense. *Journal of Substance Abuse Treatment, 45*, 400–408. doi:10.1016/j.jsat.2013.06.005

Defife, J. A., Conklin, C. Z., Smith, J. M., & Poole, J. (2010). Brief Reports: Psychotherapy appointment no-shows: Rates and reasons. *Psychotherapy Theory, Research, Practice, and Training, 47*, 413–417.

DiClemente, C. C. (2003). *Addiction and change: How addictions develop and addicted people recover.* New York: Guilford Press.

DiClemente, C. C., & Velazquez, M. M. (2002). Motivational interviewing and the stages of change. In W. M. Miller, & S. Rolnick (Eds.), *Motivational intervewing: Preparing people for change* (2nd ed). New York, NY: Guilford.

Dimeff, L. A., Baer, J. S., Kivlahan, D. R., & Marlatt, G. A. (1999). *Brief alcohol screening and intervention for college students: A harm reduction approach.* New York, NY: The Guilford Press.

D'Onofrio, G., & Degutis, L. C. (2002). Preventive care in the emergency department: Screening and brief intervention for alcohol problems in the emergency department: A systematic review. *Academic Emergency Medicine, 9*, 627–638.

Doyle, A. C., & Pollack, M. H. (2003). Establishment of remission criteria for anxiety disorders. *Journal of Clinical Psychiatry, 64 (suppl 15)*, 40–45.

Drymalski, W., & Campbell, T. (2009). A review of motivational interviewing to enhance adherence to antipsychotic medication in patients with schizophrenia: Evidence and recommendations. *Journal of Mental Health, 18*, 6–15.

D'Zurilla, T. J., & Goldfried, M. R. (1971). Problem solving and behavior modification. *Journal of Abnormal Psychology, 78*, 107–126.

D'Zurilla, T. J., & Nezu, A. M. (2007). *Problem-solving therapy: A positive approach to clinical intervention* (3rd ed.). New York, NY: Springer.

Enea, V., & Dafinoiu, I. (2009). Motivational/solution-focused intervention for reducing school truancy among adolescents. *Journal of Cognitive and Behavioral Psychotherapies, 9*, 185–198.

Ericsson, K. A., & Charness, N. (1994). Expert performance: Its structure and acquisition. *American Psychologist, 49*, 725–747.

Farbing, C. A., & Johnson, W. R. (2008). Motivational interviewing in the correctional system: An attempt to implement motivational interviewing in criminal justice. In H. Arkowitz, H. A., Westra, W. R. Miller, & S. Rollnick (Eds.), *Motivational interviewing in the treatment of psychological problems* (pp. 324–342). New York: Guilford Press.

Fenger, M., Mortensen, E. L., Poulsen, S., & Lau, M. (2011). No-shows, drop-outs and completers in psychotherapeutic treatment: Demographic and clinical predictors in a large sample of non-psychotic patients. *Nordic Journal of Psychiatry, 65*, 183–191.

Forsyth, D. R. (2011). The nature and significance of groups. In R. K. Conyne (Ed.), *The Oxford handbook of group counseling* (pp. 19–35). New York: Oxford University Press.

Frey, A. J., Cloud, R. N., Lee, J., Small, J. W., Seeley, J. R., Feil, E. G., et al. (2011). The promise of motivational interviewing in school mental health. *School Mental Health, 3*, 1–12.

Fromm, E. (1956). *The art of loving.* New York: Harper Perennial.

Gance-Cleveland, B. (2007). Motivational interviewing: Improving patient education. *Journal of Pediatric Health Care, 21*, 81–88. doi:10.1016/j.pedhc.2006.05.002

Gaughf, C. J., & Madson, M. B. (2008). The abstinence violation effect. In G. L. Fischer & N. A. Roqet (Eds.), *Encyclopedia of substance abuse prevention, treatment, and recovery*. Los Angeles, CA: Sage Publications.

Glynn, L. H., & Moyers, T. B. (2010). Chasing change talk: The clinician's role in evoking client language about change. *Journal of Substance Abuse Treatment, 39*, 65–70. doi:10.1016/j.jsat.2010.03.012

Gordon, T. (1970). *Parent effectiveness training: The proven program for raising responsible children*. New York: Harmony Books.

Graeber, D. A., Moyers, T. B., Griffith, G., Guajardo, E., & Tonigan, S. (2003). Addiction services: A pilot study comparing motivational interviewing and an educational intervention in patients with schizophrenia and alcohol use disorders. *Community Mental Health Journal, 39*, 189–202.

Heckman, C. J., Egleston, B. L., Hofmann, M. T. (2010). Efficacy of motivational interviewing for smoking cessation: A systematic review and meta-analysis. *Tobacco Control, 19*, 410–416.

Hettema, J. E., & Hendricks, P. S. (2011). Motivational interviewing for smoking cessation: A meta-analytic review. *Journal of Consulting and Clinical Psychology, 78*, 868–884.

Hettema, J., Steele, J., & Miller, W. R. (2005). Motivational interviewing. *Annual Review of Clinical Psychology, 1*, 91–111.

Hill, C. E., & O'Brien, K. M. (1999). *Helping skills: Facilitating exploration, insight, and action*. Washington, DC: American Psychological Association.

Hohman, M. (2012). *Motivational interviewing in social work practice*. New York: Guilford Press.

Hofmann, S. G., & Smits, J. A. (2008). Cognitive-behavioral therapy for adult anxiety disorders: A meta-analysis of randomized placebo-controlled trials. *Journal of Clinical Psychiatry, 69*, 621–632.

Holstad, M., DiIorio, C., Kelley, M. E., Resnicow, K., & Sharma, S. (2011). Group motivational interviewing to promote adherence to antiretroviral medications and risk reduction behaviors in HIV infected women. *AIDS and Behavior, 15*, 885–896. doi:10.1007/s10461-010-9865-y

Horvath, A. O. (2001). The alliance. *Psychotherapy, 38*, 365–372.

Houck, J. M., Moyers, T. B., & Tesche, C. D. (2013). Through a glass darkly: Some insights on change talk via magnetoencephalography. *Psychology of Addictive Behaviors, 27*, 489–500. doi:10.1037/a0029896

Ingersoll, K. S., Wagner, C. C., & Gharib, S. (2002). *Motivational groups for community substance abuse programs*. Richmond, VA: Mid-Atlantic Addiction Technology Transfer Center.

Interian, A., Lewis-Fernández, R., Gara, M. A., & Escobar, J. I. (2013). A randomized-controlled trial of an intervention to improve antidepressant adherence among Latinos with depression. *Depression and Anxiety, 30*, 688–696. doi:10.1002/da.22052

Ivey, A. E., & Bradford Ivey, M. (2003). *Intentional interviewing and counseling: Facilitating client development in a multicultural society*. Pacific Grove, CA: Brooks/Cole.

Janis, I. L., & Mann, L. (1977). *Decision making: A psychological analysis of conflict, choice and commitment*. New York: Free Press.

Jensen, C. D., Cushing, C. C., Aylward, B. S., Craig, J. T., Sorell, D. M., & Steele, R. G. (2011). Effectiveness of motivational interviewing interventions for adolescent substance use behavior change: A meta-analytic review. *Journal of Consulting and Clinical Psychology, 79*(4), 433–440.

Kazdin, A. E. (2005). Treatment outcomes, common factors, and continued neglect of mechanisms of change. *Clinical Psychology: Science and Practice, 12*, 184–188. doi:10.1093/clipsy/bpi023

Kazdin, A. E., & Blaze, S. L. (2011). Rebooting psychotherapy research and practice to reduce the burden of mental illness. *Perspectives on Psychological Science, 6*, 21–37.

Kessler, R. C., Chiu, W. T., Demler, O., & Walters, E. E. (2005). Prevalence, severity, and comorbidity of twelve-month DSM-IV disorders in the National Comorbidity Survey Replication (NCS-R). *Archives of General Psychiatry, 62*, 617–627.

Kessler, R. c., McGonagle, K. A., Zhao, S., Nelson, C. B., Hughes, M., Eshleman, S., Wittchen, H.-U., & Kendler, K. S. (1994). Lifetime and 12-month prevalence of DSM-III-R psychiatric disorders in the United States. *Journal of the American Medical Association Psychiatry, 51*, 8–19.

Lane, C. A., & Rollnick, S. (2009). Motivational interviewing. In S. A. Shumaker, J. K. Ockene, & K. A. Riekert (Eds.), *The handbook of health behavior change* (3rd ed.; pp. 151–167). New York, NY US: Springer Publishing Co.

Leffingwell, T. R., Neumann, C. A., Babitzke, A. C., Leedy, M. J., & Walters, S. T. (2007). Social psychology and motivational interviewing: A review of relevant principles and recommendations for research and practice. *Behavioural and Cognitive Psychotherapy, 35*, 31–45. doi:10.1017/S1352465806003067

Leukefeld, C., Carlton, E. L., Staton-Tindall, M., & Delaney, M. (2012). Six-month follow-up changes for TANF-eligible clients involved in Kentucky's targeted assessment program. *Journal of Social Service Research, 38*, 366–381. doi:10.1080/01488376.2011.651412

Levensky, E. R., & O'Donohue, W. T. (2006). Patient adherence and nonadherence to treatments: An overview for health care providers. In W. T. O'Donohue & E. R. Levensky (Eds), *Promoting treatment adherence: A practical handbook for health care providers* (pp. 3–14). Thousand Oaks, CA: SAGE Publications.

Lezak, M. D. (1995). *Neuropsychological assessment* (3rd ed.). New York: Oxford University Press.

Lundahl, B., & Burke, B. L. (2009). The effectiveness and applicability of motivational interviewing: A practice-friendly review of four meta-analyses. *Journal of Clinical Psychology: In Session, 65*, 1232–1245.

Lundahl, B. W., Kunz, C., Brownell, C., Tollefson, D., & Burke, B. L. (2010). A meta-analysis of motivational interviewing: Twenty-five years of empirical studies. *Research on Social Work Practice, 20*, 137–160.

Madson, M. B. Bonnell, M. A., McMurtry, S., & Noble, J. (2009). *HUB City Steps–motivational interviewing counselor manual*. Unpublished manual. University of Southern Mississippi.

Madson, M. B., Bullock-Yowell, E. E., Speed, A. C., & Hodges, S. A. (2008). Supervising substance abuse treatment: Specific issues and a motivational interviewing model. In A. K. Hess, K. D. Hess, & T. H. Hess. (Eds.), *Psychotherapy supervision: Theory research and practice* (2nd ed; pp 340–358). Hoboken, NJ: John Wiley and Sons.

Madson, M. B., & Campbell, T. C. (2006). Measures of fidelity in motivational enhancement: A systematic review of instrumentation. *Journal of Substance Abuse Treatment, 31*, 67–73.

Madson, M. B., Campbell, T. C., Barrett, D. E., Brondino, M. J., & Melchert, T. P. (2005). Development of the Motivational Interviewing Supervision and Training Scale. *Psychology of Addictive Behaviors, 19*, 303–310.

Madson, M. B., Landry, A. S., Molaison, E. F., Schumacher, J. A., & Yadrick, K. (in press). Training MI interventionists across disciplines: A descriptive project. *Motivational Interviewing: Theory, Research, Implementation and Practice.*

Madson, M. B., Lane, C., & Noble, J. J. (2012). Delivering quality motivational interviewing training: A survey of MI trainers. *Motivational Interviewing: Theory, Research, Implementation and Practice, 1*, 16–24.

Madson, M. B., Loignon, A. C., & Lane, C. (2009). Training in motivational interviewing: A systematic review. *Journal of Substance Abuse Treatment, 36*, 101–109.

Madson, M. B., Loignon, A., Shutze, R., & Necaise, H. (2009). Examining the fit between motivational interviewing and the counseling philosophy: An emphasis on prevention. *Prevention in Counseling Psychology: Theory, Research, Practice and Training, 3*, 20–32.

Madson, M. B., Mohn, R., Zuckoff, A., Schumacher, J. A., Kogan, J., Hutchison, S., Magee, E., & Stein, B. (2013). Measuring client perceptions of motivational interviewing: Factor analysis of the client evaluation of motivational interviewing scale. *Journal of Substance Abuse Treatment, 44*, 330–335.

Madson, M. B., Schumacher, J. A., & Bonnell, M. A. (2010). Motivational interviewing and alcohol. *Healthcare Counselling and Psychotherapy Journal, 10*, 13–17.

Madson, M. B., Schumacher, J. A., Noble, J. J., & Bonnell, M. A. (2013). Teaching motivational interviewing to undergraduates: Evaluation of three approaches. *Teaching of Psychology, 40*, 242–245.

Madson, M. B., Speed, A. C., Bullock Yowell, E., & Nicholson, B. C. (2011). A pilot study evaluating a motivational interviewing seminar on graduate student skill, self-efficacy and intention to use. *Rehabilitation Counselors and Educators Association Journal, 5*, 70–79.

Marlatt, G. A., & Witkiewitz, K. (2005). Relapse prevention for alcohol and drug problems. In G. A. Marlatt & D. M. Donovan (Eds.), *Relapse prevention: Maintenance strategies in the treatment of addictive behaviors* (2nd ed; pp. 1–44). New York: Guilford Press.

Martino, S., Ball, S. A., Gallon, S. L., Hall, D., Garcia, M., Ceperich, S., Farentinos, C., Hamilton, J., & Hausotter, W. (2006). *Motivational interviewing assessment: Supervisory tools for enhancing proficiency.* Salem, OR: Northwest Frontier Addiction Technology Transfer Center, Oregon Health and Science University.

Martino, S., Carroll, K., Kostas, D., Perkins, J., & Rounsaville, B. (2002). Dual diagnosis motivational interviewing: A modification of motivational interviewing for substance-abusing patients with psychotic disorders. *Journal of Substance Abuse Treatment, 23*, 297–308.

Martino, S. Ball, S. A., Nich, C., Frankforer, T. L., & Carroll, K. M. (2008). Community program therapist adherence and competence in motivational enhancement therapy. *Drug and Alcohol Dependence, 96*, 37–48. doi:10.1016/j.drugalcdep.2008.01.020

Mason, P., & Butler, C. C. (2010). *Health behavior change: A guide for practitioners.* New York: Elsevier.

Maughan, D. R., Christiansen, E., & Jenson, W. R. (2005). Behavioral parent training as a treatment for externalizing behaviors and disruptive behavior disorders: A meta-analysis. *School Psychology Review, 34*, 267-286.

McMurran, M. (2009). Motivational interviewing with offenders: A systematic review. *Criminological Psychology, 14*, 83-100.

Miller, W. R. (1983). Motivational interviewing with problem drinkers. *Behavioural Psychotherapy, 11*, 147-172.

Miller, W. R., Forcehimes, A. A., & Zweben, A. (2011). *Treating addiction: A guide for professionals.* New York, NY: Guilford Press.

Miller, W., & Mount, K. (2001). A small study of training in motivational interviewing: Does one workshop change provider and client behavior? *Behavioural and Cognitive Psychotherapy, 29*, 457-471.

Miller, W. R., & Moyers, T. B. (2006). Eight stages in learning motivational interviewing. *Journal of Teaching in the Addictions, 5*, 13-27. doi:10.1300/J188v05n01_02

Miller, W. R., & Rollnick, S. (1991). *Motivational interviewing: Preparing people to change addictive behavior.* New York: Guilford Press.

Miller, W. R., & Rollnick, S. (1998). Motivational interviewing: Professional training videotape series. The University of New Mexico Center on Alcoholism Substance Abuse, and Addictions (UNM/CASAA).

Miller, W. R., & Rollnick, S. (2002). *Motivational interviewing: Preparing people for change* (2nd ed.). New York: Guilford Press.

Miller, W. R., & Rollnick, S. (2009). Ten things motivational interviewing is not. *Behavioural and Cognitive Psychotherapy, 37*, 129-140.

Miller, W. R., & Rollnick, S. (2013). *Motivational interviewing: Helping people change* (3rd ed.). New York, NY: Guilford Press.

Miller, W. R., & Rose, G. S. (2009). Toward a theory of motivational interviewing. *American Psychologist, 64*, 527-537.

Miller, W. R., Sorensen, J. L., Selzer, J. A., & Brigham, G. S. (2006). Disseminating evidence-based practices in substance abuse treatment: A review with suggestions. *Journal of Substance Abuse Treatment, 31*, 25-39.

Miller, W. R., Yahne, C. E., Moyers, T. B., Martinez, J., & Pirritano, M. (2004). A randomized trial of methods to help clinicians learn motivational interviewing. *Journal of Consulting and Clinical Psychology, 72*, 1050-1062.

Miller, W. R., Zweben, A., DiClemente, C. C., Rychtarik, R. C. (1992). Motivational Enhancement Therapy Manual: A clinical research guide for therapists treating individuals with alcohol abuse and dependence. *Project MATCH Monograph Series, Vol. 2.* Rockville, Maryland: National Institute on Alcohol Abuse and Alcoholism.

Moos, R. H. (2007). Theory-based active ingredients of effective treatments for substance use disorders. *Drug and Alcohol Dependence, 88*, 109-121

Moyers, T. M. (2004). History and happenstance: How motivational interviewing got its start. *Journal of Cognitive Psychotherapy: An International Quarterly, 18*, 291-298.

Moyers, T., Manuel, J., Wilson, P., Hendrickson, S., Talcott, W., & Durand, P. (2008). A randomized trial investigating training in motivational interviewing for behavioral health providers. *Behavioral and Cognitive Psychotherapy, 36*, 149–162.

Moyers, T. B., Martin, T., Manuel, J. K., Miller, W. R., & Ernst, D. (2010). *Revised Global Scales: Motivational Interviewing Treatment Integrity 3.1.1 (MITI 3.1.1)*. University of New Mexico, Center on Alcoholism, Substance Abuse and Addictions (CASAA): Albuquerque, NM. Retrieved on July 24, 2013 from http://casaa.unm.edu/download/MITI3_1.pdf.

Moyers, T. B., & Martin, T. (2006). Therapist influence on client language during motivational interviewing sessions: Support for a potential causal mechanism. *Journal of Substance Abuse Treatment, 30*, 245–251.

Moyers, T. B., Miller, W. R., & Hendrickson, S. M. L. (2005). How does motivational interviewing work? Therapist interpersonal skill predicts client involvement within motivational interviewing sessions. *Journal of Consulting and Clinical Psychology, 73*, 590–598.

Murphy, C. M., Linehan, E. L., Reyner, J. C., Musser, P. H., & Taft, C. T. (2012). Moderators of response to motivational interviewing for partner-violent men. *Journal of Family Violence, 27*, 671–680. doi:10.1007/s10896-012-9460-2

Naar-King, S., Earnshaw, P., & Breckon, J. (2013). Toward a universal maintenance intervention: Integrating cognitive-behavioral treatment with motivational interviewing for maintenance of behavior change. *Journal of Cognitive Psychotherapy, 27*, 126–137. doi:10.1891/0889-8391.27.2.126

Naar-King, S., & Suarez, M. (2011). *Motivational interviewing with adolescents and young adults*. New York: Guilford Press.

National Alliance for the Mentally Ill. (2013). *Mental illness: What you need to know*. Brochure retrieved Nov. 12, 2013 from http://www.nami.org/Content/NavigationMenu/Inform_Yourself/About_Mental_Illness/By_Illness/MentalIllnessBrochure.pdf.

Neighbors, C., Walker, D. D., Roffman, R. A., Mbilinyi, L. F., & Edleson, J. L. (2008). Self-determination theory and motivational interviewing: Complementary models to elicit voluntary engagement by partner-abusive men. *American Journal of Family Therapy, 36*, 126–136. doi:10.1080/01926180701236142

Nelson, H. E. (2005). *Cognitive-behavioural therapy with delusions and hallucinations: A practice manual* (2nd ed.). Cheltenham, UK: Nelson Thornes Ltd.

Nicholson, B. C., Fox, R. A., & Johnson, S. D. (2005). Parenting young children with challenging behaviour. *Infant and Child Development, 14*, 425–428. doi:10.1002/icd.403

Passmore, J. (2011). Motivational interviewing: Techniques reflective listening. *The Coaching Psychologist, 7*, 50–53.

Peeters, F. P. M. L., & Bayer, H. (1999). 'No-show' for initial screening at community mental health centre: Rate, reasons, and further help-seeking. *Social Psychiatry and Psychiatric Epidemiology, 34*, 323–327.

Pirlott, A. G., Kisbu-Sakarya, Y., DeFrancesco, C. A., Elliot, D. L., & MacKinnon, D. P. (2012). Mechanisms of motivational interviewing in health promotion: A Bayesian mediation analysis. *The International Journal of Behavioral Nutrition and Physical Activity, 9*, 69–80. doi:10.1186/1479-5868-9-69

Prochaska, J. O., & DiClemente, C. C. (1983). Stages and processes of self-change of smoking: Toward an integrative model of change. *Journal of Consulting & Clinical Psychology, 51*, 390–395.

Prochaska, J. O., & Norcross, J. C. (2010). *Systems of psychotherapy: A transtheoretical analysis* (7th ed). Belmont, CA: Thomson/Brooks Cole.

Rogers, C. R. (1959). The essence of psychotherapy: A client-centered view. *Annals of Psychotherapy, 1*, 51–57.

Rollnick, S., Miller, W. R., & Butler, C. C. (2008). *Motivational interviewing in health care: Helping patients change behavior.* New York: Guilford Press.

Rosengren, D. B. (2009). *Building motivational interviewing skills: A practitioner workbook.* New York: Guilford Press.

Ross, L. D. (1977). The intuitive psychologist and his shortcomings: Distortions in the attribution process. In L. Berkowitz (Ed.), *Advances in experimental social psychology* (Vol. 10, pp. 173–220). New York: Academic Press.

Rubak, S., Sandbaek, A., Lauritzen, T., & Christensen, B. (2005). Motivational interviewing: A systematic review and meta-analysis. *British Journal of General Practice, 55*, 305–312.

Rusch, N., & Corrigan, P. W. (2002). Motivational interviewing to improve insight and treatment adherence in schizophrenia. *Psychiatric Rehabilitation Journal, 26*, 23–32.

Ryan, R. M., & Deci, E. L. (2000). Self-determination theory and the facilitation of intrinsic motivation, social development, and well-being, *American Psychologist, 55*, 68–78.

Schneider Corey, M., Corey, G., & Corey, C. (2010). *Groups: Process and practice* (8th ed). Belmont, CA: Brooks/Cole.

Schumacher, J. A., Coffey, S. F., Stasiewicz, P. R., Murphy, C. M., Leonard, K. E., & Fals-Stewart, W. (2011). Development of a brief motivational enhancement intervention for intimate partner violence in alcohol treatment settings. *Journal of Aggression, Maltreatment, and Trauma, 20*, 103–127.

Schumacher, J. A., Coffey, S. F., Walitzer, K. S., Burke, R. S., Williams, D. C., Norquist, G., & Elkin, T. D. (2012). Guidance for new motivational interviewing trainers when training addiction professionals: Findings from a survey of experienced trainers. *Motivational Interviewing: Training, Research, Implementation, and Practice, 1*, 7–15.

Schumacher, J. A., Madson, M. B., & Nilsen, P. (2014). Barriers to learning motivational interviewing: A survey of trainers. *Journal of Addiction and Offender Counseling*, in press.

Schumacher, J. A., Madson, M. B., & Norquist, G. S. (2011). Using telehealth technology to enhance motivational interviewing training for rural substance abuse treatment providers: A services improvement project. *The Behavior Therapist, 34*, 64–70.

Schumacher, J. A., Williams, D. C., Burke, R. S., Epler, A. J., & Simon, P. (2013). *Competency-based supervision in motivational interviewing for psychology pre-doctoral interns and postdoctoral fellows.* Manuscript submitted for publication.

Seal, K. H., Abadijan, L., McCamish, N., Shi, Y., Tarasovsky, G., & Weingardt, K. (2012). A randomized controlled trial of telephone motivational interviewing to enhance mental health treatment engagement in Iraq and Afghanistan veterans. *Psychiatry and Primary Care, 34*, 450–459.

Seppala, E. (2013, June). The compassionate mind. *Observer, 26*, 20–25.

Seligman, L. W. (2008). *Fundamental skills for mental health professionals.* Upper Saddle River, NJ: Pearson Education.

Smith, J. D., Dishion, T. J., Shaw, D. S., & Wilson, M. N. (2013). Indirect effects of fidelity to the Family Check-Up on changes in parenting and early childhood problem behaviors. *Journal of Consulting and Clinical Psychology,* doi:10.1037/a0033950

Smith, J. L., Amrhein, P. C., Brooks, A. C., Carpenter, K. M., Levin, D., Schreiber, E. A., Travaglini, L. A., & Nunes, E. V. (2007). Providing live supervision via teleconferencing improves acquisition of motivational interviewing skills after workshop attendance. *American Journal of Drug and Alcohol Abuse, 33,* 163–168. doi:10.1080/00952990601091150

Smith, J. L., Carpenter, K. M., Amrhein, P. C., Brooks, A. C., Levin, D., Schreiber, E. A., Travaglini, L. A., Hu, M. C., & Nunes, E. V. (2012). Training substance abuse clinicians in motivational interviewing using live supervision via teleconferencing. *Journal of Consulting and Clinical Psychology, 80,* 450–464. doi: 10.1037/a0028176

Söderlund, L. L., Madson, M. B., Rubak, S., & Nilsen, P. (2011) A systematic review of motivational interviewing training for general healthcare practitioners. *Patient Education and Counseling, 84,* 16–26.

Stasiewicz, P. R., Herrman, D., Nochajski, T. H., & Dermen, K. (2006). Motivational interviewing: Engaging highly resistant clients in treatment. *Counselor: The Magazine for Addictions Professionals, 7,* 26–32.

Steinberg, M. L., Ziedonis, D. M., Krejci, J. A., & Brandon, T. H. (2004). Motivational interviewing with personalized feedback: A brief intervention for motivating smokers with schizophrenia to seek treatment for tobacco dependence. *Journal of Consulting and Clinical Psychology, 72,* 723–728.

Sterrett, E., Jones, D. J., Zalot, A., & Shook, S. (2010). A pilot study of a brief motivational intervention to enhance parental engagement: A brief report. *Journal of Child and Family Studies, 19,* 697–701.

Substance Abuse and Mental Health Services Administration. (1999). *Enhancing motivation for change in substance abuse treatment* (DHHS Publication No. SMA 99-3354). Rockville, MD: The CDM Group.

Thevos, A. K., Quick, R. E., & Yanduli, V. (2000). Motivational interviewing enhances the adoption of water disinfection practices in Zambia. *Health Promotion International, 15,* 207–214.

Thombs, D. L., & Osborn, C. J. (2013). *Introduction to addictive behaviors* (4th ed). New York: Guilford Press.

Van Minnen, A., Harned, M. S., Zoellner, L., & Mills, K. (2012). Examining potential contraindications for prolonged exposure therapy for PTSD. *European Journal of Psycho-Traumatology, 3,* 18805. Retrieved from http://dx.doi.org/10.3402/ejpt.v3i0.18805.

Vasilaki, E. I., Hosier, S. G., & Cox, W. M. (2006). The efficacy of motivational interviewing as a brief intervention for excessive drinking: A meta-analytic review. *Alcohol & Alcoholism, 41,* 328–335.

Wagner, C. C., & Ingersoll, K. S. (2013). *Motivational interviewing in groups.* New York: Guilford Press.

Walters, S., Clark, M. D., Gingerich, R., & Meltzer, M. (2007). A guide for probation and parole: Motivating offenders to change. U.S. Department of Justice, National

Institute of Corrections. NiC Accession Number 022253. Retrieved on December 23, 2013 from http://static.nicic.gov/Library/022253.pdf.

Walters, S. T., Matson, S. A., Baer, J. S., & Ziedonis, D. M. (2005). Effectiveness of workshop training for psychosocial addiction treatments: A systematic review. *Journal of Substance Abuse Treatment, 29*, 83–293.

Westra, H. A., & Aviram, A. (2013). Core skills in motivational interviewing. *Psychotherapy, 50*, 273–278. doi:10.1037/a0032409

Westra, H. A. (2012). *Motivational interviewing in the treatment of anxiety*. New York: Guilford Press.

World Health Organization. (2008). *The global burden of disease: 2004 update*. Retrieved Nov. 12, 2013 from http://www.who.int/healthinfo/global_burden_disease/GBD_report_2004 update_full.pdf

Young, T. L. (2013). Using motivational interviewing within the early stages of group development. *The Journal of Specialists in Group Work, 38*, 169–181.

Zeollner, J., Connell, C., Madson, M. B., Thomson, J. L., Landry, A. S., Molaison, E. F., Reed, V. B., & Yadrick, K. (2014). HUB City Steps: A 6-month lifestyle intervention improves blood pressure and psychosocial constructs among a primarily African American community. *Journal of the Academy of Nutrition and Dietetics, 114*, 603–612.

Zoellner, J. M., Connell, C. C., Madson, M. B., Wang, B, Reed, V. W., Molaison, E. F., & Yadrick, K. (2011). H.U.B City Steps: Methods and early findings from a community-based participatory research effectiveness trial to reduce blood pressure among African Americans. *International Journal of Behavioral Nutrition and Physical Activity, 8*, 59–71. doi: 10.1186/1479-5868-8-59

Zweben, A., & Zuckoff, A. (2002). Motivational interviewing and treatment adherence. In W. R. Miller & S. Rollnick (Eds.), *Motivational interviewing: Preparing people for change* (2nd ed; pp. 299–319). New York: Guilford Press.

찾아보기

●● ㄱ

가상 질문 150, 196
가정폭력 치료 105
가족검사 202
가치관과 목표 55
가치판단 142
가혹한 처벌 106
강박장애 120, 147
강점 24, 231, 240, 241
강점 강조하기 123
강점 이끌어내기와 인정하기 134, 146
강제 처분 107
개방적인 태도 240
개별적 평가 피드백 제공 78
개별화 241
개인 내적인 난제 208
객관적인 방식 111
객관적인 정보 89
객관적인 태도 107
객관적인 피드백 228, 240
객관적인 피드백 받기 228
건강증진 프로그램 73
결심공약 47, 48, 67
결심공약을 공고히 하기 226
결정저울 16, 66, 132, 146, 205, 224
결합적인 사용 242
경험 240
계획하기 53, 67, 88, 91, 178, 196, 197
고위험 상황 127
공감 90
공감적 경청 27, 30, 170, 196, 235
공격성 200
공존질환 172
과거 회상하기 131, 146, 196
과도한 기대감 137, 146
과정지향적 집단 219
관계 형성하기 53, 54, 88
관계 형성하기 전략 55
관계를 재형성 116
관계적 요소 19
관점을 재평가 130
관찰과 피드백 17
교육집단 209
교정 반사 28, 95, 118
교정 반사에 저항하기 27
그러나(but)가 아닌 그리고(and) 39
금연 83
긍정의 말 강조 기법 184
긍정적인 자질 240
긍정적인 피드백 188
기본 정신 19
기본적 귀인 오류 232
기술적 요소 19
기질적 요인 232

●● ㄴ

나의 수치 알아보기 75
낙인찍기 함정 131
내 수치 알기 59, 61
내담자-상담자 상호작용 140
내담자-상담자의 의사소통 95
내담자의 동기 97
내담자의 동기 이해하기 30
내담자의 동기를 이해하고 탐색하기 27
내담자의 역량 강화하기 30
내담자의 전문성 122
내담자의 지표 112
내담자의 참여 54
내담자의 허락 51
내담자중심상담 16
내면의 욕구 190
내적 통제감 136
내적 통제감 강조하기 103, 124, 146, 177, 197
네 가지 과정 53
네 가지 중복되는 단계 53
노출기반치료 120
논리적 사고와 현실 검증력 향상 184
논쟁 50
느린 진전 116, 145, 146
능력 45, 46, 63, 241

●● ㄷ

단순 반영 29, 36, 49, 51
닫힌 질문 142
답변-이후-답변 31
대기자 85
대안 101
대인관계적인 어려움 218
대학생을 위한 간략한 알코올 스크리닝 및 개입(BASICS) 77
대항 28
동기강화 전략의 예시 224
동기강화상담 전략 요약 114, 196
동기강화상담이 아닌 것 14
동기강화평가 187
동기증진치료 184, 187
듣기 236

●● ㅁ

만병통치약 227
망상 184
망상적인 사고 190
목표/가치 탐색하기 204, 224
목표들의 발달 209
목표와 가치 탐색하기 56
문제에 대한 상호 개념화 95
물질남용 치료 105
미국 공병률 조사 147
미국정신장애자동맹 147
미래 예상하기 100, 178, 180, 196, 197
밑바닥 경험 207

●● ㅂ

반영 241
반영적 경청 190, 197, 220, 224, 236, 240, 241
반영하기 31, 36, 235
범죄 감소 3
법 제도에 연루된 내담자 105
법 제도의 일부로서의 상담자 111
법원 명령 105
법원 의뢰 105
변호사에 의한 권유 105
변화결심 241
변화 계획 71, 73, 241
변화 계획 수립하기 71

변화 계획 수정하기 122, 146
변화 계획 수정하기 및 대안 탐색하기 101
변화 계획 워크시크 72
변화 계획하기의 구성요소 72
변화대화 14, 22, 48, 62
변화대화 반영하기 48
변화대화 요약하기 48
변화대화 인정하기 48
변화대화를 이끌어내는 질문 48
변화를 위한 동기강화 53
변화를 지지하는 부분 132
변화실행대화 47
변화실행언어 44, 47, 62
변화의 모든 측면 132
변화 준비가 덜 된 내담자 84
변화 준비도 83
변화 준비도 단계 15
변화준비언어 44, 45, 62
변화하는 것의 손실 133
보호관찰/가석방 105
복합 반영 29, 36, 37
부가질문하기 193, 194, 197
부모 참여 200
부모-자녀 관계 개선 200
부모님과 작업하기 199
부모훈련 200
부모훈련 프로그램 200
부부 문제 199
부정적인 감정 112
부차적인 어떤 이득 118
부호화 236
불만이 가득한 내담자 230
불안 196
불안장애 167
불안장애, 외상 관련 장애, 강박충동장애 167
불일치 재구조화 207
불참 84
불참의 징후 54
불참자 85
불협화음 50, 218
불협화음에 반응하기 111
불확실함 106
비의학적인 치료 96
비직면적 50
비판단적인 자세 142
비현실적인 기대 115
비현실적인 기대감 145
비협조 95
비협조적 84, 94
빠른 조치 138

●● ㅅ

사과하기 51
사례 보고서 228
사실중심적인 사고방식 129
사회불안 169
사회심리학적 개념 101
사회적 능력 향상 200
상담 과정 로드맵 73
상담자와 닮은 내담자 234, 240, 241
상호 간 지지를 촉진 207
상황적 요인 232
서면상의 변화 계획 92
서비스 제공 정책 89
선택적으로 노출 107
선택적으로 반영 190, 226
선택지 제공하기 175
선택지 제안하기 197
선택지에 대한 대화 70
성공 경험 24, 231, 241
성공적인 치료를 위한 계획표 180, 181
성취 240

손실 133
수동적인 역할 109
수용 19, 23, 109, 232, 242
수용성 175
수집요약 41
숙고 83
숙고 단계 15
순환 과정 115, 127
순환적인 정보 교환 과정 68
신경정신장애 147
신체 체벌 감소 200
실수 126, 145
실수와 재발 125, 146
실연 235
실천 84
실천 계획 122
실천하기 47, 48
실행 84
실행 단계 15
실행활성화 47, 48
실행활성화언어 47
심리적 반발이론 15

●● ㅇ

아동의 문제 행동 감소 200
안내 질문 217
안내적인 방식 116
알코올 208
알코올 중독 예방 77
약물 208
약물 양성 반응 109
약속의 목적에 대한 정보 89
양가감정 66, 117
양면 반영 38, 49, 51, 119
양육권의 상실 106
양육 스트레스 감소 200
역할 107
역행 115, 126
연결요약 42
연민 19, 26, 232, 242
열린 마음 갖기 227
열린 질문 238, 240, 241
열린 질문 간소화 184
열린 질문하기 31, 235
열망 45, 46, 63, 241
염려를 전달할 때 허락 구하기 140, 146
옹호자 107
왜해된 생각 184, 189
외부적인 장애물 115
요약하기 29, 31, 40, 189, 196, 197
우울 147, 196
우울증 148
위기 청소년 208
유발 241, 242
유발 질문 97, 118, 146, 210, 224
유발 질문 사용하기 142
유발성 19, 21, 232
유발하기 53, 62, 88, 174, 196
유지 84
유지 단계 15
유지대화 14, 48
유지대화와 불협화음 48
육아 문제 199
음조 36
음주 문제 감소 3
응집력 218
의뢰 과정 86
의무참여 104
의사소통 모델 236
의사소통법 15
의제 58, 162
의제 설정 58

의제 설정 피드백 샘플 양식 59
의제 설정하기 75
이끌어내기-제공하기-이끌어내기 68, 78, 127, 143, 146, 213, 224
이득 133
이른 방향 설정 54
이유 45, 46, 63, 241
이중 관계 107
이중 역할 107
인간중심상담 13
인간중심적인 접근법 55
인정 241
인정하기 24, 29, 31, 34, 51, 196
인정하기 목록 231, 241
인정하기의 규칙 136
인지부조화 13
일문일답 54
임상적 난제 106, 223

●● ㅈ

자기관찰 양식 78
자기비판적인 교육생 228
자원 231
자율성 122, 175
자율성 강조하기 50, 51
자율성 상실에 대한 염려 109
자율성 지지 24, 86
자율성의 상실 109
작업 동맹 50, 54
잘못된 계획 설정 117
잠재적인 성취에 대해 강조점 123
장단점 논의하기 211
장단점 목록 205
장점 이끌어내기 224
재구성하기 49
재구조화하기 135, 146
재발 115, 126, 131, 145
재발과 순환 115
재발 예방 127
재순환하는 기회 116
재진술 130
저항과 함께 구르기 111
저항이론 103
전문가 54, 234
전문가 역할 100, 116, 136
전문가 함정 118, 136, 210, 213
전숙고 83
전숙고 단계 15
전환요약 43
절대적 가치 23
절제위반효과 126
정교화를 위한 질문 48
정보 공유 203
정보 교환하기 68
정보 제공하기 89, 106, 127, 146, 185, 197, 224
정서중심적인 반응 129
정신장애 147
정신 질환 147
정신증 183
정신증적 장애 147
정신증적 증상 183, 197
정확한 공감 23, 24
제안 80
제안하기 118
좌절 241
좌절감 231
좌절감을 주는 내담자 229
주도권 124
주요우울장애 148
주체의식 109
준비 84

준비 단계 15
준비도 척도 64
준비도 척도/척도 질문들 64
중도탈락 96
중요도 척도 또는 자신감 척도 98
중요도와 자신감 재평가하기 129, 146
중요도와 자신감 평가하기 120, 146
중요성-자신감 척도 64
지시적인 입장 118
지시적인 접근 116
지역사회기반의 치료 107
지혜 240
직관적인 것 225
진전 115
질문-대답 함정 31
질문-이후-질문 31
집단 207
집단 계획하기 215
집단 계획 형식 217
집단 구성원의 장점 이끌어내기 222
집단 문제 행동들 218
집단 응집력 209
집단 작업의 장단점 탐색하기 224
집단계획하기 224
집단과 작업하기 200
집단의 상호작용 199

●● ㅊ

참여 유지 201
책임 116
처방 102
척도 질문 64, 98, 121
첫 번째 회기 86
청년기 반사회성 행동 200
청소년 5
청자 236
체중 감소 3
초기의 역행 125
초이론적 모델 14, 83
초점 맞추기 53, 57, 58, 88
초점 바꾸기 197
초점 이동 224
초점 이동하기 51, 192, 219
촉진집단 209
최대한의 선의 26
추진력 115
추진력 상실에 대한 임상적 난제 146
추진력의 변화 116
축소 반영 184
충고 6, 80
충고하기 118
취소 정책 89
치료 명령 104
치료 순응 94
치료 준수 94
치료 협조 94
침묵 185

●● ㅋ

커플 199

●● ㅌ

타당화 130, 216
통제감 강조 86
트라우마 관련 증상 147
특정불안 147
특정 장애 치료집단 199

●● ㅍ

편들기 28, 54
편들기 함정 206, 213
평가 양식 61

평가 피드백 제공하기 171
평가 피드백하기 196
플립 차트 217
피드백과 정보 제공하기 202
피드백과 평가 77
피드백 기반의 코칭 회기 226
필요 46, 63, 241

●● ㅎ

학업 능력 향상 200
한쪽 편들기 204
항정신성 약물 183
해답 주기 118
해석하기 236
행동 17
행동의 중요도 130
허락 86
허락 구하기 187, 197
현상유지 23
현상유지의 이득 133
현실적인 기대 240
현실적인 기대 설정하기 226
현실적인 목표 137
현재 계획 평가하기 124
협동 19, 20
협동적 241
협동정신 86
협력 232, 240, 242
협력적 205
협력적인 관계 118
협소한 시각 100
협조 94, 95
화자 236
확대 반영 39, 49, 51
환각 184
환청 184
활동에 대한 무관심 164
활동지 161, 196
회기 약속과 관련한 정책 89
회피 167
회피 증상 177
회피하고 싶은 욕구 120
후속치료 96
희망과 낙관 북돋기 27

●● 기타

BASICS 77
CAT 47
DARN 45
HIV 약물치료에 대한 순응도 208
HUB City Steps 61, 75
MI 정신의 구현 242
MI 집중훈련 5회기 코칭 워크숍 226
MI 훈련 227
Miller와 Rollnick(2013) 80
MI에 부합하는 의뢰 86, 88
Motivational Interviewing 242
Motivational Interviewing in Groups 208
Motivational Interviewing : Professional Training Series 238
Project Match 72
RULE 27
12단계 집단 207
12단계 프로그램 69
2단계 접근법 53

Julie A. Schumacher

미국 미시시피대학교 의과대학 부속병원 정신과에서 부교수로, 같은 대학 교수 개발 및 전문가 교육과정에 부학장으로 재직 중이며 미시시피 심리학훈련단체연합의 디렉터로도 활동하고 있다. 동기강화상담의 적용과 훈련, 슈퍼비전, 연구와 보급에 활발히 참여하고 있으며, 이 영역에서의 활동을 위하여 미국국립보건원(NIH)의 지원금을 여러 차례 받아 오고 있다.

Michael B. Madson

미국 서던미시시피대학교 심리학과 부교수로 재직 중이다. 건강 및 폐해감소 개입의 일환으로 동기강화상담을 연구 · 훈련하고 있으며, 슈퍼바이저로도 활동하고 있다. 미국국립보건원(NIH)과 미국심리학재단을 포함한 다수의 기관으로부터 지원금을 여러 차례 받아 오고 있다.

신성만

한동대학교 상담심리사회복지학부 상담심리전공 교수로 재직 중이다. 미국 위스콘신대학교에서 심리학 석사 학위, 보스턴대학교에서 재활상담학 박사 학위를 받았다. 심리치료 전문가로 일했으며, 하버드대학교 의과대학 정신과 병원에서 교수요원으로 일했다. 주로 중독 관련 학회와 협회에서 활동하고 있으며, 한국상담학회, 한국심리학회, 한국가족상담협회 등에서도 활동 중이다. 미국심리학회 및 미국상담학회 정회원, 한국중독상담학회 학회장이며 법무부 자문도 하고 있다. 역서로 **동기강화상담**(공역, 시그마프레스, 2015), **불안장애를 위한 동기강화상담**(공역, 시그마프레스, 2017), **집단 동기강화상담**(공역, 박학사, 2016), **정신사회재활의 실제**(공역, 시그마프레스, 2017), **중독상담**(공역, 박학사, 2013) 등 다수가 있다. 중독상담, 인터넷 중독, 정신재활, 동기와 정서, 실존치료에 관심을 두고 연구하고 있다.

조성민

마음산책심리상담센터 부설 중독심리연구소 센터장으로 재직 중이다. 중앙대학교에서 심리학 학사 학위, 같은 대학에서 임상심리학으로 석사 및 박사 학위를 받았다. 한국임상심리학회, 한국심리학회 등에서 활동 중이며, 주로 중독 문제의 치료 및 예방을 위한 임상 활동을 하고 있다.

남지혜

한동대학교 상담심리사회복지학부 상담심리전공 교수로 재직 중이다. 유럽과 북미에서 교육을 받았으며, 미국 웰즐리여자대학교에서 심리학 학사 학위, 하버드대학교에서 상담학 석사 학위, 보스턴칼리지에서 상담심리학 박사 학위를 받았다. 트라우마 및 폭력에 노출된 아동, 청소년, 성인을 대상으로 한 위기 개입과 예방에 관심을 두고 연구하고 있다.

이하림

한동대학교 학생상담센터에서 전임연구원으로 재직 중이다. 한동대학교에서 상담심리와 사회복지로 학사 학위, 같은 대학에서 심리학으로 석사 학위를 받았다. 트라우마, 중독, 상담 프로그램 개발에 관심을 갖고 임상 활동을 하고 있다.

박준영

한국청소년상담복지개발원에서 상담원으로 재직 중이다. 한동대학교에서 상담심리학 학사 학위, 같은 대학에서 심리학으로 석사 학위를 받았다. 위기 청소년을 대상으로 한 상담과 중독 문제의 예방 및 개입에 관심을 갖고 임상 활동을 하고 있다.